UNIVERSIDADE DE SÃO PAULO
FACULDADE DE DIREITO

ESTUDO SOBRE A EFETIVIDADE DO PROCESSO CIVIL

TESE APRESENTADA AO
DEPARTAMENTO DE DIREITO PROCESSUAL
PARA OBTENÇÃO DO GRAU DE DOUTOR EM
DIREITO

POR

Augusto Tavares Rosa Marcacini

ORIENTADOR

Prof. Dr. Luiz Carlos de Azevedo

São Paulo - SP

Março, 1999

Augusto Tavares Rosa Marcacini é Bacharel (1987), Mestre (1993), Doutor (1999) e Livre-docente (2011) em Direito pela Faculdade de Direito da Universidade de São Paulo. Professor no programa de Mestrado em Direito da Sociedade da Informação da UniFMU, instituição em que também leciona Direito Processual Civil nos cursos de Graduação em Direito. Foi Presidente da Comissão de Informática Jurídica (2004-2006 e 2007-2009) e da Comissão da Sociedade Digital (2010-2012) da OAB-SP.

MARCACINI, Augusto Tavares Rosa. Estudo Sobre a Efetividade do Processo Civil, São Paulo, 2009.

(Edição Create Space/Kindle publicada em 2013)

ISBN-13: 978-1482756555

ISBN-10: 1482756552

PREFÁCIO A ESTA EDIÇÃO ELETRÔNICA

Agosto de 2009

Dez anos! O texto que se segue foi finalizado há dez anos, como resultado da minha pesquisa de doutoramento. Essas datas exatas e suas respectivas comemorações decenais ou seculares sempre me fazem ouvir uma aborrecida voz interna que me lembra que o sistema decimal é uma mera convenção humana e que, portanto, tais números "redondos" não significam absolutamente nada na ordem natural das coisas.

Entretanto, a carga de simbolismo que os múltiplos de dez provocam nas pessoas moveu-me a escrever estas linhas, a título de um prefácio que entrego aos heróicos possíveis leitores deste trabalho que, finalmente, resolvi publicar em versão eletrônica e distribuir livremente. Além disso, o tema deste trabalho guarda íntima relação com o tempo, o que talvez aumente sua carga simbólica ao ser publicado após um decênio. Ao leitor, deixo que interprete livremente qual a dose de ironia que esta publicação extemporânea e este prefácio carregam. Realmente, não sei dizê-lo. No ato desta solene publicação eletrônica, sinto-me posicionado em algum lugar entre o acadêmico que seriamente entrega ao mundo os frutos de sua pesquisa e o advogado que junta a foto de um bolo de aniversário nos autos de um processo moroso.

Publicar uma tese sobre a *Efetividade do Processo Civil*, após dez anos de sua apresentação à banca examinadora poderia soar como um grande paradoxo, ou como a exposição pública de um viés desleixado de alguém que propõe aos outros a eficiência, a agilidade e, por que não dizer, a efetividade que não observaria para si. Não, porém, no Brasil do século XXI! Como advogado, patrocino causas - ainda em trâmite enquanto escrevo essas linhas! - mais antigas que esta minha tese...

Não resisto à tentação de narrar um episódio recente de minha vida profissional de advogado. No ano passado, 2008, encerrou-se o último dos processos que patrocinei versando sobre a restituição do empréstimo compulsório de veículos, ou viagens, ou combustíveis. Assumi algumas dessas causas quando era recém formado. Para que os mais jovens compreendam do que estou falando, tal empréstimo compulsório foi uma "tungada" que o Estado Brasileiro praticou sobre todos aqueles que adquiriram carros novos, viajaram ou simplesmente puseram combustíveis em seus automóveis. Uso, aqui, o vulgar verbo "tungar" sem a menor cerimônia e sem o risco de macular a aparente seriedade que envolve a publicação de um trabalho acadêmico, pois não encontro vocábulo melhor para designar um empréstimo compulsório que, além de ter sido irregularmente instituído, ainda não foi devolvido voluntariamente pelo tomador, no prazo prometido em lei. Pois bem: esses valores foram recolhidos lá nos anos de 1986 e 1987. Em 2008, efusivamente, pus as mãos na última guia de levantamento e restituí ao feliz cliente o empréstimo compulsório que ele recolhera ao Fisco vinte e dois anos antes. O pior é saber que este citado processo não se constituiu em uma exceção excepcionalíssima. Uma das causas bastante conhecidas da morosidade da Justiça, por certo não a única, é o excesso de litígios, especialmente aqueles envolvendo o Estado brasileiro, em todos os seus níveis. Os recentes Juizados Federais, já entupidos de processos e tão morosos quanto os órgãos judiciais comuns, que o digam.

Os dez anos que demorei para divulgar publicamente esta Tese, portanto, para os profissionais das carreiras jurídicas podem ser considerados um mero átimo. A década está se tornando a nossa unidade padrão de tempo.

Animei-me a escrever sobre *Efetividade do Processo* diante das reformas processuais de dezembro de 1994, como deixei transparecer já nas primeiras linhas da Introdução. A cultura processual fervilhava naquele ano. Embora o teor da Reforma jamais tenha obtido apoio unânime e, assim como outros, eu também tinha as minhas críticas, apresentadas nesta Tese, a proposta de promover alterações legislativas para propiciar mais "efetividade" - palavra indispensável ao discurso dos processualistas daqueles tempos - gozava de ampla simpatia. Assim, embora ao início de 1994 eu tenha ingressado no programa de Doutorado com um outro projeto distinto, no início de 1995, seduzido pela então recente Reforma, propus a troca de tema ao meu Orientador, o Prof. Luiz Carlos de Azevedo, que gentilmente manifestou sua concordância.

De lá para cá, a temática parece ter-se esgarçado como o elástico de um calção velho. Seja porque nossos ávidos legisladores passaram a produzir alterações sem fim na lei processual, ou seja porque - apesar dessas infindáveis modificações, ou também *por causa* delas - a morosidade do processo só fez aumentar, o estudo das reformas processuais, da efetividade, do acesso à justiça e outros assuntos correlatos e afetos à ciência processual moderna perderam muito do seu charme e nem de longe produzem a mesma atenção dos estudiosos, como no início da década de 90.

Entre 1995, quando passei a me dedicar ao tema e a escrever sobre a efetividade, e 1999, quando entreguei a Tese, nada menos do que onze leis alteraram o Código de Processo Civil, das quais cinco, mais relevantes, teriam influência direta ou indireta sobre minha pesquisa e haveriam de provocar novas reflexões ou revisão de trechos já redigidos. Como, à época, lembrou-me meu Orientador, essas eram as consequências de escrever sobre um tema em movimento...

Confesso ao leitor que, ao largo destes dez anos passados, tentei publicar esta Tese pelos meios convencionais, em papel. A Editora que já havia publicado minha anterior Dissertação de Mestrado aceitou prontamente o tema e o trabalho. Uma soma de dois fatores principais fez com que o livro em papel jamais saísse.

O primeiro deles foi a natural demora do processo de publicação: eu mesmo - relaxado e aliviado após a conclusão do Doutorado - devo ter demorado alguns meses para fazer os contatos necessários, encaminhar originais e outros trâmites de praxe junto à Editora. Depois disso, o processo de revisão, diagramação e tarefas afins também costumam prolongar no tempo a publicação de uma obra; e, claro, monografias acadêmicas não costumam ser prioridade nas gráficas, em face de obras de uso didático de maior tiragem e vendagem.

O segundo e decisivo fator foi a interminável sequência de modificações ao Código de Processo Civil. Ao discorrer sobre a Efetividade do Processo Civil, esta Tese fez comentários pontuais - sempre em torno da noção de "efetividade" - acerca de variados temas processuais ou dispositivos de lei, passando por questões como a boa-fé processual e as sanções ao litigante ímprobo, a forma dos atos, a audiência preliminar, a antecipação de tutela, o procedimento, o sistema recursal, ou a execução. E as leis posteriores não pararam de mexer nisso, a ponto de me fazer rever o trabalho a cada nova modificação e encaminhar outro texto à Editora, atrasando mais um pouco a publicação.

Após a argüição pela Banca Examinadora, outras dezenove leis alteram o CPC, até o momento em que escrevo este prefácio (espero conseguir terminá-lo antes que venha a vigésima). Após publicada a lei que modificou o Agravo, em 1995, última da leva de dez projetos propostos pela Escola Nacional da Magistratura, passou-se a chamar as leis seguintes de "a segunda fase da reforma". Respeitáveis processualistas, como Cândido Rangel Dinamarco, já falaram em "A Reforma da Reforma", título de livro seu, de 2002, sobre leis posteriores a 1999. No dia-a-dia, porém, ouve-se de alguns debochados expressões como "A Contra-Reforma", "A Volta da Reforma", "Reforma Processual - o Retorno", "A Vingança da Reforma" ou frases assemelhadas. A Reforma já não encanta; aborrece. Ou tornou-se alvo daquele masoquista hábito nacional de fazer chacota de nossos próprios males. A Justiça é incapaz de dar uma solução em tempo razoável, as instituições públicas como um todo estão em frangalhos, mas continuamos rindo.

Não se pode olvidar que, parecendo ser muito pouco produzir apenas reformas legislativas, no intervalo destes dez anos também a Constituição Federal foi alterada em nome da efetividade, da celeridade e da eficiência processuais. A Emenda n° 45 instituiu o princípio da duração razoável do processo, direito agora assegurado a todos os brasileiros! O processo tornar-se-á mais rápido por decreto.

Enfim, em algum momento no tempo, no correr destes dez anos, a Editora chegou a enviar-me para conferência as provas finais de diagramação, última providência antes da impressão, quando mais uma nova lei qualquer fez-me abortar a publicação, suscitando mais alguns ajustes no texto. Em algum momento seguinte, mais uma lei... e aí confesso que cansei! Esse trabalho todo já parecia não fazer sentido.

Não me entenda mal o leitor. Não fiquei apenas cansado da tarefa intelectual, e às vezes física, de atualizar a minha obra, tarefa que parece ser obrigação de todo autor. Meu cansaço também pode ser atribuído ao fato de que Reformas posteriores mais pareceram um aranzel de normas coladas ou simplesmente movidas, fruto de experimentações irrefletidas sobre a lei processual vigente... e sobre o jurisdicionado. Embora passíveis de naturais críticas - afinal, não se pode esperar unanimidade - as primeiras Reformas traziam uma coerência, uma sistematização, um apego à ciência processual (notada, por exemplo, nas preocupações em corrigir-se a terminologia às vezes imprópria da redação de 1973) e até mesmo uma forma de redigir cujas qualidades não encontro nas leis mais recentes.

Dou exemplos de minha crítica:

A recente alteração das execuções de sentença, de 2005, até gozou de alguma simpatia de minha parte quanto à sua idéia central, pois pode ser lida nesta Tese a sugestão de voltar-se a distinguir as execuções de títulos judiciais - porque mais certos - das de títulos extrajudiciais, que no nosso sistema constituem um amplo rol de papéis muito diversos, dotados de também diversas cargas de certeza e liquidez. Mas, na minha talvez maledicente opinião, tal reforma correspondeu a mover um caminhão de terra para plantar um vaso, muito texto legal (em sua maioria, apenas movido de lugar) para pouca carga normativa e modesto resultado prático; e ainda atingiu artigos totalmente dispensáveis, como o conceito de sentença do artigo 162, realizando a proeza de substituir um conceito legal discutível por um *não*-conceito legal (a menos que o leitor consiga enxergar alguma conceituação no novel parágrafo §1º deste dispositivo). Ademais, era o conceito original totalmente voltado para propósitos recursais, especialmente a adequação recursal, e realmente não encontro motivos sérios para uma lei sobre execuções passar seus dedos por ali... A mesma lei, em seu pior momento, conseguiu a façanha de instituir um prazo sem definir expressamente seu termo inicial (art. 475-J), o que vem suscitando interpretações terríveis por parte do aparelho judiciário, que não deixaram de ser objeto de nossa crítica, em pequeno artigo que publiquei em co-autoria. Nada me parece mais obviamente necessário em um prazo do que a necessidade de certeza acerca de seus termos inicial e final. A lei de informatização do processo (Lei n° 11.419/2006) instituiu confusos e inseguros meios de intimação (art. 5°); e, ao regular o Diário Eletrônico (art. 4°), forma de comunicação que sugeri e defendi em artigo publicado em 2002 (*"Intimações judiciais por via eletrônica: riscos e alternativas"*) esta mesma lei brindou a ciência processual ao cunhar uma nova expressão, o *"dia da disponibilização"* (disponibilização?), que não se confunde com o dia da *"publicação"*... De resto, os excessos na criação de juízos de admissibilidade, ou a absurda inserção do artigo 285-A, que instituiu a jurisprudência de um juiz só, transmitiram a sensação de que o esforço do legislador distanciava-se do ideal de justiça e efetividade, para tão somente servir para *quitar papel de los Tribunales*, como acidamente criticava um autor ibérico citado nesta Tese.

Paradoxalmente, a Emenda n° 45, voltada para tentar solucionar de nossos problemas judiciários, agravou-os significativamente ao não estabelecer claramente regra de transição para as modificações de competência da Justiça do Trabalho. Não sei se estou sendo muito exigente, mas não seria demais esperar que o autor de uma alteração constitucional desse porte previsse uma regra de transição, dadas as visíveis (e *conhecidas* por quem quer que milite no Foro) dificuldades que o tema "competência" encerra, e pelo nada desprezível volume de ações em curso que seriam atingidas. Não sei dizer quantos processos ficaram no "limbo", entre as Justiças Estadual e Trabalhista, enquanto se pacificava essa questão, mas certamente não foram poucos... Como sustentado nesta Tese, normas processuais controvertidas (ou podemos dizer mal escritas?) são um dos males que prejudicam a efetividade do processo.

Por tudo isso, não me sentia fazendo ciência - se é que alguma vez a fiz - atualizando este trabalho à luz das posteriores reformas processuais. E parecia inútil atualizar um texto que, se não fosse publicado imediatamente - algo impossível, é claro, em papel - já estaria defasado quando voltasse a próxima prova de impressão...

Mas o que se mostrou mais aborrecedor, realmente, foi observar que, ano a ano, apesar de reformas processuais - também quase anuais - prometerem o Paraíso judiciário, os processos demoram cada vez mais e a solução para o problema parece cada vez mais distante. Como manter o entusiasmo pelo tema "Efetividade", em um contexto como esse?

Quando fui estagiário do Departamento Jurídico XI de Agosto, nos anos de 1986 e 1987, comecei - e vi terminarem! - cerca de quarenta a cinquenta processos. Foi uma experiência incomparável que carreguei pela vida, à qual atribuo boa parcela de meu aprendizado e minha formação prática, humana e profissional. Vejam vocês: um processo terminava entre oito a dez meses de sua propositura, tempo bastante para desenvolver todo o procedimento em primeiro grau, sentença, uma apelação e seu julgamento pelo Tribunal. Os Tribunais paulistas julgavam um apelo em cerca de quatro meses! Não parece que os atuais estagiários do "DJ", ou "Jurídico", como é carinhosamente chamado, consigam ter ali a mesma experiência, porque os processos que começam, não vêem terminar; os que terminam, não foram vistos começar; e possivelmente muitos alunos hoje trabalham por alguns anos no Departamento e atuam em processos que não viram nem começar, nem terminar... Até o ensino jurídico, como se vê, é atingido e prejudicado pela olímpica demora processual desses nossos dias. Paralelamente a isso, fico pensando quantos dos novos juízes, recém concursados, tiveram a prévia experiência de ver um mesmo processo começar e acabar...

Ainda desfrutei dessas "vantagens" propiciadas pela celeridade nos primeiros anos da profissão, mas mesmo assim ainda era bastante desconfortável dizer aos clientes - aqueles que o Estado chama de jurisdicionados - que antes de um ano, em média, seu conflito não seria solucionado. Em 1994, ao que me lembro, a demora média de um processo ainda era mais ou menos essa. Em 1999, já demorava um pouquinho mais...

Em 2009, o melhor que podemos esperar é que a recente determinação do CNJ seja cumprida pelos Tribunais do país:

julgar, até o final do corrente ano, todos os processos iniciados em 2005. Nosso sonho de consumo - que verdadeiramente não acredito que se realize - passou a ser um processo que dure *somente* cinco anos.

Se, em 1994, havia uma expectativa de que algumas reformas processuais pudessem melhorar o sistema, que não era excelente, mas funcionava de modo razoável, no momento atual tenta-se desesperada e atabalhoadamente encontrar alguma fórmula mágica que conserte uma realidade falida, em que processos não só demoram cerca de uma década, como ainda recebem julgamentos superficiais, pouco fundamentados, quando não aleatórios. Como este estudo já afirmava, ao relacionar problemas que afligem o sistema processual-judiciário, a lei poderia ser considerada o fator menos relevante na demora processual; hoje, em 2009, esta é uma verdade incontestável. A demora processual, atualmente, pode ser amplamente imputada a questões ligadas à ineficiência do aparato judicial, seja por gritante insuficiência de sua estrutura, seja por falta de uma visão administrativa e organizacional adequada para geri-la, diante dos reclamos de uma sociedade de massas como a atual; ou diante de um Estado que produz litígios judiciais em escala e resiste a cumprir as determinações judiciais, quando vencido. Não se vê solução possível se a Justiça não se modernizar, não se aparelhar, não se tornar mais eficiente. Alterações na lei processual, ou discussões doutrinárias neste campo do Direito soam inócuas, diante do problema presente.

E, diga-se, nestes esforços por mais agilidade e eficiência, pouco adianta a informatização em si, como a experiência de advogado tem-me mostrado e como temos acompanhado em nossos trabalhos da Comissão de Informática da OAB-SP. Uma informatização incorretamente implementada não só pode significar desperdício de dinheiro do contribuinte, como ainda pode, por incrível que possa parecer, piorar a eficiência da máquina judicial. E, quando se fala em "modernização", não se deve entender apenas o uso de tecnologias modernas, mas o uso de técnicas modernas de gestão e recursos humanos, tão ou mais fundamentais do que a tecnologia.

Com todos esses fatores somados, realmente desisti, já há alguns anos, de atualizar ou publicar esta Tese, preferindo dirigir minhas energias para algo que parecesse ser mais produtivo: a atividade docente, meus estudos sobre Tecnologia e Direito, minha participação nas Comissões de Informática da OAB, minhas experiências com o projeto de Informatização do Processo na Universidade São Judas Tadeu, além, é claro, dos demais afazeres de minha vida pessoal, familiar e profissional.

Por outro lado, não publicá-la sempre me deixou com uma sensação de incompletude, de trabalho não terminado, de ter abandonado um filho pelo mundo afora. Também me incomodava o fato de não dar à luz um trabalho final apresentado em um curso mantido por uma Universidade pública.

Tive a felicidade de saber que, embora não formalmente publicada, esta Tese despertou a atenção de alguns estudiosos, que a citaram em seus trabalhos acadêmicos; João Batista Lopes, que integrou a Banca Examinadora, chegou a incluí-la como sugestão de leitura aos alunos, em suas disciplinas de pós-graduação da PUC-SP, além de tê-la citado em recente manual. Sinto, então, que alguma colaboração devo ter dado, com estes meus estudos.

Voltei a ficar tentado a publicar esta tese, ao notar que nela consegui produzir alguns acertos. Algumas idéias aqui lançadas, *embora não do modo como foram lançadas*, hoje estão na lei, como a proposta de dar maior rigor às execuções de sentença (p. 185), a crítica à exigência de prévia penhora para propositura de embargos (p. 248) e ao ineficaz prazo para pagamento, então de 24 horas (p. 189), a idéia de ampliar o uso da coerção indireta como meio de execução (p. 252), a afirmação do dever do executado em colaborar com a execução (p. 242) e propostas gerais de simplificação da execução (Capítulo IX). Por outro lado, minhas preocupações com o excesso de audiências (p. 200/201) se mostraram pertinentes e o legislador, na Lei nº 10.444/2002, viria a dar um passo atrás ao inserir o parágrafo 3º no artigo 331, do CPC, tornando facultativa a realização da audiência ali inserida pela Reforma de 1994. A realidade concreta da Justiça brasileira, com falta de pauta livre para designar audiências em tempo breve, já não permitia, em 1994, reproduzir aqui o modelo conhecido por "processo por audiências", tão aclamado por defensores da Reforma de então. Hoje, aparentemente não são poucas as situações em que se deixa de designar as ditas audiências preliminares e já soube casos de juízes que determinam em suas Varas, em escala (e possivelmente sem fundamento na lei...), a conversão dos ritos sumários em ordinários, tudo certamente motivado pela desesperada tentativa de vencer as pautas lotadas e já esgotadas para os próximos meses... não raramente mais de uma dúzia de meses...

Resolvi, então, publicar esta Tese em sua redação original, dispensando até mesmo as atualizações que cheguei a fazer por ocasião de duas ou três leis posteriores que alteraram o CPC. Trata-se, portanto, de um texto que se encontra desatualizado diante dos dispositivos legais vigentes; no entanto, apesar do trabalho fazer referência a algumas normas legais já revogadas, o que dele merece mais atenção - creio - é a análise teórica da efetividade, à luz de princípios e propostas gerais, e algumas sugestões que modestamente apresentei, servindo os textos legais como mero exemplo utilizado para apoiar uma proposta ou uma crítica. Neste ponto, o trabalho talvez ainda se mostre atual, juízo que submeto ao leitor.

Por último, meu envolvimento e simpatia pelos movimentos *"free culture"* por diversas vezes me estimularam a apresentar livremente esta Tese na Internet. E é isso que finalmente faço agora, publicando este texto em formato digital, nos termos licença da *Creative Commons* (v. detalhes adiante).

Enfim, se você, leitor, logrou chegar até aqui, o que muito me honra, creio que seja um sério candidato a ler esta Tese. É acalentador imaginar que alguém ainda possa voltar sua atenção para a efetividade do processo, nestes tempos difíceis em que nos encontramos. Desculpando-me pelo clichê, é bom manter a chama acesa e acreditar que dias melhores virão. Que a duração de um processo ainda possa voltar a ser a de um mero ano do calendário terráqueo.

Augusto Tavares Rosa Marcacini
amarcacini@adv.oabsp.org.br
marcacini@osite.com.br

LICENÇA "CREATIVE COMMONS"

ESTUDO SOBRE A EFETIVIDADE DO PROCESSO CIVIL

I. INTRODUÇÃO.

1. Objeto do trabalho.

Em dezembro de 1994, o Código de Processo Civil sofreu sua maior modificação desde o início de sua vigência, em 1973. Excetuando-se a entrada em vigor de novos Códigos, nenhuma alteração atingiu tantos dispositivos da lei processual de uma só vez. Essa reforma, promovida pelas Leis nº 8.950, 8.951, 8.952 e 8.953, não foi um fato isolado, já que nosso Código de Processo Civil, desde seu início, tem sofrido constantes alterações, a ponto de já ter sido dito, com razão, que *"a reforma do Código de 1.973 começou, a bem dizer, já no próprio ano em que foi editado e durante a própria* vacatio legis*"*.[1] Essas quatro leis, ainda, eram parte de um plano de reforma composto por não menos do que onze projetos de Lei, alguns já aprovados antes delas, outros que viriam a ser aprovados nos anos seguintes, restando, ao tempo que escrevo estas linhas, um deles ainda pendente de apreciação pelo Congresso Nacional[2].

Entretanto, sendo promulgados na mesma data, estes quatro novos diplomas legais causaram grande impacto na comunidade jurídica, impacto este que pôde ser medido pelo grande número de seminários e cursos realizados para explicar as mudanças, pelo grande número de publicações tratando dos temas ligados à Reforma, e pela controvérsia que se acendeu sobre alguns dos seus aspectos mais polêmicos. Isso fez com que, mais uma vez, o Direito Processual ganhasse evidência, à semelhança do que acontecera quando da entrada em vigor do novo Código.

---

1 Cândido Rangel Dinamarco, *A Reforma do Código de Processo Civil*, p. 23.

2 Os projetos aprovados converteram-se nas Leis nºs 8.455/92 (perícias); 8.710/93 (citação/intimação por via postal); 8.898/94 (liquidação); 8.950/94 (recursos); 8.951/94 (consignação e usucapião); 8.952/94 (processos de conhecimento e cautelar); 8.953/94 (processo de execução); 9.079/95 (ação monitória); 9.139/95 (agravo); e 9.245/95 (procedimento sumário); resta o projeto nº 3.804/93, que atinge a uniformização de jurisprudência introduzindo súmulas com efeito vinculante.

Embora o conteúdo da reforma possa ser alvo de críticas - e, como todo estudioso e profissional do Direito, tenho algumas objeções - os ideais que inspiram a Reforma do processo civil merecem incontestável aplauso: busca-se dar maior efetividade ao processo. Esta, aliás, vem sendo uma meta buscada nos nossos dias, em diversos países do globo[3].

O presente trabalho se propõe a realizar um estudo sobre a efetividade do processo civil, começando por delimitar o que, exatamente, devemos entender por "efetividade do processo". E, no seu desenvolvimento, serão tratadas diversas questões relacionadas com o problema da "efetividade", razão pela qual, embora não se pretenda escrever especificamente sobre a Reforma legislativa que experimentamos recentemente, é ela inegável ponto de referência para este estudo.

Como não poderia deixar de ser, este trabalho apresenta críticas diversas à reforma, mas o faz com todo o intuito de que sejam construtivas e gerem uma saudável polêmica sobre os pontos abordados. O que não se espera é que, por tecer críticas, seja considerado uma *oposição* à reforma em si, ou à necessidade de mudanças no sistema processual. Não se pode adotar uma posição maniqueísta, segundo a qual ou se está a favor da Reforma, ou se está contra um processo mais ágil e efetivo. Evidentemente, é possível questionar pontos da reforma, analisando em que medida vão de encontro aos próprios objetivos que se busca alcançar. É possível, também, questionar a primazia dos valores que tenham inspirado algumas das mudanças, já que, por vezes, atender a um dado princípio implica sacrificar outro. Pode-se, assim, analisar em que medida os sacrifícios são compensados pelos benefícios que, efetivamente, serão alcançados com dada alteração.

É inegável, todavia, que a Reforma, no mínimo, aguçou nosso espírito crítico e nos chama a todos para um debate. Se há divergências quanto a certas orientações adotadas, pelo menos há consenso quanto ao objetivo a perseguir. É aí que deparamos com o conceito de "efetividade do processo".

A questão que tem atormentado as nossas mentes, desde então, é saber, primeiro, o que exatamente devemos entender por

---

3   Cf. José Carlos Barbosa Moreira, "Miradas sobre o Processo Civil Contemporâneo", *in Temas de Direito Processual*, pp. 45-46.

"efetividade do processo" e o que buscamos alcançar; segundo, como chegar lá...

Vê-se, então, que o presente estudo nasceu motivado pela recente reforma processual. Entretanto, ao invés de comentar as alterações, ou tratar de algum tema específico da Reforma, o que se pretende, aqui, é a busca de valores e princípios que devam nortear o nosso sistema processual contemporâneo, a fim de torná-lo mais "efetivo". A Reforma, assim, aparece como "pano de fundo" deste trabalho, servindo como um referencial e, não, como objeto específico de estudo. A técnica envolvida nestes novos dispositivos não será objeto de análise, exceto enquanto a questão de ordem técnica possa trazer conseqüências para o plano da efetividade.

Tentarei, desta maneira, ao longo deste texto, traduzir em princípios e orientações gerais aquilo que corresponde ao processo ideal a ser buscado, procurando, paralelamente, e principalmente, adequar a técnica processual a estes princípios. E, certamente, o mais difícil parece ser sincronizar os princípios processuais com a técnica. Ninguém, nos nossos dias, ousaria questionar a validade dos princípios fundamentais do Direito Processual, como a garantia de acesso à justiça, ou o *"due process of law"*. Igualmente, em sã consciência, ninguém se colocaria contrário a um processo ao mesmo tempo mais justo *e* mais rápido. Não há como negar que o processo *pode* ser mais célere do que é na prática, embora alguma demora seja intrínseca ao modo de ser do processo. Nem se pode duvidar da atualidade da conhecida frase de Chiovenda, para quem *"o processo deve dar, quanto for possível praticamente, a quem tenha um direito, tudo aquilo e exatamente aquilo que ele tenha direito de conseguir"[4]*. Porém, no momento de implementar medidas no sentido de permitir a realização destes valores, as opiniões não são convergentes. Desde a identificação do que necessita de mudança, até o estabelecimento de qual deve ser essa mudança, muitas serão as opiniões. O problema, justamente, reside em identificar quando e como é *"possível praticamente"* alcançar os objetivos a que o processo se propõe.

No campo do direito em geral, não é novidade afirmar que os diversos profissionais da área jurídica - juízes, promotores,

---

4   *Instituições de Direito Processual*, vol. 1, p. 46.

advogados públicos e privados - normalmente apresentam interpretações diferentes sobre várias questões jurídicas. Quando a discussão envolve perquerir o que há de errado com o processo, e como solucionar os seus defeitos, vê-se com certa clareza esta polarização de posições. Chega a ser curioso encontrar rasgados elogios para um dado ponto da Reforma, quando para outro autor o mesmo ponto se apresenta como algo repreensível e danoso. De certa maneira, a beleza do Direito reside no fato de que não é ele uma ciência exata... Justamente por isso, toda proposta de reforma estará sujeita a críticas mil, e disso, certamente, não escapará o presente estudo. Mas, desta forma, espero ter dado alguma contribuição a uma problemática tão atual e importante para sociedade moderna, que é a busca de soluções para o que se vem chamando de "crise do processo".

E, para tratar da efetividade do processo, o presente trabalho navegará por boa parte do sistema processual (o que, certamente, é arriscado). Mas outro não poderia ser o desenvolvimento de um estudo sobre este tema. O sistema processual pode ser comparado a um encanamento velho e enferrujado, a causar transtornos ao morador, que sonha em tomar banho numa boa ducha. Aumentar a altura da caixa d'água elevaria a pressão, mas a água pode minar pela casa toda, não chegando com a força esperada na saída do chuveiro (além dos estragos que evidentemente causará). Talvez seja possível estancar os vazamentos, mas a água, suja pela ferrugem do velho encanamento, não propiciará um banho prazeroso. Da mesma forma ocorre com o processo. Tratar da noção de efetividade - e da busca de soluções que tornem o processo efetivo - sem pensar no todo é inviável: ou o sistema irá "fazer água" noutro ponto, não tocado, de modo que as alterações feitas caiam no vazio, ou corremos o risco de tornar o processo um instrumento inadequado para os fins a que se destina ou, pior, um instrumento injusto.

Este estudo tem a intenção de questionar a eficiência do processo civil, mas colocando-a lado a lado com o ideal de justiça, que também deve ser buscado, e que certamente a precede em importância. Ou até, é bom lembrar, ser o processo "efetivo" pressupõe "fazer justiça"[5]. Paralelamente a discussões de cunho

_____

5   Sobre o significado da "efetividade do processo", v. capítulo II, 7, adiante.

valorativo, deveremos também observar a realidade forense, que permite aferir até que ponto normas e princípios aparentemente positivos atingem sua finalidade. E isto suscita outra questão: a técnica processual está sintonizada com os valores que a ciência processual busca alcançar?

Propomos, aqui, uma espécie de "julgamento" do processo civil, buscando identificar suas falhas e encontrar, da forma mais abrangente possível, linhas gerais que possam servir para a melhora do processo. E, neste contexto, vários aspectos da Reforma serão objeto de análise crítica ao longo do texto, como também o serão alguns institutos que remanescem intocados pelo tempo.

Embora a assim chamada "crise do processo" atinja todo o sistema processual, o presente estudo centra sua observação exclusivamente sobre o processo civil. Mas não por falta de necessidade de semelhante estudo quanto ao processo penal, ou quanto ao processo do trabalho, que, sub-ramo do processo civil, enfrenta dificuldades ainda maiores que este, quando se pensa no problema da efetividade. É que se faz necessário limitar o objeto deste estudo, já tão amplo, seja por necessidade de rigor científico, seja por falta de suficiente conhecimento e experiência deste que vos escreve para tecer considerações desta ordem fora do campo do processo civil.

Ainda quanto aos limites abordados neste trabalho, vê-se que não há capítulos próprios para um estudo histórico nem comparado. A razão é que o tema não comporta tais incursões. Discorrer sobre a efetividade do processo, como pretendo fazer, importa questionar a adequação das suas normas ao seu tempo e lugar. Difícil realizar tal tarefa sem um mínimo de vivência naquele tempo e lugar estudados. Impossível questionar seriamente a conveniência de regras e institutos sem estar inserido no contexto social em que vigoram.

Do ponto de vista histórico, por exemplo, numa breve passada de olhos através dos tempos podemos dizer que, desde que a sociedade - e, portanto, o Direito e o Processo - se tornou mais complexa, o processo é insatisfatoriamente lento. Ao menos aqueles processos que poderíamos chamar de "devido processo", excluídos, assim, os precários julgamentos de exceção que se fizeram ao longo da História, e ainda se fazem hoje, sob regimes totalitários.

Por isso, julgo impensável, nos limites deste trabalho, analisar a efetividade de processo outro que não o atual, até porque, do contrário, estaria correndo o inevitável risco de estudar o passado com os olhos do presente, o que só poderia levar a equívocos. É com pesar, porém, que excluo deste estudo uma incursão histórica aprofundada, vez que a História do Direito Processual está permeada de momentos em que o declarado descontentamento quanto à lentidão do processo motivou reformas. Isso, por certo, mereceria a atenção que não me sinto habilitado a dispensar. Não que os antecedentes históricos tenham sido totalmente ignorados neste trabalho: internamente aos capítulos, para melhor abordagem do tema neles tratado, conforme se mostrou necessário, há, sim, material colhido do passado. Entretanto, são incursões desprovidas de qualquer pretensão de julgar a "efetividade" do sistema da época, ou sua adequação à realidade de então.

Idênticas considerações se aplicam, igualmente, aos percalços de se desenvolver um estudo comparado da efetividade do processo. Analisar friamente a legislação alienígena, sem atentar para a realidade do país a que se refere, já não permitiria grandes conclusões, qualquer que fosse o objeto de estudo. Quando se propõe a estudar a efetividade, importa conhecer as normas que "não saíram do papel", daí a necessidade de nos valermos não só do estudo de legislação e doutrina, mas também da experiência. Afirmar que tal ou qual instituto imprimiu celeridade aos feitos de outro país, ou funcionou bem ou mal, sem considerar elementos extra-legais como, por exemplo, a estrutura e organização do Poder Judiciário local, ou mesmo a praxe judiciária, que às vezes não está escrita em lugar nenhum, não permite concluir que o mesmo instituto irá servir, com a mesma roupagem, noutro lugar. De todo modo, na medida em que a matéria tratada comportar, serão encontradas algumas referências ao direito estrangeiro e a reformas processuais nele implementadas, mas, da mesma maneira, guardando-se as observações acima.

Enfim, além de extremamente dificultoso, senão insano, não encontro utilidade, nem coerência, em reunir num único trabalho o estudo de diferentes problemas do sistema processual, encontrados em épocas, lugares e contextos diversos. Por isso, não há capítulos exclusivamente dedicados à efetividade do processo no passado ou no exterior. Isso não quer dizer, entretanto, que este trabalho esteja alheio à História, ou ao que acontece ao nosso redor. Referências históricas ou comparativas serão pontuais, e estarão inseridas ao longo do texto na medida em que o assunto abordado suscitar tais confrontos.

Assim, no Capítulo II, que se subdivide em temas bastante variados, são definidas as premissas sobre as quais se assenta este trabalho, culminando por buscar um significado para a expressão "efetividade do processo" e relacionar brevemente esta efetividade com as mais recentes reformas do processo civil brasileiro. Nos Capítulos III a VII, partindo da idéia de que o processo deve buscar equilibrar valores, o estudo prosseguirá no sentido de encontrar linhas gerais e limites sobre os quais erigir um processo mais efetivo, buscando, sempre, relacionar os postulados extraídos com a técnica processual e com as recentes reformas legislativas. Adiante, nos Capítulos VIII e IX, serão expostos os tópicos que considero mais imediatos para uma possível pauta de modificações no sistema processual. Nestes dois capítulos derradeiros, procurando manter a coerência com o que lhes antecede, proponho alterações de duas ordens que, embora atinjam pontos diversos do sistema processual, de alguma forma se complementam, sob a ótica da efetividade do processo.

2. Metodologia.

Como método de desenvolvimento deste estudo, foram pesquisados, principalmente, livros e artigos de doutrina sobre o Direito Processual, especialmente aqueles com enfoque na reforma e nos princípios processuais. Aqui são levados em conta não apenas trabalhos científicos, mas também matérias de cunho jornalístico e textos menos pretensiosos, desde que seu autor manifeste alguma opinião - mesmo que não fundamentada - sobre a relação entre o objeto tratado e a efetividade do processo. No mínimo, tais textos, permitem avaliar o grau de aceitação de alguns pontos da reforma, ou o quanto determinado instituto processual é bem ou mal visto pela comunidade jurídica.

Buscando comparar a legislação com a realidade que se nos apresenta, imprescindível também se mostra uma pesquisa jurisprudencial sobre julgados que tenham tratado dos pontos polêmicos do sistema processual.

Além da tradicional pesquisa na doutrina e jurisprudência, propõe-se aqui, como método de desenvolvimento - e como critério de aferição da adequação do sistema processual - estabelecer uma espécie de "simulação" a partir de "tipos ideais", buscando definir qual o impacto que tal ou qual norma, ou reforma da norma, causa nos diferentes tipos de litigantes que existem na sociedade, como pautam seu comportamento diante do modo de ser do processo. Assim, desde já, estabelecemos alguns "tipos", facilmente verificáveis na sociedade, que serão utilizados para algumas destas simulações.

Na definição dos tipos, distinguimos os litigantes entre categorias, a partir de pontos de vista diferentes.

Cappelletti e Garth[6], tendo em vista a *"freqüência de encontros com o sistema judicial"*, citam distinção desenvolvida pelo Professor Galanter entre litigantes *"habituais"* e litigantes *"eventuais"*. *"Ele sugeriu que esta distinção corresponde, em larga escala, à que se verifica entre indivíduos que costumam ter contatos isolados e pouco freqüentes com o sistema judicial e entidades desenvolvidas, com experiência judicial mais extensa. As vantagens dos "habituais", de acordo com Galanter, são numerosas: 1) maior experiência com o Direito possibilita-lhes melhor planejamento do litígio; 2) o litigante habitual tem economia de escala, porque tem mais casos; 3) o litigante habitual tem oportunidades de desenvolver relações informais com os membros da instância decisora; 4) ele pode diluir os riscos da demanda por maior número de casos; e 5) pode testar estratégias com determinados casos, de modo a garantir expectativa mais favorável em relação a casos futuros"*[7].

Em linha semelhante, do ponto de vista dos recursos financeiros, podemos distinguir o litigante "rico" do litigante "pobre". Embora esta classificação seja diversa da anterior, é possível afirmar que o litigante habitual é necessariamente dotado

---

6   Mauro Cappelletti e Bryant Garth, *Acesso à Justiça*, p. 25.
7   Idem, ibidem.

de recursos econômicos, embora nem todo litigante "rico" possa ser considerado "habitual". Há, certamente, o litigante "rico" e "eventual", o que faz interessante esta segunda classificação. O litigante "pobre", por seu turno, deve ser havido como "eventual".

Como minha proposta é a de, em alguns pontos do trabalho, tentar simular comportamentos e reações diante do sistema processual, insiro mais duas classificações, de ordem subjetiva. A primeira a considerar leva em conta a expectativa que têm os litigantes com o resultado da demanda. Como não é o Direito uma ciência exata, evidentemente temos muitas situações em que, dependendo do ponto de vista, da interpretação que se faz da norma, ou mesmo, porque não dizer, de opções valorativas do magistrado, o resultado de seu julgamento tanto pode ser um, como pode ser o oposto. Nestas situações, diria que ambos os litigantes têm razoáveis expectativas de vitória e nela acreditam. Esta posição dos litigantes é aqui considerada como intermediária. Outras situações há em que o deslinde da controvérsia envolve preponderantemente a matéria de fato, que é plenamente conhecida pelos litigantes. Embora cada qual traga, para o processo, a versão mais favorável dos acontecimentos, eles têm ciência, no seu íntimo, do que ocorreu. Estes litigantes sabem, cada qual, que têm ou não têm razão. É certo que nem sempre a verdade dos fatos aparece em juízo. Mas, iniciado o processo, é razoável supor que cada um dos litigantes tenha certa expectativa, a partir das provas existentes, acerca do aparecimento da verdade e do possível resultado do processo. Feitas estas considerações, sob o ponto de vista das expectativas individuais, classificaria os litigantes em: a) o litigante que sabe ter razão; b) o litigante que tem razoável expectativa de vencer a demanda; c) o litigante que sabe não ter razão.

No sentido de ilustrar, diria que são significativos alguns exemplos freqüentemente presentes no cotidiano forense. Para mencionar dois exemplos extremos: a) exeqüente e executado, quando a obrigação foi pura e simplesmente inadimplida, sem qualquer razão para tanto; b) locador e locatário, em ação de despejo por denúncia vazia de locação não-residencial. Em situações fáticas assim delimitadas, conquanto os litigantes até possam inserir argumentos fáticos e jurídicos, eles sabem razoavelmente que tais argumentos são ou não pertinentes, embora, ao julgador, seja necessário conhecer do litígio para depois decidi-lo, da mesma forma como faria diante de qualquer outro caso trazido à sua apreciação.

A segunda classificação de ordem íntima diz respeito aos limites éticos das partes. Temos, aqui, de um lado o litigante ético, cuja convicção moral não permitiria que se valesse de expedientes vis no processo; de outro, o litigante improbo, que não mede seus atos, no sentido de buscar o máximo que puder do processo, mesmo, e principalmente, sabendo que não está com a razão.

Outro material que será utilizado como auxílio no desenvolvimento de alguns pontos da pesquisa será uma análise estatística de alguns fatos processuais, que permitam estabelecer relação com o problema da efetividade. Dada a dificuldade de uma abrangente colheita de material, buscarei, ao menos, utilizar como universo da pesquisa a jurisprudência publicada ou catalogada em bases de dados de acesso disponível, principalmente em meio eletrônico, ou em revistas de jurisprudência tradicionalmente publicadas. É verdade que o uso de revistas de jurisprudência para uma verificação estatística pode ser um método criticável, dado o fato de que a jurisprudência nela publicada já passou por um critério de seleção, que certamente cria um hiato entre o que é publicado e o que corresponde à realidade. Entretanto, tal componente não terá seu valor exacerbado como fonte de pesquisa, e, além disso, é bem possível que alguns dos fatos processuais destacados para verificação não tenham sua incidência grandemente alterada pela seleção, do que tratarei ao utilizar-me desta fonte. Com isso, mesmo guardada essa observação, creio que a amostragem tirada permite formular as conclusões que apresentarei com o uso desses elementos.

II. DELIMITANDO O PROBLEMA DA EFETIVIDADE.

1. Linhas gerais.

O problema central, do qual decorrem as demais questões a serem tratadas, é a ineficiência do processo como instrumento de realização do Direito e da Justiça. A primeira questão a ser colocada é uma crítica pragmática acerca das deficiências do processo. Em que medida o processo é satisfatório e atinge suas finalidades? Mas, por outro lado, quais os limites do possível? Sendo a perfeição inatingível, que paradigma pode ser estabelecido para aferir a eficiência do sistema processual?

A partir dessas primeiras observações, necessário se faz identificar as causas da ineficiência do processo e, destas, destacar as que mantêm relação com o sistema processual ou o aparelho judiciário, das causas que são alheias a eles. A distinção se faz necessária para delimitar quais problemas podem ser solucionados por meio de mudanças no âmbito do Direito Processual ou da Organização Judiciária.

Identificados os problemas que estão relacionados com o que poderíamos chamar de "mundo do processo" (e descartados os demais, ou porque seu tratamento fuja ao Direito Processual, ou porque sejam humanamente insolúveis...), surge a questão principal: como tornar o processo mais eficiente, sem descaracterizá-lo, sem torná-lo arbitrário ou aleatório, e, principalmente, sem perder de vista os princípios e garantias fundamentais? E, conseqüentemente, em que medida as reformas contribuíram para o aprimoramento do processo, considerado como um todo? Que críticas e que sugestões podem ser feitas? Que princípios ou regras gerais podem ser extraídos, para orientar um aperfeiçoamento do sistema processual? Que modificações podem ser introduzidas para melhoria geral do sistema processual, e não apenas para a proteção de algumas categorias de direitos ou para a solução mais rápida de alguns tipos de conflito?

Algumas idéias gerais podem ser inicialmente traçadas. Na busca de um paradigma, ou de um processo ideal, mas possível, a ser delineado para servir como uma meta a alcançar, trabalharemos com uma noção de "equilíbrio do sistema processual". O processo desejável é aquele que consegue balancear os ideais de Justiça, Acesso, Estabilidade e Celeridade. E, a partir dessa hipótese inicial, outros aspectos temos a equilibrar e, neste caso, podemos falar: a) no equilíbrio entre as partes (ou isonomia processual); b) no equilíbrio social (como fazer com que o processo repercuta uniformemente na sociedade e atinja igualmente os diversos "tipos" sociais); c) no equilíbrio entre os tipos de tutela jurisdicional e entre as formas e procedimentos (um sistema processual em que o rigor, agilidade e formalidades sejam proporcionais ao grau de relevância, certeza e urgência do direito postulado). Destas questões me ocuparei nos capítulos IV a VII, adiante.

2. Finalidade do processo civil.

Importa conhecer, para delimitar o conceito de *efetividade do processo*, o que se espera deste instrumento, a fim de que se possa comparar em que medida ele é ou não efetivo.

Partindo de clássicas posições sobre o tema, dizia Chiovenda que *"o processo civil é o complexo de atos coordenados ao objetivo da atuação da vontade da lei (com respeito a um bem que se pretende garantido por ela), por parte dos órgãos da jurisdição ordinária"[8]*. Esmiuçando este seu conceito, Chiovenda via no processo o meio de realização da justiça pelas mãos do Estado, afastando a violência privada que historicamente lhe antecedeu. Por meio do processo, o juiz, a partir da *"vontade abstrata da lei"* contida na norma, e diante dos fatos, encontrará a *"vontade concreta da lei"* aplicável ao caso examinado. *"Dizendo-se que a função jurisdicional consiste na atuação da vontade da lei, exclui-se que a possamos fazer consistir na determinação ou criação desta vontade, como sustentam muitos escritores"[9]*; opõe-se, aqui, a atividade de julgar à atividade legislativa. Em defesa da autonomia do processo, ressalta Chiovenda que *"situado o objetivo do processo na*

8 *Instituições de Direito Processual Civil*, vol. I, p. 37.
9 Idem, p. 40.

atuação da vontade da lei, se exclui que o possamos localizar na defesa do direito subjetivo. Defesa tal constituirá o escopo, todo individual e subjetivo, que se proporá o autor; o processo, em vez disso, visa ao escopo geral e objetivo de fazer atuar a lei, e o escopo do autor e do processo coincidirão só no caso em que seja fundada a demanda. A sentença, porém, é sempre atuação da lei, seja a demanda fundada ou infundada"[10].

Chiovenda refuta, dizendo inaceitáveis, as concepções que tratam o processo como meio de solução de conflitos, argumentando que *"pode haver processo sem controvérsias (julgamento à revelia, reconhecimento imediato do pedido por parte do réu)"* ou que *"conflitos também fora do processo se dirimem (agente que impede um ladrão de furtar; prefeito que ordena a demolição de uma obra contrária aos regulamentos municipais)"*. Para ele, *"todas essas concepções se eivam de um defeito comum, a saber, o de confundir a finalidade atual, imediata, constante da atividade processual, com seus resultados remotos e possíveis, ou mesmo necessários. (...) Igual observação se pode fazer à doutrina mais recente (Carnelutti) que concebe o objetivo processual como a justa composição da lide (entendida a "lide" como pretensão contrastada porque contradita ou porque não satisfeita)"*. Chiovenda via a solução do conflito como conseqüência da atuação da vontade da lei, conseqüência esta que não advém, necessariamente, da atividade processual: pode o interesse de uma parte ser satisfeito pela via substitutiva da atividade estatal, pouco importando se os ânimos se acalmaram ou não. Conclui a crítica afirmando que *"se por 'justa' composição se entende a que é conforme a lei, resolve-se na atuação da vontade da lei; se, porém, se entende uma composição qualquer que seja, contanto que ponha termo à lide, deve-se radicalmente repudiar uma doutrina que volveria o processo moderno, inteiramente inspirado em alto ideal de justiça, ao processo embrionário dos tempos primitivos, só concebido para impor a paz, a todo custo, aos litigantes"*[11].

Nos nossos dias, como salienta Liebman, o ardente debate entre estas posições chiovendianas e carneluttianas terminou por acomodar-se no entendimento de que, antes que antagônicas, as

---

10 Idem, p. 45.
11 Idem pp. 45-46.

posições acerca da finalidade do processo podem ser vistas como complementares:

> *"Molte sono le definizione che si sono date della giurisdizione; ne ricorderemo due, le più importanti, che hanno costituito il tessuto dialettico del dibattito scientifico in Italia per molti decenni. La prima definisce la giurisdizione come* l'attuazione della volontà concreta della legge mediante la sostituzione dell'attività di organi pubblici ad un'attività altrui, sia nell'affermare l'esistenza della volontà della legge, sia nel mandarla praticamente ad effetto *(Chiovenda). In questa definizione è scolpito il rapporto tra la legge e la giurisdizione; e col concetto della sostituzione si rende evidente il fatto che il giudice è chiamato a provvedere quando è mancata da parte di taluno l'osservanza di ciò che dispone la legge.*

> *"La seconda preferisce invece vedere nella giurisdizione la* giusta composizione delle liti *(Carnelutti), intendendo per* lite *ogni conflitto d'interessi regolato dal diritto e per* giusta *quella composizione che avviene secondo il diritto. Questa definizione considera l'attuazione del diritto come il mezzo per raggiungere lo scopo ulteriore della composizione del conflitto d'interessi, cercando così di cogliere la materia a cui la legge viene applicata e il risultato pratico, in chiave sociologica, a cui conduce l'operazione.*

> *"Le due definizione ricordate, sebbene siano state in passato oggetto di vive discussioni, possono peraltro considerarsi complementari nell'illustrare la funzione giurisdizionale nel campo civile e amministrativo (prescindendo, in questa sede, da ogni riguardo alla giurisdizione in campo penale).*

> *"Per conto nostro, riassumendo, possiamo considerare la giurisdizione come l'attività degli organi dello Stato diretta a formulare e ad attuare praticamente la regola giuridica concreta che, a norma del diritto vigente, disciplina una determinata situazione giuridica"*[12].

---

12 *Manuale de Diritto Processuale Civile - Principi*, pp. 5-7.

Entre nós, Paula Baptista afirmava que *"os fins principais das leis do processo são: 1°, garantir a sabedoria do exame e a retidão das decisões; de sorte que os julgados sejam verdadeiros monumentos de verdade e justiça; 2°, assegurar os efeitos destas decisões (processo das execuções)"*[13].

Mais recentemente, surge a preocupação de definir como finalidade do processo a obtenção de resultados socialmente desejáveis. Vê-se o processo como instrumento para uma ampla realização da justiça. É nesse contexto que passamos a exigir do processo algo mais do que servir apenas como alternativa racional à violência privada. Até porque, em certa medida, o descontentamento com os meios que o processo oferece se apresenta como um estímulo ao uso da justiça de mão própria.

Assim, ao sabor das "ondas" do movimento por acesso à justiça[14], quer-se que o processo cumpra o papel de distribuição de justiça: que seja o processo acessível, o mais possível, a todos e que propicie a pacificação social mediante soluções justas.

Cândido Dinamarco vê no processo um instrumento para se atingir os *escopos sociais, jurídicos e políticos* que o Estado busca alcançar por meio da jurisdição. Entre os escopos sociais, alinha este autor a *pacificação com justiça*. E, ao chamar a pacificação social de *"escopo social magno"*, em obra de autoria coletiva[15], tem-se a idéia do quanto de destaque é dado a esta finalidade. Chiovenda, como citado linhas acima, opunha o ideal de busca da justiça como argumento para afastar a tese de que o processo teria como finalidade a solução do litígio. Em verdade, a finalidade de pacificação social, embora não seja a única, não pode ser afastada. O Direito como um todo - e não apenas o processo - é voltado para permitir a convivência pacífica em sociedade. Assim, dizer que o processo *também* busca a *paz social*, não é o mesmo que dizer que a pacificação deve ser obtida a qualquer custo. *"Isso não significa que a missão social pacificadora se dê por cumprida mediante o alcance de decisões, quaisquer que sejam e desconsiderado o teor das decisões tomadas. Entra aqui a relevância do valor justiça.*

---

13 *Compendio de Theoria e Pratica*, p. 83.
14 Cf. Cappelletti e Garth, *Acesso à Justiça*.
15 Cintra, Grinover e Dinamarco, *Teoria Geral do Processo*, p. 41.

Eliminar conflitos mediante critérios justos - eis o mais elevado escopo social das atividades jurídicas do Estado"[16].

Ainda entre os *escopos sociais*, Dinamarco menciona a *educação*: conscientizar os membros da sociedade quanto aos seus direitos e obrigações. Afirma que *"na medida em que a população confie em seu Poder Judiciário, cada um dos seus membros tende a ser sempre mais zeloso dos próprios direitos e se sente mais responsável pela observância dos alheios"[17] [18].*

Os *escopos políticos*, ainda segundo Dinamarco, podem ser resumidos na afirmação do *poder* de decidir do Estado, no culto ao valor *liberdade* e na *participação* dos cidadãos nos destinos da sociedade política[19]. O *escopo jurídico*, por sua vez, reside na *"atuação da vontade concreta do Direito"[20].*

Se a jurisdição estatal tem seus escopos sociais, jurídicos e políticos, e sendo o processo o instrumento da jurisdição, cobra-se dele um modo de ser apto a permitir a realização daqueles, ao mesmo tempo em que se espera que seja ao máximo acessível a todos os jurisdicionados.

3. Os princípios informativos do processo.

Na busca de seus objetivos, o processo deve se orientar por quatro princípios, que são chamados pela doutrina de *princípios informativos do processo[21]*, ou também de *princípios deontológicos do processo civil[22]*. Segundo João Monteiro, *"as leis e formas constitutivas do direito judiciário, naturalmente consideradas importam numa restrição da liberdade individual; mas toda lei restritiva da liberdade precisa, para parecer legítima,*

---

16 Dinamarco, *A Instrumentalidade do Processo*, p. 223.
17 Idem, ibidem pp. 224-225.
18 Acrescentaria, aqui, que a finalidade de educar pressupõe um processo que satisfaça à sua finalidade de realizar justiça. A finalidade educativa do processo será tanto mais presente quanto mais satisfatórios forem seus resultados, para que haja a "crença" generalizada da população no Poder Judiciário.
19 Idem, ibidem, pp. 233-234.
20 Idem, ibidem, pp. 294 e ss.
21 João Monteiro, *Teoria do Processo Civil*, vol. 1, p. 40; Cintra, Grinover e Dinamarco, ob. cit., p. 51.
22 Vicente Greco Filho, *Direito Processual Civil Brasileiro*, 2° vol., p. 89.

se firmar sobre razões ou princípios de necessidade e de utilidade". Segundo este mesmo autor, os princípios que *" legitimam as leis e formas do processo"[23]* são:

> *"I. Princípio lógico, que consiste na escolha dos atos e formas mais aptas para descobrir a verdade e evitar o erro;*
>
> *II. Princípio jurídico, que consiste no proporcionar aos litigantes igualdade na demanda e justiça na decisão;*
>
> *III. Princípio político, que consiste em prover os direitos privados de máxima garantia social com mínimo sacrifício da liberdade individual;*
>
> *IV. Princípio econômico, que consiste em fazer com que as lides não sejam tão dispendiosas a ponto de se poder dizer que a justiça civil é feita só para os ricos."*

Afirmando tratar-se, o texto acima, de tradução literal de Manfredini (*in "Programma del corso di Diritto Giudiziario Civile"*)[24], que por sua vez reproduzia Mancini, que originalmente concebeu a idéia[25], João Monteiro manifesta sua opinião de condensar os últimos dois princípios num só, chamado de *"princípio político-econômico"*, que consistiria na *"mesma lei cardinal da Economia Política - máximo resultado com mínimo esforço - aplicada ao direito judiciário"[26]*.

Merecem menção esses princípios porque, diferentemente dos princípios gerais do direito processual, que apresentam também conteúdo dogmático, tais *princípios informativos* são

---

23 Ob. cit., p. 51

24 Ibidem, p. 40, nota n° 1.

25 Conquanto se possa dizer que, sem se afirmar expressamente, ou traduzir-se nestes princípios assim postos, a observância destes valores é perseguida desde tempos remotos. Mancini apenas teria traduzido nestes quatro princípios ideais permanentes sobre o modo de ser do processo. Como salienta Alcides Mendonça Lima ("Os princípios informativos no Código de Processo Civil"; *in Revista de Processo* n° 34, p. 11), *"Em diversos textos legislativos, mesmo em épocas remotas, sempre houve dispositivos que, implicitamente, em seu conteúdo, consagravam os princípios que, posteriormente, a partir do Século XIX, foram formulados de modo expresso,* pela doutrina, *com teor condensado"*.

26 Ibidem, p. 40, nota n° 5.

"normas ideais que representam uma aspiração de melhoria do aparelhamento processual"[27]:

"Esses princípios, se pudessem concretizar-se integralmente como realidade, formariam o processo ideal. As dificuldades práticas, porém, acabam determinando um distanciamento entre a realidade e o dever-ser, de modo que este permanece como um modelo ao qual o processo deve tender, seja ao ser elaborada a lei sobre processo, seja no momento de sua aplicação.

"Respeitados esses ideais, o processo, em sua exteriorização, deve ser o mais simples possível. O legislador, ao elaborar um procedimento, deve atentar para a simplificação no aspecto quantitativo, morfológico e sistemático. No aspecto quantitativo, deve reduzir ao mínimo a quantidade ou o número de formas e atos; no morfológico, deve promover a simplificação externa dessas mesmas formas e atos; no sistemático deve manter correlação perfeita entre os conceitos jurídicos e sua forma respectiva, e também devem as formas do processo (os procedimentos) variar segundo a relação jurídica litigiosa varia em seus elementos morfológicos proeminentes"[28].

Ou, ainda, como diz Alcides de Mendonça Lima:

"Realmente, se não houver os meios "mais aptos", a verdade dificilmente será descoberta e o erro não poderá ser evitado (princípio lógico); se os litigantes não forem tratados com igualdade, inclusive na sentença, ocorrerá injustiça (princípio jurídico); se não for assegurada a máxima garantia à defesa dos direitos, com sacrifício, desnecessário, da liberdade, o processo se tornará instrumento de opressão, falhando em seu objetivo (princípio político); e, finalmente, se os gastos forem tão grandes, que desestimulem os litigantes de poucos recursos, fadados a terem de suportar a iniqüidade, sem poderem reagir em juizo, o processo se poderá tornar,

---

27 Cintra, Grinover e Dinamarco, ob. cit., p. 50.
28 Greco Filho, ob. cit., pp. 89-90.

quiçá, em incentivo a atos de justiça privada (princípio econômico)"[29].

Sendo este o perfil do *processo ideal*, e como tais proposições parecem gozar de aceitação geral, são estes *princípios informativos* extremamente úteis para aferirmos a efetividade do processo, confrontando-os com as novas e velhas normas que regulam seu desenvolvimento. Como, quanto ao que se refere a esses princípios, *"ninguém, doutrinariamente ou em atividade legislativa do direito positivo, ousará tomar atitude que negue alguns ou todos, salvo numa pseudo ordem jurídica em que predominasse o caos e o arbítrio"[30]*, podemos com segurança partir destas suas orientações para a busca de um processo mais efetivo.

4. Identificação dos problemas que afetam a eficiência do processo civil moderno.

Outro necessário ponto de partida deste estudo consiste em identificar quais são os problemas que afetam o nosso processo civil. Não posso deixar de mencionar, logo ao introduzir este tópico, o quanto delicada se mostra a questão. Em primeiro lugar, poucas - ou nenhuma - são as estatísticas precisas sobre o fenômeno, que permitam tirar conclusões abalizadas. E como anota Moniz de Aragão, as perguntas que ficam sem resposta pela falta de dados disponíveis são inúmeras:

> *"Com efeito, a ausência de dados estatísticos obsta que os problemas do aparelho judiciário, do qual depende essencialmente a efetividade do processo, sejam convenientemente solucionados, do que resulta que as medidas adotadas em geral seguem sempre o mesmo rumo - aumento do número de juízos e juízes. Poucas exceções a essa regra podem ser apontadas, sobrelevando a criação de tribunais de alçada e a descentralização do foro, o que é muito pouco. Urge investigar os fatores determinantes da insatisfação, que não é apenas dos litigantes mas da sociedade, com o funcionamento do aparelho da*

---

29 "Os Princípios Informativos no Código de Processo Civil", *Revista de Processo*, nº 34, p. 12.
30 Alcides de Mendonça Lima, ob. cit., p. 13.

distribuição da justiça. Quais são os pontos de estrangulamento? Como removê-los? Há excesso de burocracia? Onde se localiza? Como eliminá-lo? O pessoal é suficiente? Produz o mínimo desejado? É caso de aumentar seu número ou de aprimorar os atuais servidores e os métodos de trabalho? A cada juízo deve corresponder um cartório, ou uma secretaria, ou mais de um juízo podem valer-se da mesma infraestrutura? Enfim como estas, inúmeras perguntas poderão ser formuladas, cujas respostas não serão confiáveis sem o auxílio de dados corretos e sérios, que somente a pesquisa científica através da estatística poderá fornecer. A simples elevação do número de juízes concomitantemente com a notória queda do padrão de qualidade do ensino jurídico (aliás do ensino em geral) pode vir a prejudicar o Poder Judiciário e a efetividade do processo (a própria realização do Direito) mais do que é possível imaginar neste momento"[31].

Em segundo lugar, e de certo modo decorrente da falta de dados, boa parte da controvérsia que se acendeu a partir da reforma processual reside justamente na falta de consenso sobre os males que atingem o processo. Itens da reforma sofreram críticas baseadas na afirmação de que não era o texto velho a causa do mau desempenho da Justiça, razão pela qual não haveria porque modificá-lo, ainda que o novo texto não seja, em si, visto como algo ruim. Vê-se que as divergências acerca da oportunidade de algumas mudanças são fruto de outras divergências, que antecedem aquelas, sobre o que acarreta a morosidade do processo.

"Vista, todavia, a reforma em seu conjunto, ela não guarda sincronia com a sonhada possibilidade de tornar em nosso país a Justiça mais ágil e mais simples. Muitos dispositivos implicam até retrocesso, dada a elevada qualidade de nosso Código de Processo Civil em sua versão original, onde se apresentava como um todo bastante homogêneo, como ainda diante da circunstância da interpretação de vários artigos já estar consolidada, sendo que a novel reforma reabre o debate em torno deles, trazendo questionamentos que levarão alguns anos para alcançar o

---

31 "Efetividade do Processo de Execução", *in O Processo de Execução*, pp. 127-128.

grau de estabilidade que já se havia atingido. De outro lado, alterados foram artigos que nada têm com a praticidade do procedimento e nem importavam em óbices à sua maior rapidez. Atribuo esse fato a erro de diagnóstico: não se tendo localizado onde está o mal que emperra os processos, não se pode receitar remédio que possa realmente curá-lo"[32].

A recente Reforma processual, no dizer de seus defensores, buscou identificar *pontos de estrangulamento* do processo civil:

"O movimento de reforma das Leis Processuais encerra o que, em escrito específico, Donaldo Armelin caracterizou como tarefa de eliminação dos 'pontos de estrangulamento do processo civil, que têm potenciado o retardamento da prestação jurisdicional, com reflexos detrimentais para a operatividade do sistema processual"'[33].

Talvez o único consenso que se possa encontrar neste assunto refira-se à certeza de que o processo civil está longe do ideal que se propõe a alcançar. As queixas quanto à morosidade da Justiça são públicas e notórias e foram a razão das reformas realizadas, e isto por certo não atinge apenas o Brasil. Pesquisa realizada pelo Datafolha[34] concluiu que a Justiça é *"muito lenta"* para nada menos do que 67% dos entrevistados; para outros 24%, ela é considerada apenas *"um pouco lenta"*, enquanto apenas 5% disseram ser *"rápida"*. Como parto do princípio de que o processo será sempre e inevitavelmente mais lento do que aquilo que a parte desejaria que fosse, descarto como crítica os votos na opção *"um pouco lenta"*. Sobra, entretanto, um alto índice de reprovação, daqueles que a consideram *"muito lenta"*.

Paralelamente a esta pesquisa, e quase na mesma época, um outro levantamento feito pelo Instituto de Estudos Econômicos, Sociais e Políticos de São Paulo (Idesp) entrevistou magistrados acerca da crise do Judiciário. *"A existência da crise é totalmente admitida por 22,5% e parcialmente por 54,4% dos entrevistados,*

---

32 Clito Fornaciari Jr., "Preocupação do Advogado diante da Reforma do CPC", *in Revista do Advogado*, nº 46, pp. 13-14.

33 Sidnei Agostinho Beneti, "A Interpretação das Leis de Simplificação do Código de Processo Civil", *in Revista do Advogado*, nº 46, p. 9.

34 *Folha de São Paulo*, 11 de julho de 1993, p. 1-15. Segundo a reportagem, foram entrevistadas 2.498 pessoas.

enquanto 20,5% não reconhecem essa situação" [35]. E, nesta pesquisa, 82,3% dos juízes entrevistados apontaram *"o excesso de formalidades nos procedimentos judiciais"* como causas do funcionamento inadequado do Judiciário, motivo que só ficou atrás da falta de recursos materiais, apontada por 85,6%. A indicação das formalidades da lei processual como causa da morosidade da justiça superou as seguintes alternativas: o número insuficiente de juízes (81,1%), número insuficiente de varas (76,3%), legislação ultrapassada (67,4%), número elevado de litígios (66,5%), despreparo dos advogados (64,0%), grande número de processos irrelevantes (59,3%), juízes sobrecarregados com tarefas que poderiam ser delegadas (59,1%), instabilidade do quadro legal (53,2%), insuficiência na formação profissional do juiz (38,9%), extensão das comarcas (26,8%) e curta permanência dos juízes nas comarcas (25,3%).

Cândido Dinamarco aponta a existência de *"velha, arraigada e surda desconfiança recíproca entre o juiz e o processualista"*. Conquanto o direito processual, de 1868 para cá tenha experimentado intenso desenvolvimento enquanto ciência autônoma, *"no seu pragmatismo profissional, o juiz vê tudo isso como fonte de desvios; como fator pronto a conduzir a uma inversão nos rumos da relação de instrumentalidade existente entre direito e processo. Em parte, tem razão"* [36]. Se, porém, como afirma este autor, o processo moderno está menos preocupado com o formalismo exacerbado do passado, em especial da sua fase *autonomista*, que se mostrava *"profundamente conceitual e introspectiva, pouco ou nada se importando os processualistas desse tempo com o valor justiça ou com os objetivos sociais e políticos do sistema processual"* [37], e se sobre essa visão de processo é fundada a desconfiança do juiz, talvez haja um excesso por parte dos magistrados em imputar de modo tão intenso as causas dos problemas da Justiça à lei processual.

---

35 *Tribuna do Direito*, março de 1994, p. 12. Menciona a reportagem terem sido entrevistados *"570 magistrados, que correspondem a 20% dos juízes de cinco Estados (São Paulo, Rio Grande do Sul, Paraná, Goiás e Pernambuco), além de 41 da Justiça Federal"*.
36 "O juiz e o processo", *in Fundamentos do Processo Civil Moderno*, p. 253.
37 Idem, p. 254.

Em posição diversa do que apontou a pesquisa, assinala Vicente Greco Filho que:

"Sob o aspecto técnico, o Código de 1973 é dos mais modernos e de melhor qualidade do mundo, inclusive segundo depoimento de eminentes processualistas estrangeiros, tendo causado, já, benéficas influências na ciência do processo e na prática forense.

"Lamenta-se, apenas, que a época em que vivemos seja de tal mutabilidade social e institucional que a ordem jurídica dificilmente consegue manter-se estável e perdurar. Assim, hoje, fala-se, já, em reforma do Código, o que, porém, salvos pequenos retoques, além de prematuro, parece inadequado, porque não se pode imputar a ele os eventuais defeitos ou falhas da administração da Justiça ou da atuação do Poder Judiciário"[38].

Conquanto seja, de fato, o nosso Código uma lei moderna, não penso que esteja imune a reformas, nem que estas reformas não possam ser feitas paulatinamente. A própria ciência processual, bastante recente, ainda deve evoluir muito, levando, com isso, a novas regras no plano dogmático. O problema maior reside, na verdade, em encontrar *quais* são os pontos que preferencialmente merecem reforma, e destacar quais são os problemas cuja solução passa ao largo de um programa de modificações legislativas.

Mesmo na Itália, país onde a lei processual passou por recentes reformas, e onde o Código de Processo Civil, dos anos 40, não pode ser considerado propriamente como *moderno*, dúvidas são postas sobre a capacidade das modificações legislativas para produzir os resultados pretendidos. Assim, observa Sergio La China:

"Per amor di realismo, va detto che non sempre il codice ancora vigente è responsabile delle lentezza di procedura; tante volte le ragioni sono di situazioni di fatto, di organizzazione di uffici, di personale degli uffici e non certo di norme processuali migliori o peggiori"[39].

---

38 *Direito Processual Civil Brasileiro*, 1° vol., p. 69.
39 *Diritto Processuale Civile: La Novella del 1990*, p. 74.

Ou, como diz Sergio Chiarloni, *"sarebbe illusorio pensare che l'unica causa di una crisi così profonda risieda nella inadeguatezza delle discipline processuali"*[40].

Aqui, entre nós, Araken de Assis enumerou as seguintes causas da ineficiência da administração da Justiça:

> *"Segundo o modelo adotado na primeira Constituição republicana, e mantido vigente, como explicado, a solução dos litígios é tarefa imposta ao Poder Judiciário. Logo, se há uma 'crise da Justiça' no Brasil, porque inacessível, dispendiosa ou lenta, observou Ada Pellegrini Grinover que semelhante crise 'confunde-se e se identifica com a crise do Judiciário e de seus membros'.*

> *"E, com efeito, as causas da ineficiência da administração da Justiça se desenvolvem em três eixos principais, cujo estudo, de forma autônoma, se mostra imprescindível para dar coerência ao quadro.*

> *"Em primeiro lugar, os órgãos judiciários se encontram desaparelhados para cumprir sua missão. É o que se pode chamar de crise da 'oferta'.*

> *"Ademais, à estrutura já precária, dentro da concepção tradicional, aportam números excessivos de conflitos, que se caracterizam pela natureza inteiramente nova. Eles discrepam do gabarito anterior em decorrência do direito ou do interesse posto em causa, das pessoas que tomaram a iniciativa processual, antes desprovidas de efetivo acesso à Justiça e da aplicação, nos últimos anos, de planos financeiros conjunturais. É o que se designará de crise da 'demanda'.*

> *"E, por fim, os operadores da cena judiciária, onde o juiz desempenha o papel central, se revelam, com alarmante freqüência, alheados da realidade contemporânea, seja nos seus melindrosos aspectos sociais, seja na recepção das próprias modificações legislativas, a começar pela Carta*

---

40 "Prime riflessioni sui valori sottesi alla novella del processo civile", *in Formalismi e garanzie - studi sul processo civile*, p. 388.

Política em vigor desde 1988. Trata-se, então, de crise 'ideológica'"[41].

Feitas essas considerações, começaria por distinguir as causas das vicissitudes do processo em *problemas de ordem externa* e *problemas de ordem interna.*

São problemas de *ordem externa* aqueles outros não relacionados com o aparelho judiciário ou a legislação processual, mas que, de alguma forma, prejudicam o bom desenvolvimento do processo e a obtenção de seus resultados desejados. Apontaria, aqui, como problemas desta natureza, os fatores que contribuem para o aumento da litigiosidade. Em geral, o período de alta inflação por que passamos, e as tentativas frustradas de debelá-la, são inegavelmente fatores que contribuíram para elevar sobremaneira o número de litígios. Desde o Plano Cruzado, o primeiro de uma série de planos econômicos mal sucedidos, o Judiciário vem acumulando litígios decorrentes de intervenção estatal em direitos adquiridos e atos jurídicos perfeitos, ou mesmo nascidos de divergências acerca da aplicação ou não de correção monetária, ou ainda, sobre o índice econômico a aplicar nessa atualização. Desconheço a existência de estatística a respeito do número de causas que vieram a juízo em razão de litígios que tiveram essa origem. Mas, dada a sua freqüência intensa, e notória, pode-se sem sombra de dúvida arrolar os planos econômicos recentes como responsáveis em parte pelas dificuldades do nosso sistema judicial atual. Salta aos olhos, pela verdadeira avalanche de processos que resultou, o exemplo do chamado Plano Brasil Novo, quando, por *"fato do príncipe"*, bloqueou-se todos os ativos depositados em instituições financeiras. Naquela oportunidade, apenas para distribuir-se uma petição inicial, formaram-se filas que tomavam o dia todo, quando não se estendiam para o dia seguinte, dando-se, ao final da tarde, senhas para os que não conseguiram ser atendidos!

Ora, até hoje a Justiça Federal está repleta de feitos que têm por origem o bloqueio de moeda. Igualmente, pode-se perceber que, na Justiça Estadual de São Paulo, houve um progressivo aumento - e correspondente demora no julgamento - do número de processos entrados no Primeiro Tribunal de Alçada Civil que, em

41 "O Direito Comparado e a Eficiência do Sistema Judiciário", *in Revista do Advogado*, nº 43, p. 11.

razão da distribuição de competência entre os tribunais de segundo grau, recebeu grande volume de feitos em que se discutia aplicação de índices de correção monetária. No Primeiro Tribunal de Alçada Civil, entre os anos de 1988 a 1991, o número de processos entrados se manteve praticamente estável, oscilando em torno dos trinta mil processos ao ano; em 1992, este número salta para quase trinta e oito mil e permaneceu em ascensão constante, até atingir, em 1997, os quase sessenta mil processos: ou seja, em seis anos dobrou-se o número de feitos entrados anualmente neste tribunal[42].

Um outro fenômeno relacionado com a crise econômica foi a crise de locações e aumento exacerbado do número de ações de despejo e revisionais de aluguel, a partir da segunda metade da década de 80. Naquela oportunidade, somaram-se os anos de falta de políticas habitacionais consistentes, a crise econômica e a defasagem dos valores dos alugueres, que, por lei, foram por anos reajustados na base de apenas 80% da inflação medida[43]. Após um progressivo aumento da inflação, que defasou os valores dos locativos, o Plano Cruzado determinou a aplicação de uma *"tablita"* para adequá-los à nova moeda; sua aplicação levava, por vezes, à diminuição do valor nominal do aluguel, e isso pode ser considerado a gota d'água que motivou milhares de locadores a ingressar em juízo. E, na outra ponta do contrato, inquilinos com vencimentos arrochados pela crise tinham pouca margem para barganha. O resultado, inevitável, foi a multiplicação de demandas judiciais que só terminavam com o julgamento final.

Tudo isso sem contar as muitas aventuras fiscais a que o Estado brasileiro se lançou. Igualmente, não há medida exata sobre quantas ações tramitam em juízo, discutindo a constitucionalidade ou exigibilidade de algum tributo. Mas o Estado é, sem sombra de

---

42 Os números exatos de processos entrados são: 28.311 (1988), 31.129 (1989), 28.273 (1990), 30.811 (1991), 37.927 (1992), 43.287 (1993), 46.345 (1994), 46.997 (1995), 53.845 (1996) e 59.693 (1997). Dados fornecidos pelo Departamento Judiciário do Primeiro Tribunal de Alçada Civil de São Paulo.

43 A Lei n° 7.069/82 determinava a aplicação de 90% do INPC durante os anos de 1983 e 1984; mas o DL 2.065/83 determinou a aplicação de 80% do INPC, até 31.07.1985; após, a Lei 7.335/85 prorrogou este expurgo por mais um ano; e, finalmente, em fevereiro de 1986 sobreveio o Plano Cruzado, com congelamento dos alugueres após aplicação de uma tabela de desindexação.

dúvida, o maior litigante, ou, porque não dizer, o maior *cliente* do Judiciário. Recentemente, apenas, o Decreto Presidencial n° 2.194/97 autorizou que não se cobrem tributos já entendidos como inconstitucionais pelo STF, em via indireta, ou que não sejam interpostos recursos contra decisões inferiores, verificada essa mesma situação. Não se tem notícia de dados que demonstrem o quanto esta medida desafogou o Judiciário, mas ela, sem dúvida, constitui importante preceito de moralidade administrativa, a conter a absurda situação de ser o Estado o maior litigante, e o mais inveterado descumpridor da lei.

Além destas causas externas, que podem ser generalizadas por terem atingido parcelas consideráveis da população, pode-se dizer que normas materiais de interpretação controvertida, em geral, são fatores provocadores de litígios, ou de ampliação da extensão dos litígios já existentes. E tanto num como noutro caso, será necessário maior esforço por parte do aparato judicial.

Não pretendo, aqui, julgar a conveniência ou não das medidas que, uma vez adotadas, provocaram massas infindáveis de conflitos. Em geral, elas já receberam um julgamento tanto da Justiça como da população. O que importa considerar aqui é que, diante dos acontecimentos acima mencionados, talvez nenhum Poder Judiciário, dos mais organizados e estruturados do globo, teria capacidade para dar vazão à demanda. Nem o mais perfeito dos sistemas processuais proporcionaria julgamento em tempo razoável, diante de tamanho afluxo de causas. Assim, se em virtude de fatores externos ficam os órgãos judiciais afogados em processos, empilhados no chão dos cartórios e onde mais couberem, é evidente que não se pode culpar a lei processual, a burocracia, o formalismo, etc. Diante de tal situação, ou se buscam soluções que ataquem a causa do problema - soluções que serão, logicamente, não-processuais - ou simplesmente teremos que suportar, resignados, a demora processual no aguardo de melhores dias para o país...

E, ao lado deste quadro nacional caótico, outro dado externo, embora em si positivo, contribuiu para elevar a demanda por serviços jurisdicionais. Falo do reconhecimento de novos direitos, que passaram mais recentemente a ser objeto de apreciação judicial.

Mas, evidentemente, não é a crise do país a única fonte de problemas que acarretam a demora processual. Há, também, os problemas de ordem interna. São *problemas de ordem interna* aqueles relacionados com o aparelho judiciário e com a legislação processual. Se, de um lado, a lei processual tem lá os seus excessos de formalismo e complicação, que podem demandar alteração para simplificá-los[44], há mais outros problemas de ordem interna, diretamente relacionados com a crise do processo, e que se encontram num plano diverso do das leis e dos códigos. Neste aspecto, aponto, em primeiro lugar, a falta de estrutura material do Poder Judiciário. Numa reportagem jornalística publicada em 1997, um diretor de uma grande empresa de máquinas de escrever, ao comentar os nichos de mercado ainda existentes para máquinas elétricas e eletrônicas, afirmou, com inegável conhecimento de causa: *"as elétricas só existem porque o seu maior cliente é o Estado, que não investe em informática e está desaparelhado"[45]*. Assim, num mundo onde até eletrodomésticos de cozinha são "inteligentes" e dotados de processadores eletrônicos, o nosso Judiciário ainda se utiliza das máquinas de escrever, dos fichários em papel e dos carimbos com espaços em branco para preencher à mão. Isto para não falar na falta de pessoal, e na insuficiência do número de juízes, verdades que, embora pareçam notórias, dependeriam de uma estatística precisa para determinar *o tamanho exato* da defasagem; ademais, a falta de dados não nos permite afirmar em que medida faltam juízes e em que medida sobram litígios, problema este que considero de *ordem externa* e que foi acima abordado. Ou, ainda, em que medida a própria organização judiciária está mal distribuída, são questões que podem ser também alinhadas.

O que é visível, porém, é a desproporção existente em nosso país entre o número de juízes por habitante, se compararmos com os países europeus, nos quais inspiram-se nossos legisladores. Anota Sálvio de Figueiredo Teixeira que uma das causas deste nosso quadro de inoperância do sistema judicial é *"o número irrisório de juízes em um País de dimensões continentais como o nosso, de acentuada população, na proporção média de 1 (um)*

---

44 Tratarei, adiante, da simplificação das formas processuais, no Capítulo V.
45 *Vítimas da modernidade,* Jornal da Tarde, 08/06/97, também disponível na *World Wide Web*: <http://www.jt.com.br/noticias/97-06-08/do1.htm> [30/08/98].

juiz para 25.000 (vinte e cinco mil) jurisdicionados"[46]. Salienta o mesmo autor que a média européia é de um juiz para cada sete mil habitantes. Ou seja, em termos relativos, há no Velho Continente 3,5 vezes mais juízes do que aqui.

Enfim, de nada adiantaria uma lei processual bem construída e sistematizada, se o Estado não organizar sua Justiça de modo eficiente e com capacidade de atender às demandas que normalmente viriam a juízo, ou se o número de órgãos jurisdicionais não for proporcional à população do território em que atuam. Este parece ser um dado inegável, visto que até mesmo um entusiasta das reformas, como o é o Ministro Sálvio de Figueiredo Teixeira, afirma:

> *"É de alertar-se, todavia, que mais relevante ainda para o aprimoramento da tutela jurisdicional do que as leis processuais é a adoção de uma boa organização judiciária, na qual o homem, auxiliado pela técnica, ocupe o centro de todas as preocupações"[47].*

Todas essas considerações precedentes permitem concluir que, se temos problemas que decorrem de causas outras que não a lei processual, o ideal seria procurarmos atacar a própria causa, no sentido de buscar um processo mais efetivo. Sem querer colocar a proposição com ares absolutos, penso que, com a alteração da lei para solucionar problema a que esta não deu causa, corre-se o risco de modificar o que não incomodava, não redundando em solução alguma.

E se a lei é modificada sem antes destacarmos quais são os problemas verdadeiramente seus, corremos o risco de, além de não atacar o problema, desmontar o equilíbrio do sistema processual ou de, no mínimo, gastarmos nossos esforços em vão, pois nenhuma melhora advirá da mudança.

É a partir destas considerações que colocaria em dúvida o acerto na identificação de alguns *"pontos de estrangulamento"* que a Reforma procurou superar. O que se deveria ter feito, para tornar o processo mais célere, como quis a Reforma, seria identificar quais os atos processuais que podem ser simplificados, quais os

---

46 "A reforma processual na perspectiva de uma nova justiça", *in Reforma do Código de Processo Civil*, p. 904.

47 Idem, ibidem, p. 903.

pontos *da lei* que contêm formalidades excessivas ou desproporcionais. Isto porque *"pontos de estrangulamento"* vários decorrem de fatores alheios à lei processual; há momentos em que o processo encontra obstáculos para avançar, mas que não são causados pelas formalidades processuais. Daí, simplesmente alterar a lei que rege aquele momento processual não irá contornar o impasse.

Concluo este tópico com a certeza de que as possíveis alterações legislativas a serem feitas a bem da efetividade do processo devem ser precedidas de rigoroso estudo, com o intuito de identificar quais as causas mais imediatas do *"estrangulamento"* e em que medida é verdadeiramente possível contorná-lo mediante atividade legiferante.

5. Relação entre a técnica processual e os fins do processo.

Com o início da fase que se costuma denominar de *"processualismo científico"*, experimentou o Direito Processual grande avanço. Os contornos precisos dos institutos processuais e da própria relação jurídica processual foram delineados, como os conhecemos hoje, a partir de então. Recentemente, o estudo da técnica cedeu lugar para uma preocupação com os fins a que o processo se propõe a alcançar. Tendo a técnica experimentado razoável avanço, sensibilizou os processualistas modernos a idéia de que pouco adianta prosseguir num estudo introspectivo dos institutos processuais, se não nos preocuparmos com os resultados práticos obtidos, em especial com o ideal de justiça a ser buscado.

Nesta nova frente de ação, obtivemos igualmente bons resultados. A preocupação com o acesso à justiça tornou-se verdadeiro paradigma da nossa ciência processual. Promoveu-se o acesso do carente de recursos, das causas de pequeno valor, dos litígios envolvendo interesses difusos e coletivos. E, principalmente, o *acesso* não foi encarado apenas do ponto de vista do *ingresso* em juízo, mas esteve envolvido com o compromisso de distribuir justiça. Assim, em substituição ao termo "acesso à justiça", fala Kazuo Watanabe em "acesso à ordem jurídica justa":

"Em conclusão:

"a) o direito de acesso à Justiça é, fundamentalmente, direito de acesso à ordem jurídica justa;

"b) são dados elementares desse direito: (1) o direito à informação e perfeito conhecimento do direito substancial e à organização de pesquisa permanente a cargo de especialistas e orientada à aferição constante da adequação entre a ordem jurídica e a realidade sócio-econômica do País; (2) direito de acesso à justiça adequadamente organizada e formada por juízes inseridos na realidade social e comprometidos com o objetivo de realização da ordem jurídica justa; (3) direito à preordenação dos instrumentos processuais capazes de promover a efetiva tutela de direitos; (4) direito à remoção de todos os obstáculos que se anteponham ao acesso efetivo à Justiça com tais características"[48].

Mas, colocar em primeiro plano a preocupação de atingir-se os fins do processo não significou desprezar a técnica. Antes, foi graças à evolução do conhecimento em torno do direito processual que se permitiu a criação de mecanismos que se poriam a realizar os ideais de acesso à justiça. Em especial, a criação da *ação civil pública*, para permitir a proteção judicial aos interesses difusos, demandou razoável esforço de técnica processual para contornar o obstáculo da legitimação e, principalmente, para definir os limites subjetivos da coisa julgada, *"pontos-chave"*, no dizer de Arruda Alvim[49], para liberar o processo civil de seu caráter marcadamente individualista.

Assim, é evidente que não é dado ao processualista pôr de lado a técnica. É ela a nossa ferramenta de trabalho e devemos saber manejá-la adequadamente. O que os novos ventos nos trouxeram foi a advertência de que esta ferramenta não deve ser cultivada para sua própria adoração, mas sim direcionada à realização de resultados socialmente desejados.

A questão do *ingresso em juízo*, enquanto aspecto do *acesso à justiça*, parece estar hoje superada, ao menos no que se

---

48 "Acesso à justiça e sociedade moderna", *in Participação e Processo*, p. 135.

49 "O direito de defesa e a efetividade do processo: 20 anos após a vigência do Código", *in Revista de Processo*, nº 79, p. 211.

refere aos limites da ciência processual. Em tese, toda e qualquer pretensão pode ser deduzida em juízo, uma vez que foram criados mecanismos de acesso vários. Entre nós, os benefícios da assistência jurídica gratuita, embora ainda regulada por lei que sente o peso da idade e das sucessivas - e nem sempre precisas - emendas, gozam de interpretação praticamente uniforme e liberalizante perante nossos tribunais[50]. O acesso por parte do consumidor, o das pequenas causas e o dos litígios envolvendo interesses difusos foram prestigiados em nosso país com leis recentes. Os óbices remanescentes quanto ao *ingresso em juízo* situam-se, hoje, em pontos externos ao processo e possivelmente incontornáveis por meio da técnica. Algumas barreiras de ordem econômica só serão vencidas por meio da injeção de recursos; problemas de ordem cultural que impedem a identificação da existência de direitos, por seu turno,

---

50   Assim, por exemplo:

"EMENTA: Assistência judiciária. Benefício postulado na inicial, que se fez acompanhar por declaração firmada pela autora. Inexigibilidade de outras providências. Não revogação do art. 4° da Lei n° 1.060/50 pelo disposto no inciso LXXIV do art. 5° da Constituição. Precedentes. Recurso conhecido e provido. 1. Em princípio, a simples declaração firmada pela parte que requer o benefício da assistência judiciária, dizendo-se "pobre nos termos da lei", desprovida de recursos para arcar com as despesas do processo e com o pagamento de honorários de advogado, é, na medida em que dotada de presunção iuris tantum de veracidade, suficiente à concessão do benefício legal" (RSTJ 57/412).

"EMENTA: Processo Civil. Justiça gratuita. Lei n° 1.060/50, art. 9° . CPC, art. 519. - "Os benefícios da assistência judiciária compreendem todos os atos do processo até decisão final do litígio, em todas as instâncias" (art. 9° da Lei n° 1.060/50). - A gratuidade, uma vez deferida, infirma a obrigação de o beneficiário efetuar o preparo de que cuida o art. 519 do Código de Processo Civil. - Recurso provido" (RSTJ 65/271).

"EMENTA: Justiça gratuita. Perícia. Despesas. Cód. de Pr. Civil, art. 19 e Lei n° 1.060/50, arts. 3° -V, 9° e 14. É dever do Estado prestar ao necessitado assistência jurídica integral e gratuita (Constituição, art. 5° - LXXIV). A isenção legal dos honorários há de compreender a das despesas, pessoais ou materiais, com a realização da perícia. Caso contrário, a assistência não será integral. Assiste aos profissionais o direito de pedirem, pelos serviços prestados aos necessitados, indenização ao Estado (opinião do Relator). Suspensão do processo, devendo o juiz oficiar. Recurso especial conhecido e provido" (RSTJ 96/257).

só serão satisfatoriamente superados com a elevação do nível sociocultural da população[51].

Mas, pensado o tema do *acesso à justiça* de modo mais abrangente, na dimensão propugnada por Kazuo Watanabe, vemos que ainda há muito campo para moldarmos a técnica para torná-la adequada aos escopos do processo. Desenvolvendo um paralelo entre suas proposições e o tema deste segundo capítulo, diria que o primeiro "dado elementar" do direito ao acesso à ordem jurídica justa (*"o direito à informação e pleno conhecimento do direito substancial..."*), por ele arrolado, situa-se fora dos lindes da ciência processual e, talvez, seja o de mais árdua implementação. O segundo "dado elementar" (*"direito de acesso à justiça adequadamente organizada..."*) estaria relacionado à organização judiciária, vista em sentido amplo para abranger também os critérios de formação, seleção e aperfeiçoamento dos juízes. Os dois últimos, sim, podem ser vistos como um campo aberto ao cultivo pelo direito processual. A *"preordenação dos instrumentos processuais"* é tema tipicamente processual. Já a *"remoção de todos os obstáculos"* é, em parte, afeta ao direito processual, enquanto possamos identificar alguns obstáculos no modo de ser do processo ou nas formas do procedimento; obstáculos outros, porém, existem e não podem ser superados apenas com o manejo da técnica processual.

Assim, nossas atenções agora se voltam para o instrumento: será ele adequado à realização do acesso à ordem jurídica justa? Se não, o que pode ser alterado para torná-lo melhor e permitir alcançar suas finalidades? A resposta para estas perguntas não prescinde de precioso amparo na técnica processual. Talvez mais do que nunca, o estudo da técnica - sem dúvida direcionada para a realização dos fins - se faz necessário. Ao pretender modificar atos do processo, precisamos estar atentos ao significado e importância que tais atos, ou suas formas, representam para o equilíbrio do sistema processual, para o alcance de seus fins; não podemos deixar de identificar todas as finalidades a que se presta cada ato ou instituto processual que se pretenda modificar ou suprimir. Igualmente, não podemos nos esquecer de que as formas são

---

51 Disto tratei em minha obra *Assistência Jurídica, Assistência Judiciária e Justiça Gratuita*, pp. 21-24, originalmente apresentada como dissertação de mestrado.

garantias das partes, direcionadas a assegurar a observância dos princípios fundamentais do direito processual; daí, termos que distinguir as formas que atendem a uma finalidade essencial, daquelas que sobrevivem graças à acomodação do legislador, que as repete sem se perguntar para que servem, ou se efetivamente servem para o que se destinam. E, se pretendemos inovar, com institutos ou mecanismos novos, que a técnica seja bem utilizada para dar a eles uma roupagem clara e completa, evitando que a proliferação de dúvidas ou multipliquem as questões processuais a serem apreciadas pelo Judiciário, ou os tornem jovens peças de museu, relegados precocemente ao desuso.

E, para mostrar o quanto difícil é a tarefa que se coloca diante do processualista moderno, a compreensão da técnica não pode estar desligada da sua aplicabilidade prática. De alguma forma, é necessário compreender como as partes, advogados, juízes e serventuários da justiça poderão, para o bem ou para o mal, se utilizar das novas formas, atos ou institutos. Ou o quanto a falta de meios materiais ou de preparo específico destes profissionais poderão frustrar a mais promissora das modificações legislativas. A visão da técnica deve, portanto, estar relacionada com a realidade forense.

6. A "efetividade" do processo.

Chegando a este ponto, procurarei definir o que devemos entender por "efetividade do processo". Uma primeira observação importante a fazer é que a palavra "processo" aparece nesta expressão no seu significado preciso de relação jurídica que se estabelece entre autor, juiz e réu, e que se desenvolve mediante um procedimento; processo é o instrumento da jurisdição. Faço esta observação para que não se pense que "processo" esteja sendo utilizado num sentido metafórico de "sistema processual" ou "sistema judicial", que lhe daria uma abrangência muito mais ampla. Se "processo" fosse utilizado nessa acepção, identificaria a "efetividade do processo" com a realização prática do "acesso à ordem jurídica justa", com seus consectários, tais como alinhados por Kazuo Watanabe, já que este acesso é a finalidade que se espera do sistema processual - ou mesmo do sistema jurídico - como um todo. A análise que faço neste trabalho se limita a observar qual a participação que tem o instrumento na obtenção prática e efetiva deste acesso.

Delimitada a extensão da palavra "processo", pensemos, então, no que viria a ser a sua "efetividade".

"Efetividade, noção abrangente, comporta dose inevitável de fluidez", diz Barbosa Moreira[52].

Muito se tem falado, nestes nossos tempos, da necessidade de se dar maior "efetividade" ao processo, em buscar-se um processo mais "efetivo". É, isto, um reflexo do momento histórico em que vivemos: *"igualmente característico de los tiempos postmodernos, es el endiosamiento del pragmatismo con valor supremo y el criterio de eficacia como última ratio del sistema social, político e epistemológico. Típica, entonces, es la preocupación actual por lo que se conoce como performatividad; vale decir interesarse sobremanera por la eficacia"*[53].

Mas, o que realmente podermos entender por "efetividade"? Neste "Estudo sobre a Efetividade do Processo Civil", mostra-se oportuno, portanto, tentar delimitar o que se quer dizer por "efetividade do processo".

Segundo o Dicionário Aurélio, a palavra "efetividade" encerra o seguinte significado: *"1. Qualidade de efetivo. 2. Atividade real; resultado verdadeiro: a efetividade de um serviço, de um tratamento. 3. Realidade, existência."*. "Efetivo", por sua vez, segundo a mesma obra, quer dizer *"1. Que se manifesta por um efeito real; positivo: negócio efetivo; promessa efetiva. 2. Permanente, estável, fixo: funcionário efetivo. 3. Que merece confiança; seguro, firme: caráter efetivo; prova efetiva."*.

Observa Moniz de Aragão que *"o vocábulo 'efetividade' enraíza no verbo latino* efficere, *que corresponde a produzir, realizar, e significa 'qualidade do que está efetivo; estado ativo de fato'. Relacionado ao processo, o vocábulo traduz a preocupação*

---

52 "Efetividade do processo e técnica processual", *in Temas de Direito Processual*, sexta série, p. 17.
53 Jorge W. Peyrano, "El Derecho Procesal postmoderno", *in Revista de Processo*, nº 81, p. 142.

com a eficácia da lei processual, com sua aptidão para gerar os efeitos que dela é normal esperar"[54].

Barbosa Moreira, ainda, propôs - e, em artigo mais recente [55], reiterou - o que ele próprio chamaria de *"programa básico em prol da efetividade"*, resumindo a questão nos cinco tópicos seguintes:

> *"a) o processo deve dispor de instrumentos de tutela adequados, na medida do possível, a todos os direitos (e outras posições jurídicas de vantagem) contemplados no ordenamento, quer resultem de expressa previsão normativa, quer se possa inferir do sistema;*
>
> *"b) esses instrumentos devem ser praticamente utilizáveis, ao menos em princípio, sejam quais forem os supostos titulares dos direitos (e das outras posições jurídicas de vantagem) de cuja preservação ou reintegração se cogita, inclusive quando indeterminado ou indeterminável o círculo dos eventuais sujeitos;*
>
> *"c) impende assegurar condições propícias à exata e completa reconstituição dos fatos relevantes, a fim de que o convencimento do julgador corresponda, tanto quanto puder, à realidade;*
>
> *"d) em toda a extensão da possibilidade prática, o resultado do processo há de ser tal que assegure à parte vitoriosa o gozo pleno da específica utilidade a que faz jus segundo o ordenamento;*
>
> *e) cumpre que se possa atingir semelhante resultado com o mínimo de dispêndio de tempo e energias"[56].*

Diante destas afirmações iniciais, e de tudo o mais que foi exposto neste Capítulo, é de se situar a efetividade como a realização

---

54 "Efetividade do processo de execução", *in O Processo de Execução - estudos em homenagem ao Professor Alcides Mendonça Lima*, p. 127. Segundo nota de rodapé, o significado de "efetividade" apontado no texto foi extraído de CAUDAS AULETE, *Dicionário Contemporâneo da Língua Portuguesa, ed. Delta, Rio de Janeiro, 1958.*

55 "Efetividade do processo e técnica processual", *in Temas de Direito Processual*, sexta série.

56 "Notas sobre o problema da 'efetividade' do processo", *in Temas de Direito Processual*, terceira série, pp. 27-28.

prática, real, dos fins a que o processo se propõe. De certo modo, é nesta premissa que se assenta o conteúdo da "efetividade do processo": o cumprimento das finalidades que ele promete alcançar. Falar, então, em "efetividade do processo" importa em confrontar os ideais buscados pelo sistema processual - ideais que irão variar no tempo e no espaço - com os resultados alcançados. O vocábulo "efetividade", como se vê, contém um significado aberto, a depender do que queremos realizar por meio do processo. Mas, por outro lado, nesta mera relação entre fins esperados e resultados alcançados podemos resumir o conceito de efetividade. Qualquer desenvolvimento posterior do tema - inclusive proposições como a de Barbosa Moreira, acima transcritas -, já pressupõe a fixação dos valores que se busca alcançar num dado contexto social. Assim, falar na "efetividade do processo" implica previamente estabelecer o que queremos obter do sistema processual, para só então podermos aferir com que grau de intensidade estes objetivos foram atingidos. O processo moderno promete a pacificação com justiça dos conflitos sociais; será efetivo, portanto, o processo que chegue o mais perto possível do cumprimento desta promessa.

Não é difícil definir pacificação. O fim do conflito é a pacificação; a diminuição da litigiosidade na sociedade corresponde igualmente a ela, agora pensada numa perspectiva macroscópica. Para obter-se esta pacificação, é necessário impor aos litigantes uma solução para o conflito, e que esta solução goze de definitividade pois, do contrário, a todo tempo poderão eles reacender a querela. Considerando, por seu turno, que a mera existência de conflitos, ainda que pendentes de solução por meio do processo, atenta contra a paz social, a diminuição do grau de litigiosidade numa sociedade pressupõe que os conflitos durem o menor tempo possível, que sejam solucionados com a maior brevidade. Resumiria, enfim, a busca da pacificação em duas proposições: a *estabilidade da solução alcançada* e a *celeridade do processo*.

Bem menos simples, entretanto, é definir o que venha a ser a justiça. Deixo para tecer maiores considerações sobre a "pacificação com justiça" no capítulo seguinte, em que tratarei do "equilíbrio entre justiça, acesso, estabilidade e celeridade".

Um quarto elemento, que muito se aproxima da idéia de "justiça", é o acesso. Pouco ou nada adiantaria termos um processo que se aproxime da perfeição se o acesso formal a ele, ou aos meios que oferece, for inacessível à parte. Um processo ideal, mas para poucos. A ampla possibilidade de acesso às vias processuais é pressuposto inafastável de um sistema democrático, em que todos tenham as mesmas possibilidades. Estas considerações sobre o acesso serão, igualmente, desenvolvidas no capítulo seguinte.

Por ora, para finalizar este tópico, resumirei a definição de efetividade do processo na "maior correspondência possível entre os resultados obtidos e os fins esperados de um dado sistema processual". E já adotando os nossos valores contemporâneos, e utilizando-os como medida, a "efetividade do processo" quer dizer um processo que encontre um desejado equilíbrio entre *justiça, acesso, estabilidade e celeridade*, pois assim estaremos, o mais possível, realizando praticamente os fins esperados do nosso sistema processual.

7. Efetividade do processo e reforma processual

a) Um movimento de reforma pela efetividade?

Se os problemas pelos quais passa a Justiça não são causados apenas por inadequação da lei processual, isso não quer dizer que pontos do sistema não mereçam alguma revisão, na busca de uma maior efetividade do processo.

Para Sálvio de Figueiredo Teixeira, após as duas primeiras "ondas"[57] da atual fase instrumentalista do direito processual, *"na onda atual, a preocupação se volta para a efetividade dessa prestação, refletindo ideais de justiça e princípios fundamentais, tendo como idéias matrizes o acesso a uma ordem jurídica justa e a celeridade na solução do litígio, ao fundamento de que somente procedimentos ágeis e eficazes realizam a verdadeira finalidade do processo"[58]*. E, assim, justifica a iniciativa brasileira de reformas processuais.

---

57 Refere-se às "ondas" no sentido de prestar assistência judiciária aos carentes de recursos e de acesso do interesses difusos e coletivos, seguindo a linha já trilhada anteriormente por Cappelletti e Garth, em *Acesso à Justiça.*

58 "A reforma processual na perspectiva de uma nova justiça", *in Reforma do Código de Processo Civil*, p. 887.

A existência de movimentos de reforma é também afirmada por Barbosa Moreira:

"Uma característica, porém, dificilmente deixará de ser apontada em qualquer descrição do panorama processual de nosso tempo: a emergência generalizada de movimentos de reforma. Pode-se dizer sem exagero que ganham vida em toda parte trabalhos de revisão de leis que regem o processo. A história dos últimos quinze ou vinte anos, neste campo como em tantos outros, é a história de contínuas mutações.

"Pululam, na Europa, os exemplos. As legislações ibéricas experimentam modificações relevantes a partir dos anos 80. Na França, que adotara novo código em 1975, um diploma de 1991 dá feição também nova à execução, matéria de que aquele não cuidara. Acolhe o processo civil inglês inovações que o distanciam, de certo ponto de vista, do modelo clássico do adversary system. *O* codice di procedura civile *italiano passa por alterações de monta, em obra que, por sinal, demorou bastante a concretizar-se por inteiro. A própria Áustria, que muito suporiam, com boas razões, satisfeita de possuir, desde 1895, ordenamento processual tão apurado ao ângulo técnico quanto socialmente avançado, modifica-o em ponto central, a disciplina da audiência preliminar. E bem se pode imaginar, na falta de dados precisos, o vulto das mudanças que se vêm operando no leste, após o vendaval que ali revirou as instituições e redesenhou tantas fronteiras nacionais.*

"Não é mais estável o clima no continente americano. Impressiona a lista dos códigos recentes: Panamá, 1984; Venezuela, 1985; Uruguai e Paraguai, 1988; Costa Rica, 1989; Peru, 1992. No Brasil, se não se substitui o estatuto de 1973, procede-se, em todo caso, a ampla revisão de seu texto, enquanto outros diplomas - com realce para a própria Constituição da República de 1988 - revolvem o solo do processo civil e o recobrem de plantas novas"[59].

59 "Miradas sobre o processo civil contemporâneo", *in Temas de Direito Processual*, sexta série, pp. 45-46.

Sem dúvida, é mundial a insatisfação com os resultados práticos obtidos por meio do sistema processual, e esta pode ser considerada a causa destes "movimentos de reforma".

Entretanto, uma questão que pode ser colocada é que a morosidade do processo e a insatisfação daí decorrente não são, em absoluto, um fato novo. Como salientam José Rogério Cruz e Tucci e Luiz Carlos de Azevedo, em obra conjunta, ao tempo de Justiniano já se convivia com o problema da morosidade da Justiça:

> *"Na famosa* lex properandum *(C. 3.1.13), baixada para refrear a excessiva lentidão do processo, ficou estabelecido o procedimento em caso de ausência (*eremodicium*) de uma das partes após a* litis contestatio*: notificava-se o faltoso por três vezes, antes que se completasse o prazo de prescrição intercorrente (3 anos); não comparecendo, a sentença era proferida. O contumaz, autor ou réu, independentemente do resultado da causa, era sempre condenado nas despesas do processo e, admitido a purgar a contumácia, só podia retomar a iniciativa do processo depois de pagos os prejuízos acarretados ao outro litigante"[60].*

Nas Ordenações Afonsinas, apenas para citar mais um exemplo, também encontramos menção à morosidade da Justiça, quando se faz referência à lei promulgada ao tempo de D. Afonso IV, revogando o direito de se apelar das sentenças interlocutórias[61].

---

60 *Lições de História do Processo Civil Romano*, p. 161.
61 *"De boom Julguador he abriviar as demandas, de guisa que nam sejam infindas, mas ajam cedo seu acabamento (...)"* (Ord. Afons. III, 72, 3). *" Porem Nós Dom Affonso o Quarto confirando como quer que seja muito em poder dos Juizes de abreviar os Feitos, pero que as malicias dos que os preitos ham, sam tantas, que os ditos preitos nom podem tam toste vir a acabamento, como compria, posto que os Juizes os entendam, e vejam per rezam das appellaçoees, que as partees fazem, em appellando de todallas Sentenças, que contra elles sam dadas, posto que nam sejam Defenitivas: E querendo tolher as malicias dos sobreditos, que os Feitos delonguam, e precuram, e trazelos cedo a acabamento qual devem, para nom serem os Nossos sobjeitos, e outros quaesquer, que perante as Nossas Justiças demandas ouverem, estraguados assy dos corpos, como dos averes"* (Ord. Afons. III. 72, 4). *"Estabelecemos, e Ordenamos por Ley, que da Sentença Interlucutoria, que seja dada por qualquer Juiz, do qual devem appellar sem outro mêo, ou per algum mêo, que nenhuua*

De outro lado, a caracterização das reformas atuais como um "movimento" merece também alguns comentários. Quando Cappelletti e Garth apontam movimentos, "ondas", no sentido de se propiciar o acesso à justiça, neles encontramos a tentativa de superação de obstáculos claramente definidos e tentativas de solução mais ou menos uniformes. Pela primeira "onda", buscou-se superar as dificuldades que têm os carentes de recursos de ingressar e atuar em juízo; os meios de superação consistem na isenção de custas e em maneiras de se propiciar o patrocínio técnico gratuito. Com a segunda onda, quis-se propiciar o acesso a juízo de interesses coletivos e difusos; a solução procura suplantar o tradicional individualismo do processo civil e de seus critérios de legitimação das partes, criando mecanismos a permitir que tais interesses sejam deduzidos em juízo. Em qualquer sistema processual, as dificuldades acima se mostravam mais ou menos semelhantes, e as causas delas, idem.

Quando, porém, o objeto de nossa preocupação passa a ser a insatisfação com os resultados do processo, ou com sua lentidão, não nos deparamos com quadros uniformes. Vê-se apenas identidade nas conseqüências que se quer afastar, mas quando se procura as causas para o problema e as possíveis soluções encontra-se uma notável multiplicidade de situações.

Se, ao mesmo tempo em que países de tradição romano-germânica implementam reformas processuais, vemos também se alterar o processo civil inglês, de contornos profundamente diversos, é de se indagar que semelhanças podemos ter no que diz respeito às causas da morosidade da Justiça.

---

das partees, contra que for dada, nom possa appellar: salvo se o Feito, sobre que foy dada a Sentença Interlocutoria, he de tal natura, que per ella vem o Feito a tal acabamento, que jaa mais o Juiz, que a daa, nom pode em elle per aquella citaçam hordenar processo, per que possa ser dada Sentença Defenitiva no principal, mas he loguo finda a dita citaçam: assy como se a parte demanda ao Juiz, que lhe mande citar a outra parte, e o Juiz dá a Sentença, que nam deve ser citada; ou se julgua a citaçam jaa feita por nenhuua, ou nam valiosa; ou se se julgua per nam Juiz; ou julgua que o demandado nom he theudo a responder; ou que o demandado nom he pessoa pera demandar; ou que a petiçam nom traz direito; ou que os artiguos nam sam pertencentes" (Ord. Afons., III, 72, 5).

Mesmo entre os países que adotam o *civil law*, analisadas as peculiaridades das reformas e sua inserção no contexto do sistema em que foram implementadas, encontramos disparidades que dificultam a caracterização de um "movimento" dotado de alguma uniformidade.

Neste sentido, é de se ver que os pontos modificados não chegam a ser perfeitamente correspondentes. Tomando alguns exemplos, a reforma italiana estabeleceu instituto semelhante ao que foi inserido no atual artigo 273 do nosso Código. Contudo, quando vislumbramos os requisitos que permitem, num ou noutro sistema, a antecipação de tutela, não vemos assim tantas semelhanças. Inexiste, no sistema italiano, a previsão de antecipação por má conduta processual do réu, nem a de conteúdo "cautelar", do inciso I. A antecipação, na Itália, é fundada ou em inexistência de controvérsia, ou nas mesmas situações para as quais já seria admitido o procedimento monitório. Se pensarmos no contexto do sistema em que a antecipação se insere, sendo pequeno o rol de títulos executivos extrajudiciais, é bem possível que boa parte das situações que lá estejam recebendo a tutela antecipada por este segundo fundamento seria, aqui, objeto de ação de execução a ser diretamente ajuizada[62].

Uma tendência mais uniforme está na diminuição dos formalismos excessivos. Mesmo quanto a este ponto, haveria de se perguntar se todos os sistemas processuais têm os mesmos apegos e excessos formais, ou se a identificação que se fez destes excessos tem sido a mesma. Ademais, a diminuição do apego pelo formalismo exacerbado não é algo assim tão recente, podendo ser considerado como um progressivo avanço que vem se verificando ao longo da História.

Exemplo significativo do quanto algumas formas da lei são profundamente diversas encontramos nos dizeres de Antonio Santos Abrantes Geraldes, comentando a reforma portuguesa:

> *"O* suporte material *da petição inicial, assim como o de todos os restantes articulados e peças processuais*

---

62 Voltarei, adiante, a tratar do tema da antecipação de tutela, no Capítulo VI. Por ora, faço esta menção apenas para demonstrar, num rápido passar de olhos, que os institutos têm contornos distintos.

elaboradas pelas partes para junção a processos judiciais, tem sido objeto de regulamentação.

"Por força do Dec. 44.083, de 12-12-61 (Reg. do Imposto do Selo), era exigido, como suporte, o papel selado.

"Tal imposição foi abolida pelo Dec. Lei 435/86, de 31-12, que permitiu a utilização de papel azul de 25 linhas.

"Esta intervenção legislativa, que veio facilitar a vida dos cidadãos nos seus contactos com entidades públicas e, nomeadamente, com os tribunais, prosseguiu com a publicação do Dec. Lei 2/88, de 14-1, que autorizou o uso de papel azul de 25 linhas ou de papel A-4 com 25 linhas.

"Procurando maior desburocratização e aproximação às novas tecnologias, foi liberalizado o uso do papel, permitindo que nos processos judiciais possa servir de suporte papel normalizado, branco ou de cores pálidas ou papel azul, *desde que seja de formato A-4, ou folhas contínuas de utilização corrente nos computadores"[63].*

Ainda quanto às formas, mas noutro contexto, enquanto nós estamos conferindo ao relator do recurso competência para julgar isoladamente o recurso (v. artigo 557 do CPC), na Itália a recente reforma determinou que todo o processamento do apelo, e não apenas sua decisão, será colegiada[64].

Como diz Barbosa Moreira:

"É natural que nos sintamos impelidos a tentar identificar nos movimentos reformadores as linhas mestras que lhes dêem coerência interna: e, se estamos interessados em comparações mais abrangentes, os pontos de convergência das várias trajetórias. Tal esforço dificilmente ficará sem recompensa: harmonias e paralelismos não raro saltarão, por assim dizer, aos olhos do observador. Maior curiosidade lhe despertarão, no entanto, descobertas de outro tipo. Ele talvez capte, aqui e ali, a impressão de serem não apenas distintos, mas ao menos aparentemente contrários, os rumos em que se movem, na sua

---

63   *Temas da Reforma do Processo Civil,* I volume, p. 198.
64   Andrea Proto Pisani, *La nuova disciplina del Processo Civile,* p. 202. V. art. 350, do Codigo de Processo Civil italiano.

contemporânea evolução, os ordenamentos processuais. Verificará, por exemplo, que o mesmo desejo de maior eficiência conduz, num lugar, ao reforço da oralidade, e noutro à respectiva atenuação. Assim é que o Uruguai, na esteira do Código-tipo ibero-americano, opta por um modelo de procedimento marcadamente oral, em que ocupa lugar de relevo a audiência preliminar, poucos anos depois que a Áustria renunciava à obrigatoriedade da sua erste Tagsatzung, *decantada em prosa e verso, por quase um século, como sinal emblemático da excelência do sistema concebido pelo gênio de* Franz Klein. *Impossível deixar de ver um desafio à reflexão comparatística no fato de que os dois países hajam escolhido caminhos contrastantes para perseguir fins análogos"[65].*

Ou, mais uma vez, quando se repara que dezenas dos artigos da antiga *Ley de Enjuiciamiento Civil* que foram modificados pela reforma processual espanhola de 1992, se prestaram apenas para apagar referências a órgãos judiciários não mais existentes, ou para introduzir referências a novos órgãos[66], é de se indagar o que isso pode ter em comum com qualquer outra modificação legislativa feita alhures.

Por essas razões, sinto dificuldade em identificar como um "movimento" as diversas reformas processuais que têm se sucedido nos últimos anos. O que talvez se veja de comum se resume à busca de um processo melhor, mais adequado, ideal que é perseguido desde tempos remotos, e que, embalada pela maior velocidade com que os fatos acontecem neste final de século, tem suscitado reformas diversas na lei processual. E, se existir necessidade de modificações na lei processual, que esta necessidade, bem diagnosticada, seja o impulso renovador de reformas processuais, e não o argumento de que há vivo um "movimento" de reforma e nele precisamos embarcar.

---

65 "Miradas sobre o Processo Civil contemporâneo", *in Temas de Direito Processual,* sexta série, pp. 47-48.

66 V. Juan Montero Aroca, "Cambios para adaptar la LEC a la nueva organización judicial", *in La Reforma de los Procesos Civiles.*

b) Reforma processual e efetividade

Chega o ponto de colocar-se a questão: em que medida a lei processual, ou sua reforma, podem contribuir para dar maior efetividade ao processo?

Como assinalei páginas atrás, há problemas que são causados por fatores externos e fatores internos ao "mundo do processo" e, nestes últimos, há a divisão entre os problemas com a própria lei processual e aqueles decorrentes da organização judiciária. No que se entender ser a lei inadequada, sem dúvida alguma a solução passa por sua reforma; entretanto, seja no tocante aos fatores externos, seja no que diz respeito à organização judiciária, modificações na lei processual podem servir de paliativo para o problema, como um meio não de solucioná-lo, mas de contorná-lo, mas, neste caso, estas mudanças devem ser precedidas de cautela, pois devemos aferir em que medida, ao contornar algum entrave indesejado, não estamos prejudicando outros aspectos, por vezes positivos, do sistema processual; ou em que medida não estamos alterando o ponto de equilíbrio do sistema.

Juan Montero Aroca desfere as seguintes críticas às reformas espanholas:

> *"Si con una sola palabra hubiéramos de calificar el significado de la Ley 10/1992, de 30 de abril, en la parte de la misma atinente al proceso civil, que es la que se comenta en las páginas que presentamos, la más adecuada sería* gesto. *Esta Ley no es más que un gesto que el titular del poder político hace a la sociedad española para expresarle que está ocupándose de la mejora de la justicia civil.*

> *"Si a continuación hubiéramos de precisar la clase de gesto que el poder nos ha hecho, creemos que habría que inclinarse por aquella opción que lo define como aderezamiento o composición para parecer bien. Lo importante es el gesto, no el estar bien, sino simplemente parecerlo. O, dicho de otra manera: el poder político se ha manifestado incapaz de hacer frente a una verdadera reforma del sistema procesal civil y está recurriendo a los gestos. No nos atrevemos a decir que se trate de una*

mueca burlesca, pero sí, por lo menos, que se pretende esconder una incapacidad"[67].

E, por fim, conclui, ainda em tom crítico:

"Así las cosas conviene que el jurista interesado en algo más que la mera aplicación acrítica de la norma, se pregunte las verdaderas razones de esta Ley de Medidas Urgentes. En nuestra opinión no hay razones, sino un propósito no declarado pero manifiesto y decidido en el titular del poder político: quitar papel de los tribunales, especialmente en algunos. Las pretendidas necesidades ineludibles se resuelven así en algo mucho más vulgar; todas las elucubraciones sobre la naturaleza jurídica de la casación o sobre el contenido de la función jurisdiccional no son más que polvo que se tira a los ojos de la sociedad para tratar de esconder la verdadera finalidad de una Ley que se presenta como urgente"[68].

Saltando para outro país e para outra "família" jurídica, vemos também observações críticas nas palavras de I. R. Scott:

"The link between disputes and processes for resolving them is not mechanical. It is dynamic. That is to say, an alteration in the process for handling a dispute can have the effect of altering the dispute itself. The failure to anticipate that the relationship between disputes and processes is dynamic helps to explain why it is that so many procedural reforms do not have their intended effects, or at least have unexpected (and sometimes unwelcome) effects. In his CFM[69] and other proposals, Lord Woolf is recommending wholesale changes in the processes that English courts use. The impact that they will have on the way civil cases develop cannot be accurately predicted. Further, the ways in which parties, and more particularly, litigation lawyers will adjust to this remains to be seen. Their resourcefulness and their capacity, for

---

67 Prefácio à coletânea de artigos *La reforma de los procesos civiles*, p. 17.
68 Ibidem, p. 20.
69 A sigla, no contexto, aparece no lugar de *Caseflow Management*, expressão que pode ser entendida como o conjunto de medidas para administrar a sobrecarga de processos perante os órgãos jurisdicionais.

good reasons and bad, to undermine the best laid plans should not be underestimated"[70].

Ou, em minha tradução livre:

"O elo entre os litígios e os processos para solucioná-los não é mecânico. É dinâmico. Isto é, uma alteração no processo para lidar com um litígio pode ter o efeito de alterar a própria disputa. A falha em antecipar que a relação entre litígios e processos é dinâmica ajuda a explicar por que tantas reformas procedimentais não atingem seus pretendidos efeitos, ou até atingem efeitos inesperados (e às vezes indesejáveis). Em seu CFM[71] e em outras propostas, Lord Woolf está recomendando mudanças indiscriminadas no processo que as cortes inglesas utilizam. O impacto que elas terão no modo como as causas cíveis se desenvolvem não pode ser precisamente prognosticados. Além disso, o modo como as partes, e mais em particular, advogados irão se ajustar a isto está para ser visto. Suas grandes habilidades e suas capacidades, para o bem ou para o mal, de minar o melhor dos planos propostos não podem ser subestimadas".

O que estes dois textos nos trazem em comum e no que poderíamos relacioná-los à situação brasileira?

Em primeiro lugar, ambos nos apontam para uma crua e dura realidade: a dificuldade de se identificar quais reformas poderão ser implementadas para superar os problemas da morosidade e da sobrecarga de processos que assolam o Judiciário. Fica, à evidência, uma perspectiva até desoladora, de que reformas e mais reformas - apenas legislativas - em pouco poderão contribuir para tornar o processo algo ágil, como espera o jurisdicionado.

E, de fato, como já salientei anteriormente, o processo jamais será suficientemente rápido a ponto de atender as expectativas do consumidor da Justiça, pelo simples fato de que jamais se conseguirá fazer com que os direitos sejam atendidos no momento em que o deveriam ser; este momento antecede ao

---

70 "Caseflow management in the Trial Court", *in Reform of Civil Procedure*, p. 29.
71 V. nota anterior, sobre o significado de CFM.

próprio processo, e já a necessidade de se valer do processo judicial para fazer valer um direito é, em si, desvantajosa em relação àquele cumprimento espontâneo que seria de esperar. Depois, jamais haverá um processo instantâneo, exceto sob tirania, que não desejamos, ou perante julgador onisciente, qualidade que foge aos limites humanos. Algum tempo, então, o processo irá necessariamente demorar, e o que se mostra possível é tão-somente fazer deste tempo um lapso razoável.

Mas mesmo dentro dos limites do *possível*, em que medida a reforma da lei processual pode efetivamente produzir resultados significativos é uma pergunta não respondida. Aqui no Brasil, quatro anos se passaram daquele ponto culminante da Reforma - dezembro de 1994 - e não se vê uma melhora sensível na celeridade dos feitos. A modificação da lei processual, aqui, pode também ser encarada como um "gesto" no sentido de demonstrar a intenção de se propiciar uma Justiça mais ágil, mas enquanto não se atuar também noutras frentes, principalmente investindo no Judiciário tanto no aspecto material - equipando-o adequadamente e instalando novos órgãos judiciários - e imaterial - permanente treinamento e aperfeiçoamento de juízes e funcionários - não creio que experimentaremos avanços significativos.

E, das citadas palavras do professor da Universidade de Birmingham, destaco preocupação que também vem permeando meus pensamentos sobre as nossas reformas: que resultados - talvez inesperados - irão advir destas fartas e sucessivas modificações da lei processual? De 1992 para cá, duas dezenas de leis alteraram o Código de Processo Civil, algumas revogando texto recém-acrescentado pelas anteriores. E, em novembro de 1998, a Escola Nacional da Magistratura redigiu um *"Texto provisório, sem revisão e sujeito a alterações"* do que será o Anteprojeto de Lei nº 13, de sua autoria; neste texto preliminar, outros quarenta artigos do CPC - alguns sendo novamente alterados - são objeto de alguma modificação, além de outros dispositivos de leis processuais esparsas. Está o legislador atento ao impacto que essas reformas estão causando sobre os operadores do Direito? Ou, em que medida, ao invés de estarmos solucionando as mazelas do processo civil, não estamos desequilibrando o sistema processual? Ou, ainda, será que os partícipes da relação processual agirão como esperado pelo legislador, ou irão "minar" os seus planos atuando de formas não previstas?

Mais uma outra dúvida: em que medida algumas das reformas não estarão apenas tentando "suprimir papel" das mesas e prateleiras do Judiciário, sem que isto signifique um processo mais justo ou efetivo? Não posso deixar de salientar que as críticas do professor espanhol trazem-me à mente as palavras do Ministro Marco Aurélio Ribeiro, em seu voto vencido no Agravo Regimental em Agravo de Instrumento n° 188.914-4-SP, em que se mostra contrário ao entendimento de que a cópia da certidão de intimação do *acórdão* contra o qual se interpôs o Recurso Extraordinário denegado seja requisito de admissibilidade do agravo de instrumento interposto contra a denegação:

> *"O que ocorreu na espécie vertente, tendo-se em conta a causa primeira deste quadro - que o próprio Ministro Francisco Rezek apontou como dotado de uma certa extravagância - foi que a Procuradoria-Geral da República estava sobrecarregada, como ainda está, de processos, com muitos agravos. Eis que, de uma hora para outra, um certo Procurador engendrou tese, entendendo que, na hipótese, durante anos, teria passado despercebido aos Ministros do Supremo Tribunal Federal a necessidade de providenciar-se o traslado da certidão concernente à intimação para ciência do acórdão impugnado mediante o recurso extraordinário.*

> *"E aí, Senhor Presidente, talvez com ajuda do serviço burocrático da própria Procuradoria, fez-se uma triagem rigorosa e descobriu-se que todos os advogados - creio que pouquíssimas foram as exceções - teriam claudicado, já que se esqueceram de providenciar a juntada de tal peça. A Procuradoria, usando dos recursos da informática, da noite para o dia devolveu milhares de processos aos gabinetes daqueles Ministros que, após 1988, continuaram a encaminhar agravos à Procuradoria, preconizando o não-conhecimento dos citados recursos pela deficiência da formação do instrumento.*

> *"Senhor Presidente, ao término do ano de 1994, houve a reforma parcial do Código de Processo Civil, mediante a*

edição da Lei n° 8.950, que passou a viger em 13 de fevereiro do corrente ano, a partir do que se deu o elastecimento do rol das peças de traslado obrigatório, incluindo-se, no § 1° do artigo 544, até mesmo a obrigação de o agravante providenciar, sob pena do agravo não ser conhecido, peças do interesse do agravado: as contra-razões ao recurso trancado e a procuração.

"Não há, Senhor Presidente, no rol - ao primeiro exame, exaustivo - do § 1° do artigo 544 do Código de Processo Civil, alusão à certidão de intimação para conhecimento do provimento atacado via o extraordinário. Há, sim, referência a outra certidão, a que versa sobre a ciência de um certo ato judicial, que está ligada, todavia, ao próprio ato impugnado mediante o agravo, ou seja, a decisão de cognição incompleta do Juízo primeiro de admissibilidade, o Presidente do Tribunal de origem.

"Esta Corte editou um verbete, o de n° 288, no qual os advogados acreditaram e que revela também rol de peças a serem trasladadas. Nega-se provimento - sob a minha óptica, diria que não se conhece do agravo, como acabou agasalhado pelo Código, na reforma decorrente da Lei n° 8.950/94 - para a subida de recurso extraordinário quando faltarem no traslado o despacho agravado (para mim decisão agravada), a decisão recorrida, a petição de recurso extraordinário. Não se cuida da intimação para ciência do acórdão atacado por meio do recurso extraordinário. Então, com a disjuntiva 'ou', restou abrangida qualquer peça essencial à compreensão da controvérsia.

"Veja-se que a certidão de intimação em comento não foi mencionada no § 1° do artigo 544 do Código de Processo Civil, nem no verbete de n° 288 da Súmula desta Corte, no que este reveste-se de inegáveis contornos pedagógicos, orientadores da atuação dos profissionais da advocacia. Dir-se-á: na cláusula final do verbete remete-se a qualquer outra peça essencial. Mas, essencial a quê? À compreensão da controvérsia.

"Indaga-se: não havendo discussão sobre a tempestividade do extraordinário, ao contrário, existindo a presunção de que ele é tempestivo - pois seria muito fácil ao Presidente da Corte de origem liqüidá-lo em uma única penada, em expressão de uma só linha sobre a intempestividade - é possível exigir-se essa peça? A meu ver, não. Também não acredito que o Judiciário possa surpreender os jurisdicionados, possa deixar de fazer justiça, como reclamada por Calamandrei, aos representantes processuais dos jurisdicionados, passando a defender-se, desse modo, da grande carga de processo e falou o Ministro Francisco Rezek num quase estado de necessidade.

"Há mais, Senhor Presidente: o §3° do artigo 544 do Código de Processo Civil revela que nem sempre é possível constar dos autos do agravo de instrumento todas as peças relativas ao recurso extraordinário, e, dentre essas, aquela atinente à comprovação da tempestividade. Ao prever o julgamento do extraordinário nos próprios autos do agravo - e eu aciono, vez por outra, esse dispositivo -, a legislação em vigor condiciona esse procedimento à existência, nos autos do agravo, de todos os elementos indispensáveis a tanto.

"Leio o §3°, aplicável no âmbito do Supremo Tribunal Federal, em virtude da regra inserta no §4° do mesmo artigo 544:

'Na hipótese de provimento do agravo, se o instrumento contiver os elementos necessários ao julgamento do mérito do recurso especial (...) - e, aqui, leia-se, por força do §4°, recurso extraordinário - o relator determinará sua conversão, observando-se, daí em diante, o procedimento relativo a esse recurso.'

"A contrário senso, não havendo nos autos do agravo elemento indispensável à apreciação de plano do recurso extraordinário - e aí temos a pertinência do elemento que comprove a oportuna interposição desse recurso -, não caberá o julgamento imediato. Provido será o agravo, determinando-se a subida dos autos principais.

"Senhor Presidente, iniciei a minha carreira preenchendo, no Tribunal Regional do Trabalho, vaga destinada aos advogados. Compreendo, a mais não poder, a situação constrangedora a que esses profissionais, de uma forma linear, estão sendo conduzidos. Isto fica evidente, até mesmo, pelo grande número de processos apregoados de uma única vez por V.Exa. - mais de uma centena. É certo que a jurisprudência evolui, principalmente no campo do direito material. Não obstante, no que tange à instrumentalidade, tanto quanto possível deve manter-se estável. Consideradas as mesmas regras jurídicas, não deve evoluir, sob pena de insegurança jurídica para a sociedade.

"Voto na matéria, repito, mantendo a convicção que tenho a respeito, não ressalvando o entendimento pessoal, porque esse tema de importância invulgar - e fico apenas imaginando quantas rescisórias serão propostas, sobrecarregando ainda mais a máquina judiciária, quando se poderia liqüidar as controvérsias no julgamento dos extraordinários -, não foi levado à discussão no Colegiado Maior, o Plenário, muito embora um componente da Turma tivesse feito proposta nesse sentido, no que foi surpreendentemente, para mim, recusada"[72].

Duas questões suscitadas no voto acima merecem comentário:

De um lado, presenciamos uma situação paradoxal em que, embora muito se tenha trabalhado em prol do acesso à justiça, e conquanto a efetividade do processo seja freqüentemente identificada com o ideal de acesso à justiça ou de acesso à ordem jurídica justa, parte das reformas - ou das interpretações - da lei caminham num sentido oposto de obstar o acesso, criando mais requisitos ou juízos de admissibilidade para os recursos[73]. De outro lado, mesmo sem considerar a questão da justiça, ou do acesso a ela, não me fica muito claro o quanto essa superfetação de requisitos processuais de admissibilidade não torna a justiça ainda

---

72 Publicado como suplemento no *Boletim da AASP*, n° 2.048.

73 V. a nova regra do artigo 557 do CPC. Esta questão será melhor desenvolvida ao tratarmos da simplificação das formas, no Capítulo IV, adiante.

mais sobrecarregada, ao invés de aliviá-la. Diz o Ministro que fica *"imaginando quantas rescisórias serão propostas, sobrecarregando ainda mais a máquina judiciária, quando se poderia liqüidar as controvérsias no julgamento dos extraordinários"*. A questão mais que se poderia colocar é: em que medida o tempo e esforço despendidos com o juízo de admissibilidade de recursos, ou com os recursos interpostos contra decisões proferidas neste âmbito, não se equivalem ao que se perderia com o julgamento do próprio recurso? Mas a principal questão está em saber de parte de quem virão os sacrifícios para que o processo se torne mais ágil. O desejável seria estabelecer mudanças que atinjam do modo mais equânime possível os diversos tipos de litigantes, tanto para propiciar vantagem como para impor desvantagens.

São com estes olhos e com estas preocupações em mente que analisarei neste trabalho alguns pontos do sistema processual que considero relevantes do ponto de vista da "efetividade".

c) Esboço das alterações no sistema processual brasileiro, nas décadas de 80 e 90, relacionadas com a efetividade.

A legislação processual brasileira, talvez até pelo fato de que a ciência processual é bastante jovem, é talvez a que mais sofreu modificações, se comparada com os demais ramos do Direito. Neste século, iniciado sob os auspícios da primeira Constituição republicana, vigorava a competência legislativa dos estados membros para legislar sobre Direito Processual; entretanto, como em muitos dos estados, as codificações demoraram a ser aprovadas, o processo civil ainda era regido pelo Regulamento 737, de 1850, sendo aos poucos substituído pelas leis estaduais. Em 1934, a Constituição devolve para a União a competência legislativa para a matéria, sendo promulgado o Código nacional em 1939.

Mesmo o Código de 39 passou por constantes mudanças em seu texto, até que, entre reformá-lo pesadamente ou substituí-lo, optou-se pela segunda via, o que deu origem ao novo Código, promulgado em 1973.

E, voltando a citar significativo trecho de Cândido Rangel Dinamarco, *"a reforma do Código de 1.973 começou, a bem dizer, já no próprio ano em que foi editado e durante a própria* vacatio legis".[74] E, mais recentemente, acostumamo-nos a chamar de Reforma do Código de Processo Civil aos conhecidos onze projetos de lei já aprovados, que modificaram inúmeros de seus dispositivos.

Mas, ao par destas alterações todas em nosso principal diploma legal, outras novas leis causaram significativa repercussão no campo do direito processual, ou ao menos alteraram grandemente os procedimentos especiais que regulam.

Restringindo esta coleta de informações legislativas às décadas de 80 e 90, em que experimentamos uma destacada atividade legislativa em matéria processual, farei uma breve sinopse das alterações que se relacionam com o problema da efetividade do processo.

Não me preocupando com a ordem cronológica destas leis, destacaria, de um lado, um grupo de diplomas que vieram à luz com um nítido direcionamento voltado para o acesso à justiça. Começando pela primeira lei de pequenas causas, a Lei nº 7.244/84, e prosseguindo com a Lei nº 7.347/85, que instituiu a ação civil pública e, posteriormente, o Código de Defesa do Consumidor, vemos leis que procuraram trazer a juízo litígios que não eram normalmente admitidos, em razão da falta de legitimidade adequada, no caso dos interesses difusos, ou por não serem economicamente viáveis, no caso da lei de pequenas causas; e, ainda, vemos normas no CDC a buscar um maior equilíbrio nas demandas individuais em que figurem fornecedor e consumidor, o que também se traduz em ampliar o acesso. Paralelamente a isso, vimos a introdução de reformas na Lei de Assistência Judiciária, visando a facilitar o acesso do pobre a juízo: a destacar, a Lei nº 7.510/86, que simplificou o pedido de gratuidade processual, a ser feito na própria petição, independentemente de se firmar declarações outras em apartado, e a Lei nº 7.871/89, concedendo prazo em dobro em favor do carente[75]. De outro lado, a

---

74 Cândido Rangel Dinamarco, *A Reforma do Código de Processo Civil*, p. 23.

75 Como já tive oportunidade de destacar, o benefício do prazo dobrado *"é concedido em prol do assistido, carente de recursos, e não do órgão público"* (*Assistência Jurídica, Assistência Judiciária e Justiça Gratuita*, p. 78), daí poder ser concedido independentemente de estar o carente

Constituição Federal também contribuiu para o acesso à justiça, introduzindo novas *vias* processuais, como o mandado de segurança coletivo, o *habeas data*, ou o *mandado de injunção*, ou dando amplos contornos às garantias da *ação* e do *contraditório e ampla defesa*. Todas estas normas têm como característica uma nítida preocupação de permitir mais e mais o ingresso em juízo, propiciando uma ampla participação dos litigantes; foge-lhes o apego a resultados quantitativos, sendo evidente que de sua aplicação plena haverá maior demanda por serviços judiciários, ou menor rapidez no término dos processos. A preocupação desses diplomas legais é centrada na realização do valor justiça.

De outro lado, destacaria outro grupo de leis em que, ao par de abrigarem preocupações com o valor justiça, voltam-se também para uma tentativa de simplificação ou de aceleração, e nelas eventualmente encontramos alguns pontos criticáveis, que serão analisados no correr deste trabalho: refiro-me à Lei de Locações Urbanas, (Lei nº 8.245/91), à segunda lei de Pequenas Causas (Lei nº 9.099/95), e, de modo geral, às dez leis que compõem a chamada Reforma do Processo Civil.

Ao lado destas, algumas outras leis introduziram pequenas alterações no Código ou no sistema processual e merecerão alguma menção neste trabalho, quando se fizer necessário.

---

sendo defendido pela Defensoria Pública ou órgão equivalente. Neste sentido, v. RSTJ 54/174.

III. O EQUILÍBRIO ENTRE JUSTIÇA, ACESSO, ESTABILIDADE E CELERIDADE.

1. Justiça. "Justiça processual".

Poucos conceitos são tão difíceis de definir quanto o conceito de "justiça". Pensar no conceito de justiça envolve, a princípio, interminável divagação filosófica. Tentar obter justiça por meio do Direito, então, pressupõe, após encontrar um significado para a expressão, criar normas de direito material que possam ser consideradas justas, a partir da extensão do conceito anteriormente formulado.

Não tem este trabalho a pretensiosa intenção de definir o conceito de *justiça*, perseguido pelos filósofos desde os primórdios da cultura humana. Não obstante a dificuldade intrínseca do tema, é bem possível compartimentar a discussão no âmbito do Direito Processual e, então, passaremos a falar num conceito de *"justiça processual"*. Vimos que, nos nossos dias, poderíamos definir a *"efetividade do processo"* como o cumprimento da promessa de *"pacificar com justiça"* e que esta pacificação pressupõe *celeridade do processo* e *estabilidade da solução alcançada*. Sabe-se que a grande dificuldade do processo reside em equilibrar *justiça* e *celeridade* ou *justiça* e *estabilidade*. Quando assim se colocam esses valores, em contraposição, penso que por *justiça* quer-se traduzir algo um pouco menor do que o significado que o conceito comporta. O processo realizará justiça na medida em que a lei material for justa, o juiz souber aplicá-la com senso de justiça e, também, o processo for um instrumento estruturado de forma a permitir que se faça justiça. Quaisquer que sejam o significado e extensão que se queira emprestar ao conceito de *justiça*, as leis materiais justas e o senso de justiça do juiz não são entraves à celeridade ou à estabilidade; talvez, até, colaborem para diminuir o número de conflitos ou permitam ao processo fluir mais facilmente. Assim, o paradoxo está entre a necessidade de um *instrumento justo* e a busca de celeridade/estabilidade.

Sendo nossa preocupação definir o que venha a ser um "processo efetivo", equilibrando os ideais de *justiça, acesso, estabilidade* e *celeridade*, importa apenas analisar a *justiça* que dependa do modo de ser deste processo. Em um Estado tirano, um processo eficiente poderá levar à realização de inúmeras iniqüidades, ao aplicar-se, sem entraves nem delongas, um direito material injusto. Mas, neste caso, a injustiça perpetrada à parte não decorreria do sistema processual, mas de leis de outra natureza. Se o fato de apontar como outra a causa da injustiça não pode ser suficiente para que o processualista consciente, como membro de uma sociedade, sinta-se tranqüilo, ou aliviado, no mínimo tal constatação serve para indicar onde agir, para superar esta injustiça. Destacando do conceito maior aquilo que venho chamando de *justiça processual*, torna-se possível ao processualista visualizar em que medida a realização da justiça está diretamente relacionada com o processo, com seus atos e formas, com o seu modo de ser. Com isso, quer-se evitar que, mesmo tendo leis materiais justas, a injustiça persista, em decorrência de um processo defeituoso.

Assim, para encontrar o conceito de *justiça processual*, proponho abstrair o direito material, para buscar o que seria um *processo justo*, independentemente de se indagar se o direito material aplicado é ou não justo. Ressalte-se mais uma vez, esta abstração é feita não para minimizar a importância de um direito material justo; pelo contrário, isso é tão ou mais importante do que o processo ser justo. Faço a abstração para tentar identificar o que, dentro dos limites do Direito Processual, pode ser feito para a busca do ideal de justiça, deixando para as demais ciências a solução da busca da justiça, ou mesmo da definição do que venha a ser a *justiça*, dentro do seu campo de incidência. Assim procedendo, podemos ter algum paradigma para estabelecer em que medida normas processuais são mais ou menos justas.

O sistema jurídico atribui e define direitos que são adquiridos a partir da verificação de situações fáticas previstas na norma. Existente um conflito de interesses entre dois ou mais sujeitos, o sistema jurídico irá dizer quem tem um interesse juridicamente protegido, e quem não o tem. Seja qual for a solução do conflito preconizada pelo Direito, um processo perfeito nos permitiria, sempre, chegar a esta solução, ao seu termo final. Num processo perfeito, a *única* variável a influir no julgamento do pedido seria a existência ou não do direito material postulado. O sistema processual, evidentemente, não é perfeito e nunca atingirá a perfeição. Em razão disso, vemos que o julgamento favorável à parte e a obtenção prática do bem da vida desejado dependem de inúmeras outras variáveis, que não apenas a existência do direito material. Num extremo, algumas destas variáveis, como a escassez de meios suficientes para se descobrir a verdade, sempre persistirão, ao menos enquanto não se realizarem as sombrias ficções de Aldous Huxley ou George Orwell, nas quais um Estado policial constantemente observa a tudo e a todos durante todo o tempo. Outras variáveis, por outro lado, certamente podem ser removidas ou atenuadas. Assim, podemos concluir que o processo será tanto mais justo quanto menos variáveis existirem a influir no julgamento final ou na obtenção do bem da vida perseguido.

Em sentido oposto, dada a relevância do valor *igualdade* em nosso sistema jurídico, extremamente injusto é o processo em que estas variáveis tenham origem na desigualdade social, econômica ou cultural dos litigantes. Injusto, por igual, é o processo que, de tantos formalismos e exigências, faça com que o sucesso ou insucesso na demanda fiquem intensamente condicionados à superação das exigências da lei, como se o processo fosse uma "corrida de obstáculos", e atuar em juízo se resumisse a uma arte de superação desses entraves.

A partir destas considerações, conquanto o sentido de *justiça* seja algo de difícil definição, igual afirmação não se pode fazer quanto ao significado de um *processo justo*.

Dada a ausência de um julgador que detenha o dom da onisciência, e que, por isso, necessite conhecer dos fatos da causa para poder decidir, é inerente à idéia de um processo justo a necessidade de darmos a ambas as partes as mesmas oportunidades de manifestação. O processo, por isso, deve ser uma relação bilateral, orientada pelos princípio da isonomia e do contraditório. Tal proposição, aliás, não é nenhuma novidade...

Ousaria, porém, estender a isonomia processual para além da idéia de dar-se às partes de um mesmo processo as mesmas oportunidades. A isonomia deve ser encarada como um equilíbrio de todo o sistema processual e não apenas dos duelistas que se defrontam em razão de um dado caso concreto. Seria o caso de buscamos uma isonomia de caráter mais global.

Assim, a isonomia processual, deste ponto de vista global, imporia que o *sistema* processual desse as mesmas oportunidades[76] aos diversos tipos sociais, quando "clientes" do Judiciário. Pobres e ricos, litigantes eventuais ou habituais, deve o sistema processual ser pensado de modo a equilibrar as oportunidades destes sujeitos, pensando-se no procedimento, desde quando definido em tese na lei.

De outro lado, ainda como reflexo desta isonomia processual global, deve haver um certo equilíbrio entre os tipos de tutela jurisdicional, e entre os procedimentos, de modo que exista uma proporcionalidade entre os meios processuais colocados à disposição da parte e a relevância ou urgência do direito invocado ou submetido à apreciação. Se alguns direitos gozam de algum tipo de proteção especial, quando defendidos em juízo, esta deve advir da relevância que a proteção destes direitos assume numa sociedade; privilegiar, em juízo, os direitos de uns, embora idênticos em relevância social aos direitos de outros, não é sintoma de um sistema processual isonômico e justo.

Estas outras formas de isonomia processual serão abordadas no Capítulo IV, adiante, com os desdobramentos que o assunto comporta, de modo que, aqui, restrinjo-me a apresentar a questão, relacionando-a com o conceito de *justiça processual*.

Por outro lado, a *justiça processual* exige um processo que, sem formalismos desnecessários, fique isento de variáveis puramente aleatórias, a influir no julgamento final. Não podem as formas criar dificuldades tais que façam com que vencer uma causa se torne uma "corrida de obstáculos", ou criem uma seqüência de armadilhas a surpreender o litigante menos atento. O processo, enfim, não deve ser visto como uma espécie de gincana, em que para vencer será necessário demonstrar habilidades pessoais, realizar alguns contorcionismos e, também, contar com

---

76 A isonomia é aqui tratada no seu moderno sentido, substancial, de "igualdade de possibilidades", e não de idêntico tratamento formal perante a lei; envolve, a isonomia substancial, tratar igualmente o que é igual, e desigualmente o que é desigual, proporcionalmente ao grau de desigualdade, a fim de eliminá-la.

um pouco de sorte. Algumas formas devem, contudo, subsistir, na medida em que sejam instrumentos de garantia para as partes, e devem ser interpretadas sempre com esta visão instrumental, enquanto ligadas ao fim que se prestam a garantir. Esta abordagem sobre as formas processuais será melhor desenvolvida no Capítulo V.

Enfim, um processo que se aproxime, o mais possível, destes contornos ideais, será um processo justo, e dará sua contribuição para uma justa composição da lide. Restará, para atingirmos a justiça plena, ou a *"ordem jurídica justa"*, leis materiais justas e senso de justiça na aplicação destas por parte do juiz.

2. O acesso.

Vistos os contornos do que seria um processo justo, é necessário acrescentar que a efetividade do processo pressupõe igualmente um processo acessível. Um processo com características tais que permitam a qualquer tipo de litigante - pobre ou rico, habitual ou não-habitual - ingressar em juízo, seja para demandar, seja para se defender.

E não só o *ingresso* deve ser facilitado, mas também a possibilidade de *participação*.

O acesso, nesta ótica, consiste na eliminação de óbices processuais e na simplificação das formas que impeçam uma atuação desembaraçada das partes, ou daquelas que desnivelem ainda mais os litigantes.

Quando se pensa em simplificar formas, devemos buscar remover requisitos inúteis, ou de custoso cumprimento, despesas ou atividades desproporcionais à proteção buscada, ou pouco razoáveis, se considerado o necessário equilíbrio na distribuição de sacrifícios e de restrições à liberdade (princípio político).

A simplificação das formas processuais contribui para ampliar as possibilidades das partes de ingressar em juízo e de participar da relação processual ao longo de todo o procedimento.

Simplificar, porém, não significa o corte, a esmo, de atos ou faculdades processuais, apenas porque demandem tempo e atrasem o curso do feito. Deve-se distinguir com precisão o que, de fato, é um entrave, de pouca utilidade, daqueles atos e formas assecuratórias do devido processo legal e que representam garantias para as partes.

3. Estabilidade e celeridade do processo.

O valor maior que se persegue, por meio do processo, é a realização de justiça. De nada valeria um processo eficiente, simples, célere, "efetivo", etc., se o resultado final que ele nos fornecesse fosse injusto. Entretanto, como nossa existência é fugaz, não seria razoável passarmos grande parte dela buscando justiça em um dado conflito. Nem, tão-pouco, seria razoável esperar que o Estado, que tem a incumbência de prover a toda população com bens e serviços públicos essenciais - entre eles, a Justiça -, despenda excessiva parcela de sua atividade para solucionar um único litígio.

Por isso, infelizmente, é necessário impor um limite à busca por justiça, pelo processo, pois este deve chegar a um final, com alguma brevidade. Daí, em contraposição com o valor *justiça*, aqui restrita ao seu aspecto, acima desenvolvido, de *justiça processual*, o processo deve igualmente buscar atender a outras duas necessidades, com o escopo de promover a pacificação social: a estabilidade e a celeridade.

Por *estabilidade*, quer-se dizer, de um lado, a *estabilidade da solução final*. O processo há de chegar ao seu final, um dia, e esta solução, boa ou ruim, justa ou injusta, irá prevalecer para sempre, coberta pelo manto da coisa julgada material. Ou, no curso do processo, algumas posições processuais haverão de se tornar imutáveis, para impedir que o processo possa, a todo tempo, retroceder, em infinitas idas e vindas, afastando a entrega da prestação jurisdicional. As preclusões e a coisa julgada material são institutos processuais voltados à realização desta estabilidade e que, por oposição, são óbices à busca infinita por justiça. A busca da verdade ou da melhor e mais justa interpretação da lei podem jamais terminar, e o mesmo ocorreria com o processo que não equilibrasse a necessidade de realizar justiça com a de pacificar.

Paralelamente a isso, temos o ideal de *celeridade do processo*, também se opondo à infinita busca por justiça. A estabilidade da coisa julgada deve ser alcançada em tempo razoável. Apenas a estabilidade não permitirá a pacificação social, se esta só se estabelecer em futuro longínquo. Quanto antes o processo terminar, por menos tempo perdurou a lide.

4. Justiça, acesso, estabilidade e celeridade.

Justiça, acesso, estabilidade e celeridade: nestas quatro palavras se encontra o grande dilema do sistema processual. O processo deve caminhar, ao mesmo tempo, para a realização destes quatro valores, que se entrechocam. Não podendo privilegiar um, em detrimento dos outros, a lei processual deve encontrar o ponto de equilíbrio socialmente desejável.

De um lado, a busca por justiça, valor principal a perseguir, pode ser interminável. A todo tempo seria em tese possível demonstrar a verdade de um fato não provado; ou, quanto mais horas de discussão e reflexão forem exauridas e destinadas à solução da causa, tanto maior a possibilidade de acerto da decisão final; ou, quanto mais vezes se puder decidir de novo aquela mesma questão, quanto maior o número de juízes a participar do julgamento, mais distante se apresenta a possibilidade do erro judiciário. E isto nos levaria a uma espiral infinita.

Estabilidade e celeridade aparecem, pois, como limites a esta busca incessante pela justiça, mas que, por igual, não podem ser arvoradas em valores únicos, nem sequer principais, se contrapostos a esta. A estabilidade coloca um ponto final na perseguição de uma solução justa; a celeridade diminui o tempo disponível para que a verdade apareça nos autos do processo, ou para que se debata e se reflita sobre a causa.

Assim, se a atenção a estes dois valores limita a procura pela solução mais justa, é o ideal de justiça que irá limitar o grau de estabilidade a ser alcançado ou o quanto célere será o processo. A questão é identificar o quanto de tempo e de esforço é razoável, ou tolerável, despender para a solução de cada tipo de conflito; e, por outro lado, qual o mínimo de tempo e esforço necessários para que qualquer processo, por mais simples que seja a relação jurídica controvertida, possa realizar justiça.

Assim, cada vez que se pensa em imprimir maior celeridade aos feitos, deve-se identificar conscientemente em que medida a procura por justiça está sendo desprestigiada, pois, em alguma medida, isto sempre estará a ocorrer. E, igualmente, deve-se perquirir se aquele prejuízo na busca da justiça atinge igualmente a ambas as partes, ou se apenas suprime as oportunidades de uma delas; ou, se atinge diferentemente tipos sociais diversos; positiva alguma destas indagações, restaria saber se esta distinção de tratamento é socialmente desejável, para reequilibrar litigantes que partem de possibilidades iniciais distintas, ou se é nociva, por criar ou aumentar desigualdades. Idêntico raciocínio deve ser aplicado também na construção de preclusões, ou dos contornos da própria coisa julgada.

O amplo acesso, com remoção de entraves formais, outro valor de inegável apelo democrático, encontra limites na necessidade de defesa da liberdade da outra parte, e de controle dos poderes exercidos pelo juiz. Algum freio há de ser estabelecido para evitar demandas infundadas, ou francamente inadmissíveis. Muitas das formas não podem ser abolidas pois servem de garantia à realização de outros valores. E, paradoxalmente, quanto mais acessível for o processo, maior será o volume de lides a adentrar o sistema judiciário, o que atentará contra a celeridade dos feitos, na medida em que mais se exige do aparato estatal.

A fixação do ponto de equilíbrio entre justiça, acesso, estabilidade e celeridade, por certo, não é questão que possa ser facilmente respondida. De todo modo, com base nessas diretrizes, acima lançadas, buscarei avaliar a efetividade do processo civil, utilizando-as como critério para julgar alguns dos institutos, novos ou antigos, que serão tratados no corpo deste trabalho.

IV. O EQUILÍBRIO DO SISTEMA PROCESSUAL.

1. O equilíbrio entre as partes.

Um dos aspectos sobre que se assenta a idéia de efetividade do processo consiste em um sistema processual de todo equilibrado, equilíbrio este que se verifica em vários de seus aspectos. A própria metáfora da balança, como um dos símbolos da justiça, espelha este ideal de equilíbrio que deve orientar a construção do Direito. Destacado o sistema processual, podemos aferir o maior ou menor grau de justiça que contém o processo a partir do equilíbrio que encontramos entre alguns de seus elementos, situações, institutos. Em última análise, este equilíbrio tem em vista balancear a posição das partes, bem como das pessoas em geral, quando em juízo.

O ponto mais visível deste justo equilíbrio reside no tratamento igualitário que deve ser dispensado às partes litigantes, embora não seja este o único ponto a considerar, como veremos nas rubricas que se seguem neste Capítulo.

A igualdade *"constitui um dos elementos básicos à caracterização da 'justiça'"*[77], *"constitui o signo fundamental da democracia"*[78]. Tradicionalmente entendida como um tratamento igualitário perante a lei, *"de caráter puramente negativo, visando a abolir os privilégios e isenções pessoais e regalias de classe"*[79], mais recentemente o princípio passou a ser interpretado de modo substancial. Pode-se falar, hoje, em igualdade de possibilidades, e não meramente na igualdade de tratamento formal. Assim visto, o princípio da igualdade impõe, na verdade, tratamento desigual aos desiguais, na proporção de sua desigualdade, no sentido de diminuí-la, senão, quiçá, de eliminá-la.

---

77 Anacleto de Oliveira Faria, *Do Princípio da Igualdade Jurídica*, p. 23
78 José Afonso da Silva, *Curso de Direito Constitucional Positivo*, p. 193.
79 Idem, ibidem, p. 196.

No plano do Direito Processual, a isonomia implica na necessidade de dar aos litigantes as mesmas oportunidades de atuação, de expor seus argumentos e de tentar convencer o juiz de que têm razão. Para conferir as mesmas possibilidades aos litigantes, muitas vezes se fará necessário dar-lhes tratamento formalmente desigual, para que as chances de obter um julgamento favorável em juízo possam ser as mesmas. Comparado o processo a um duelo, a isonomia processual é normalmente representada com a metafórica expressão "paridade de armas": devem os duelistas estar munidos com as mesmas armas, pois, do contrário, o processo significaria apenas a legitimação da vitória do oponente mais forte, ou mais preparado.

Quando se pensa na efetividade do processo, necessário se mostra estabelecer suas relações com a isonomia processual. De um lado, como acima delineado, a efetividade do processo pressupõe que este alcance os resultados desejados, dentre os quais ocupa posição de destaque a realização da justiça. E, para tanto, o próprio processo deve ser um instrumento "justo". Destarte, é inegável que quanto mais "justo" for o processo, quanto maior for o equilíbrio existente entre as partes, mais próximo estará este processo de ser considerado "efetivo". De outro lado, tomada a celeridade como um valor também importante, importa estabelecer quais os limites que esta necessária igualdade de possibilidades impõe à aceleração do processo. Isto porque o desejo de se obter um processo mais rápido, que melhor atenda à necessidade de pacificação e de propiciar o quanto antes ao titular do direito o seu normal exercício, não pode levar à construção de um processo arbitrário e injusto, em que a velocidade impeça as partes, com sua participação, de influir razoavelmente no resultado final.

A concessão de gratuidade processual aos carentes de recursos, benefício antigo, é sempre apontada como um típico exemplo em que o tratamento dado à parte é formalmente desigual, mas substancialmente equilibrado. À parte este tratamento favorável ao pobre, o direito processual sempre houve as partes como sujeitos iguais, a quem bastava conferir tratamento idêntico para assegurar a isonomia. Como afirma Arruda Alvin:

> *"Um outro aspecto - que nos parece sobremaneira importante ter em mente - é que o legislador, principalmente nesta década de 80, acabou assumindo a*

realidade de que os litigantes, ou aqueles que comparecem a um processo, não são efetiva e necessariamente iguais. Ou seja, assumiu e reconheceu o legislador que, conquanto se prescreve, já a partir da Constituição Federal, que todos são iguais perante a lei, que essa igualdade é, apenas e tão-somente, uma igualdade formal, e, que, se for considerada como uma igualdade formal e substancial, isto é, se for considerada como uma igualdade real, com isto estar-se-á, em verdade, violando a própria essência da igualdade, pois, tratar desiguais como iguais, é redutível à desigualdade.

"Se formos examinar todo o sistema de tratamento dos litigantes no Código de Processo Civil, verificaremos que foi imprimida neste sistema a regra de tratá-los de maneira igual. E isto, exatamente porque o legislador assumiu que os litigantes são formal e substancialmente iguais. Já se formos examinar, por exemplo, o Código de Proteção de Defesa do Consumidor, verificaremos estar aí presente uma diferença bastante grande. Neste código se defrontam no palco judiciário um consumidor, que é reputado pelo sistema, principalmente pela dicção do seu art. 6º, como um fraco e como um vulnerável, e, no outro lado, está o fornecedor, que não é um carente "[80].

O avanço representado pelo Código de Defesa do Consumidor, evidentemente, tem suas limitações, não solucionando os muitos problemas de desigualdade existentes na sociedade e que se refletem na atuação em juízo. Restringe-se este diploma legal a regular as relações de consumo e o processo em que tais relações de consumo sejam o objeto do litígio. Entretanto, não é apenas nas relações consumidor/fornecedor que o diverso poder de atuação das partes proporciona chances desiguais de participação ao longo do processo, e de vitória ou sucesso, ao seu termo. Mas, por outro lado, diante da multiplicidade de situações fáticas que vêm a juízo, difícil seria estabelecer leis processuais específicas para cada qual delas, contendo regras de equilíbrio das posições das partes.

---

80 Arruda Alvin, "O Direito de Defesa e a Efetividade do Processo, 20 anos após a vigência do Código", *in Revista de Processo*, nº 79, p. 213.

Os possíveis caminhos para relevar esta dificuldade estão um, no plano da interpretação e aplicação da norma, e outro, na própria elaboração da norma. Tendo em vista a hierarquia de normas constitucionais sobre a legislação federal ordinária, todas as normas processuais devem ser interpretadas de modo que o resultado desta interpretação deva ser o que mais afirme os valores contidos no princípio da isonomia - substancialmente considerada -, do acesso à justiça, do devido processo legal. Quando o preceito do artigo 125, I, do Código de Processo Civil, estabelece que compete ao juiz *"assegurar às partes igualdade de tratamento"*, devemos, sob a nova ótica, ler *"assegurar igualdade de possibilidades"*. Assim, na exegese da lei que estabeleça as formas do processo ou os requisitos de admissibilidade para a prática de atos processuais, deve-se sempre optar pela interpretação que permita igualdade de participação às partes, ou que lhes permita o acesso aos meios e recursos inerentes ao contraditório.

Neste sentido, daria como exemplo deste critério de interpretação a concessão parcial de gratuidade processual, que pode ser extraída de uma leitura razoável do artigo 13, da Lei nº 1.060/50, como tive a oportunidade de sustentar, quando dissertei sobre o tema:

> *"Esta possibilidade de uma gratuidade parcial, ou de fixação de custas e honorários em valores compatíveis com as condições econômicas da parte pode ser extraída do art. 13 da Lei nº 1.060/50, que diz que 'se o assistido puder atender, em parte, as despesas do processo, o Juiz mandará pagar as custas que serão rateadas entre os que tiverem direito ao seu recebimento'. A não menção, no texto do art. 13, acerca dos honorários advocatícios, é devida ao fato de que tal dispositivo ainda vige em sua redação original, criada sob a égide do Código de 1939, que não fixava condenação em honorários como a temos hoje, conforme já mencionamos anteriormente. Uma leitura atual do artigo abre ensejo a interpretá-lo como concessivo de um benefício parcial, a que fazem jus aqueles que, embora não sejam de todo pobres, não possam arcar com todas as custas de um determinado processo, que se mostre dispendioso. O acesso à justiça, igualmente, não lhes pode ser negado, daí a necessidade de uma fixação eqüitativa*

das despesas processuais, seja no momento de adiantá-las, seja como verbas decorrentes da sucumbência"[81].

Ou quando se interpreta o aparente conflito entre o artigo 38, do Código de Processo Civil, com sua nova redação dada pela Reforma, e o artigo 1.289, §3°, do Código Civil, no que diz respeito à abolição ou não do reconhecimento de firma da procuração *ad judicia*, a mesma visão de facilitação do acesso a juízo, mediante a derrubada de formalismos de pouca utilidade prática, deve ser empregada.

Já do ponto de vista da elaboração da norma, da "montagem", por assim dizer, do sistema processual, em especial das formas que serão exigidas, deve o legislador ter em mente sobre quais pessoas aquelas normas incidirão. Serão normas que, na prática, recairão sobre "tipos sociais" definidos, ou serão normas gerais que irão incidir em qualquer processo, com quaisquer sujeitos, versando sobre qualquer tipo de direito?

Regras processuais que são inseridas em leis extravagantes, ou que regulam os procedimento especiais em geral, em regra terão destinatários definidos, ou, no mínimo, previsíveis, o que pode tornar mais simples nossa tarefa de identificar equilíbrios ou desequilíbrios do sistema. Já os dispositivos que se referem aos procedimentos comuns (tanto de conhecimento, como de execução, ou cautelar), irão, a princípio, ser dirigidos a qualquer litigante.

O que se propõe, então - e isto nos parece possível -, é que, no que toca às normas de caráter geral do Código, sejam elas vistas sob o prisma dos diversos consumidores da Justiça e pensado o modo como cada qual destes dispositivos, e as formas que prevêem, influem sobre a atuação de litigantes dotados de diferentes possibilidades. No que se refere às normas incidentes sobre os procedimentos especiais, deve-se ter a visão crítica para distinguir até que ponto normas aparentemente dirigidas a ambos os litigantes, na verdade, criam um desequilíbrio entre eles.

Quando estas orientações são levadas em conta, ao aferir em que medida existe isonomia no sistema processual civil, fica evidente que esta isonomia não pode ser pensada apenas tendo em

---

81 *Assistência jurídica, assistência judiciária e justiça gratuita*, p. 91.

vista duas pessoas imaginárias e sem rosto - e havidas como iguais -, litigando em um dado processo qualquer. Há que se levar em conta que estes litigantes desempenham papéis diferentes na sociedade, têm diferentes possibilidades, sustentam direitos mais ou menos socialmente relevantes, ou importantes ao interesse público, integram "categorias" de indivíduos.

2. O equilíbrio social (perante os "tipos sociais").

Por "equilíbrio social", ou equilíbrio perante os "tipos sociais", refiro-me a uma visão mais ampla da isonomia, considerada sob a perspectiva de "tipos sociais" identificáveis, e não apenas enquanto sujeitos sem rosto que ocupam a posição processual de autor, ou de réu.

Pelas razões anteriormente expostas, entendo que a isonomia processual não deve se restringir ao equilíbrio das partes de um mesmo processo. Daí falar, aqui, em um equilíbrio social do sistema processual, que nada mais é do que uma visão mais abrangente do princípio, que nos leva a nivelar as possibilidades de participação de todos os diferentes "tipos sociais" em relação ao sistema processual como um todo. Isto é, deixamos de nos preocupar apenas com a paridade entre os dois litigantes de um mesmo processo, para indagar em que medida o litigante habitual e o litigante eventual, como autores de diferentes processos, têm mais ou menos chances de participação e de ver suas pretensões apreciadas ou seus direitos atendidos. Ou, enquanto sejam, um e outro, réus, o quanto cada qual tem maiores oportunidades de oferecer defesa e vê-la acolhida.

Esta visão da isonomia conduz a uma visão mais crítica a respeito de vários pontos do direito processual. Formas, requisitos de admissibilidade, ou diferentes procedimentos repercutem de igual maneira entre os diversos tipos de litigantes? Os tipos de tutela jurisdicional (especialmente declaração - em sentido amplo - e execução) estão disponíveis às partes de modo igualitário, na proporção do direito que tenham, ou existem desequilíbrios na abertura da via executiva diante dos muitos títulos extrajudiciais? A possibilidade de "antecipações" está uniformemente distribuída[82]? Diante desta ordem de indagações, somos levados a

---

82 A expressão está em sentido amplo, tal como empregado no Capítulo VI,

pensar nas normas processuais, ainda em tese consideradas, e aferir o quanto elas conferem de equilíbrio entre os "tipos sociais".

O Código do Consumidor construiu regras processuais a partir desta percepção de que, nas lides que regulamenta, são claramente identificáveis, em cada pólo, "tipos sociais" previamente tidos como desiguais. Assim, conquanto nossa sociedade moderna seja por demais complexa, a ponto de que os sujeitos não mais podem ser encaixados numa única classe ou categoria, dada a expressiva quantidade de interesses vários que coexistem, foi possível ao legislador destacar - e definir legalmente - a posição ocupada pelo consumidor e aquela do fornecedor.

Mas, por óbvio, não é apenas no duelo entre consumidor e fornecedor que veremos partes com diferentes possibilidades. Daí, se desejamos um processo que seja ao máximo acessível a qualquer sujeito, não basta nos apoiarmos nas regras do CDC. Ou, ainda, mesmo levando em conta a relação consumidor/fornecedor, os preceitos contidos no Código do Consumidor não me parecem bastantes para equilibrar a atuação destes em grande massa de situações de conflito levadas a juízo.

Um dos pontos notáveis do CDC reside na possibilidade que se abriu de defesa de interesses coletivos e difusos. Unidos em associações, movendo ações coletivas, ou sendo defendidos pelo Ministério Público, é de se supor um fortalecimento da posição do consumidor em juízo, capaz de fazer frente ao poderio supostamente detido pelo fornecedor. A questão é que tais situações de ingresso em juízo pressupõem relações jurídicas homogêneas - além de ter efetivamente ocorrido esta união dos consumidores, ou a iniciativa do MP, evidentemente -, e nem sempre os conflitos existentes entre estes sujeitos são decorrentes de situações repetitivas. Em muitos casos ainda iremos nos deparar com consumidores individualmente inadimplentes, ou consumidores individualmente insatisfeitos, por não receberem o produto ou serviço de modo adequado; e terão que litigar individualmente...

O avanço de nosso sistema, no que se refere às ações de natureza coletiva, é considerável e respeitável. As novas formas de ingresso em juízo estabelecidas pela Lei nº 7.347/85 e pelo Código

---

adiante.

do Consumidor conferiram aos interesses difusos e coletivos um regime muito mais benéfico e moderno do que aquele que se atribui ao restante dos direitos. Mas é sobre estes últimos que este estudo centra principalmente suas atenções, para propiciar-lhes a esperada "efetividade". E o motivo deste enfoque decorre não de um julgamento de maior relevância dos conflitos "tradicionais" ou "comuns", mas da observação de que são justamente estes que se encontram menos estudados e mais carentes de um novo sopro de vida.

E são nestas causas individuais que as desigualdades entre os "tipos sociais" irão se acentuar, mesmo no caso de o litígio versar sobre relação de consumo: se alguns preceitos do CDC facilitaram a atuação do consumidor individual em juízo[83], nem por isso é correto afirmar-se que está ele perfeitamente igualado ao litigante habitual. Persistem a lhe dificultar a viagem as muitas tempestades do procedimento ordinário, do sistema de recursos, e, pior, do processo de execução, dificuldades que não afetam o fornecedor do mesmo modo.

Páginas atrás, quanto expunha a metodologia deste trabalho, propus "julgar" a oportunidade de normas processuais mediante uma simulação de como diversos "tipos ideais" reagiriam a eles. Com isto, talvez seja possível estabelecer um sistema em que as formas processuais sejam o mais neutras possível, a fim de que o modo de ser do processo influa o mínimo no resultado. Como disse anteriormente[84], o processo será tanto mais justo quanto menos variáveis existirem a influir no julgamento final ou na obtenção do bem da vida perseguido. O ideal, inatingível, seria existir uma única variável: a existência ou não do direito material pleiteado. A questão é que as variáveis que o sistema processual artificialmente - e inevitavelmente - cria não são as mesmas, nem existem na mesma quantidade, nem influem com a mesma intensidade para todos os sujeitos. Isto porque as dificuldades

---

83 Refiro-me aqui ao disposto nos incisos VI, VII e VIII, do artigo 6°, do CDC. De certo modo, tais normas estabelecem princípios cuja influência concreta no processo é incerta e dependente de interpretação judicial, à parte a possibilidade de inversão do ônus da prova, único preceito técnico concreto que se estabeleceu em favor do consumidor que individualmente litiga em juízo.

84 Capítulo III, n° 1.

inerentes à participação e defesa dos direitos em juízo são mais facilmente vencidas em juízo por alguns, e menos por outros.

Quando se busca um processo que seja o mais possível equilibrado, neutro, devemos nos preocupar em analisar cada formalidade, cada requisito de admissibilidade, e questionar qual o impacto que isto teria para o litigante habitual e para o não-habitual; para o litigante pobre ou para o litigante rico. Ou, devemos pensar em que medida as formas podem ser utilizadas pelo mau litigante, a ponto de que a atuação de má-fé possa lhe parecer interessante.

3. O equilíbrio na proteção de direitos: equilíbrio entre os tipos de tutela jurisdicional e entre os tipos de procedimento.

O modo como a jurisdição é exercida, ou como o processo irá se desenvolver, como é sabido, não é uniforme. À parte a providência jurisdicional cautelar, não apta à solução definitiva do conflito, a jurisdição estatal pode resolver as lides impondo providências de cunho decisório ou executório; a primeira consiste em dizer o direito, atividade que deu origem ao próprio vocábulo "jurisdição", enquanto a segunda consiste na realização prática do direito, mediante uso da força. Para permitir o exercício da jurisdição, instaura-se o processo, que se desenvolve segundo vários procedimentos possíveis e previstos em lei.

O processo, enquanto instrumento, é um meio para garantir a realização de direitos, permitindo o legítimo exercício da jurisdição por parte do Estado. É de todo oportuno que o sistema processual seja construído de modo que haja uma correspondência coerente entre os direitos postulados e o tipo de tutela jurisdicional que se lhes oferece para protegê-los; ou entre aqueles e os procedimentos que serão utilizados para desenvolvimento do processo. Assim, a direitos de idêntica natureza e relevância, devem corresponder os mesmos meios processuais - providência jurisdicional e procedimento - aptos a protegê-los.

No que toca ao oferecimento, pelo sistema, de um ou outro tipo de providência jurisdicional, o critério a orientar esta escolha deve ser fundado no grau de certeza que recai sobre a existência de um direito. É inerente ao princípio de acesso à justiça a expectativa de que toda e qualquer controvérsia possa ser levada a juízo, e ali decidida. Havendo possibilidade de controvérsia, é direito de qualquer das partes tê-la solucionada pelo Judiciário, de modo que há evidente inversão da ordem normal das coisas ao se conferir executoriedade a direitos que não gozem de suficiente grau de certeza.

Essa inversão apresenta alguns inconvenientes até mesmo do ponto de vista prático: autorizando-se a imediata utilização do processo de execução para situações pouco certas, acabamos deslocando para esse processo, igualmente, a solução da controvérsia. Os problemas relacionados com este equilíbrio entre processo de conhecimento e processo de execução serão mais adiante abordados com maior profundidade, no Capítulo VII. Como linhas gerais, por ora diria que o equilíbrio ideal a ser atingido, neste campo, seria conferir medidas mais rigorosas, dotadas de maior ou menor grau de executividade, na mesma proporção em que o direito pretendido gozasse de presumida certeza.

Tema mais delicado, pois irá envolver um maior grau de opção política, é o dos procedimentos. Ao estabelecer procedimentos diferentes, a legislação não apenas permite uma maneira mais adequada de solução de determinados tipos de conflito, nem apenas cria meios mais simples para causas mais simples: procedimentos mais céleres, mais ou menos rigorosos, terminarão por criar diferenças na proteção dos diversos direitos. Não havendo critérios orientados pela relevância do direito defendido, para estabelecer procedimentos mais ágeis, o que se verá será um desequilíbrio do sistema, em prejuízo da desejada isonomia: se a direitos de natureza semelhante forem concedidos meios processuais mais ou menos eficientes para sua defesa, de algum modo os titulares destes direitos estão sendo ou privilegiados, ou preteridos.

Quando um sistema confere a possibilidade de se executar direitos menos certos do que outros, ou quando cria procedimentos mais ágeis para direitos igualmente (ou menos) relevantes, o que se está estabelecendo, em última análise, é a desigualdade entre os titulares destes direitos: alguns, recebendo do Estado maior proteção, embora menos certos ou relevantes os seus direitos; outros, sujeitos a todos os trâmites e fases processuais para obter a tutela desejada. A violação à isonomia fica ainda mais evidente quando se lembra que a atividade jurisdicional é um serviço público, mantido com os impostos arrecadados da população: o tratamento desigual para defesa de direitos iguais, ou de mesma natureza e relevância, faz com que alguns titulares de direito sejam "clientes preferenciais" dos serviços judiciários, enquanto que outros sejam relegados ao tratamento de praxe. Em última análise, está havendo tratamento desigual aos diversos "tipos sociais", que deveriam ter acesso aos mesmos meios e recursos que o sistema processual oferece aos litigantes.

É assim que, após considerar o procedimento ordinário um *"verdadeiro tormento"*, acrescenta Carlos Alberto Álvaro de Oliveira:

> *"Todos são iguais, mas, como na célebre obra de George Orwell (Animal Farm), uns são mais iguais que outros.*

> *"Enquanto o comum dos mortais há de se contentar com o moroso e pouco eficiente procedimento comum; enquanto o pobre mortal, ou melhor, o mortal pobre, vê-se forçado ao procedimento sumaríssimo (muitíssimo ordinário, por sinal, segundo a conhecida 'blague' de J. J. Calmon de Passos), os donos do Poder estão a salvo dessas mazelas, reinando sombranceiros no Olimpo!*

> *"As contendas mais sensíveis, que ponham em jogo os valores de maior interesse para as classes dominantes, essas escapam ao rito demorado e ineficiente, prolongado e desastroso. Para esses litígios criaram-se, simplesmente, procedimentos especialíssimos, geralmente com total desconhecimento do tão decantado princípio da igualdade das partes no processo, gerando-se, com isso, dupla desigualdade: desigualdade de procedimento e desigualdade no procedimento"*[85].

---

85   "Procedimento e ideologia no direito brasileiro atual", *in Ajuris*, n° 33, p. 81. Arrola o autor, entre os procedimentos que diz *"especialíssimos"*, o de busca e apreensão decorrente de contrato de alienação fiduciária (Dec. Lei n° 911/69), a execução, extrajudicial (Dec. Lei n° 70/66) ou judicial (Lei n° 5.741/71) de crédito do Sistema Financeiro da Habitação, execução de cédula de crédito rural (Dec. Lei n° 167/67), industrial (Dec. Lei n° 413), e de crédito à exportação (Lei n° 6.313/75). Considerando, ainda, que os benefícios processuais destas leis foram concedidos ao

A princípio, em uma leitura moderna do fenômeno, os procedimentos especiais serviriam para promover uma maior adequação entre o direito material e o processo, criando formas mais propícias à realização de alguns direitos, para os quais o procedimento comum mostra-se inidôneo, ou dificultoso. Nesta ótica, os procedimentos especiais permitiriam uma melhor "instrumentalização" do processo, tornando-o mais apropriado às peculiaridades da relação de direito material deduzida em juízo.

> *"Sem dúvida, a lei, adequada à ciência processual moderna, procura instituir sistema de tramitação das causas na Justiça que se mostre o mais simples e o mais universal possível, de maneira a permitir que o maior número imaginável de pretensões possa ser acolhido, apreendido e solucionado segundo um único rito.*

> *"Contudo, haverá sempre algum detalhe da mecânica do direito material que, eventualmente, reclamará forma especial de exercício do processo. O processo como disciplina formal não pode ignorar essas exigências de origem substancial, porque é da própria natureza das coisas que a forma se ajuste e se harmonize à substância"*[86].

Para Sérgio Bermudes, *"a natureza do pedido formulado, a demonstração de fatos e a investigação, tornadas necessárias no processo, os atos cuja prática se mostra indispensável e até a maneira de julgar, tudo determina que a lei estabeleça um modo peculiar, específico, para o desenvolvimento de certas relações processuais"*[87].

---

litigante mais poderoso da relação, acrescentaria que temos uma *tripla desigualdade*: há uma prévia desigualdade no plano fático, já existente entre os litigantes, que foi ainda avantajada com as desigualdades *de* procedimento e *no* procedimento. Assim, ao litigante habitual e mais preparado, foram concedidos procedimentos mais vantajosos para a defesa de seus direitos, se comparados aos procedimentos comuns a que outros direitos de mesma natureza teriam que se submeter, e, pior, que nem mesmo asseguram o equilíbrio *inter partes*.

86 Humberto Theodoro Junior, *Curso de Direito Processual Civil*, vol. III, pp. 4-5.

87 *Introdução ao Processo Civil*, p. 140.

Cumpre, entretanto, destacar as situações em que a adoção do procedimento especial se mostre uma decorrência das particularidades da relação de direito material, daquelas em que, inexistindo elemento distintivo que lhe seja peculiar, cria-se procedimento especial com o fulcro único de privilegiar o exercício de um dado direito em juízo.

Vista a diversidade dos procedimentos sob a ótica de uma isonomia ampla (isonomia entre os "tipos sociais" e não apenas entre as partes de um mesmo litígio), poderíamos extrair como princípio que o ideal seria o estabelecimento do mínimo possível de procedimentos especiais. A maior amplitude de utilização do procedimento comum não só colabora para a simplificação do direito processual, evitando multiplicidade de diferentes formas, atos e prazos, multiplicidade esta que no mais das vezes se presta a criar armadilhas a surpreender o litigante menos atento, como também encerra inegável apelo democrático: um mesmo procedimento é indistintamente destinado a desenvolver o processo, quaisquer que sejam os direitos, ou as partes ativa e passiva envolvidos na relação.

É oportuno ressaltar que a utilização, no mais possível, de um procedimento padrão não significa necessariamente deslocar para um segundo plano a relação de instrumentalidade que deve se estabelecer entre direito e processo. Idealizado um procedimento padrão, mas não um procedimento rígido, pode-se perfeitamente fazer com que o rumo a seguir seja o mais possível adequado às peculiaridades do caso concreto. Escrevendo na década de 40 sobre a então recém aprovada lei processual de seu país, Calamandrei, citando o relatório de apresentação do novo Código, redigido por Dino Grandi, refere-se ao "princípio da adaptabilidade do procedimento às exigências da causa":

> *"La innovación verdaderamente fundamental introducida en materia de formas por el nuevo Código es, por el contrario, otra: la que la rel. Grandi, n. 16, denomina 'el principio de adaptabilidad del procedimiento a las exigencias de la causa' o, como se ha dicho también, de 'elasticidad procesal'. El alcance de este principio se encuentra ilustrado así en la misma relación: '...pero aunque sin alejarse, a este respecto, del principio de la legalidad, el Código ha tratado de templar la excesiva*

rigidez, adoptando, en lugar de un tipo de procedimiento único e invariable para todas las causas, un procedimiento adaptable a las circunstancias, que puede ser, en caso de necesidad, abreviado o modificado, pudiendo asumir múltiples figuras, en correspondencia con las exigencias concretas de cada causa'.

"'La rigidez de un procedimiento regulado de un modo uniforme para todas las causas posibles, tiene el gran inconveniente de no prestarse a satisfacer simultáneamente la exigencia de cuidadosas y exhausivas investigaciones, que se siente especialmente en ciertas causas más complicadas y difíciles, y la exigencia de una rápida solución, que predomina en las causas más simples e urgentes. Para conciliar armónicamente estas exigencias contrapuestas en el sistema de la legalidad, el Código se ha inspirado en el principio de la adaptabilidad *(o, como también autorizadamente se ha dicho, de la* elasticidad) del *procedimiento: a cada etapa de su* iter *procesal las partes y el juez encuentran ante sí, ofrecidos por la ley a su elección, múltiples caminos, y les corresponde a ellos escoger, según las necesidades del caso, el más largo o los atajos'"*[88].

É, então, perfeitamente possível o estabelecimento de um procedimento padrão flexível e adaptável às circunstâncias da lide. Tal técnica foi inclusive empregada pelo legislador de 1973, havendo no nosso procedimento ordinário algumas variantes, como, por exemplo, no momento de prática das chamadas "providências preliminares", em que a seqüência de atos a ser praticada irá depender do conteúdo das manifestações das partes, e, de modo ainda mais nítido, no momento do "julgamento conforme o estado do processo". E, como ainda desenvolverei em Capítulo próprio[89], o novo instituto de antecipação de tutela, inserido pela Reforma no artigo 273 do Código, é outro fator a estabelecer a possibilidade de flexibilização do procedimento e sua adaptação às exigências da causa.

Adotada como preceito a maior utilização possível de um procedimento comum - mas flexível - restaria como campo para os

88 Piero Calamandrei, *Instituciones de Derecho Procesal Civil*, p. 302-303.
89 V. Capítulo VI, adiante.

procedimentos especiais algumas poucas situações em que mesmo um procedimento menos rígido não permitirá desenvolver satisfatoriamente o processo[90]. E, como contraponto, na previsão destes procedimentos especiais deve o legislador evitar tratar diferentemente direitos de mesma natureza, visto que, assim agindo, a pretexto de criar um instrumento mais adequado está-se, no fundo, criando privilégios e, por vezes, aumentando ainda mais o fosso já existente entre as possibilidades dos litigantes. Assim, por exemplo, para execução de obrigação consistente no pagamento em dinheiro, ressalvadas duas hipóteses claramente justificáveis[91], e previstas no Código, não se vê razão para que existam procedimentos executivos diversos a seguir, ou procedimentos especiais de força executiva tão ou mais pronunciada do que o próprio processo de execução. Não se vê razão para que, em juízo, o dinheiro de uns valha mais do que o dinheiro de outros [92].

A preferência no uso de procedimento comum, por outro lado, não afasta a possibilidade de termos mais de um procedimento comum. É perfeitamente possível a co-existência de procedimentos comuns mais ou menos enxutos. A característica que o faz "comum" é a sua aplicabilidade às mais diversas causas. É assim que, ao par do procedimento comum ordinário, convivem hoje em nosso sistema o procedimento sumário e o procedimento, que poderíamos chamar, agora sim, de sumaríssimo, utilizado nos juizados especiais cíveis.

---

90 À primeira vista, o inventário, o usucapião, a falência e a insolvência civil, dada a multiplicidade de litigantes envolvidos, e a necessária prática de atos específicos, demandam um procedimento próprio.

91 Refiro-me à execução de alimentos, crédito privilegiadíssimo a ponto de admitir a prisão civil do devedor que se recuse a adimpli-lo, e que por isso, diante desta possibilidade de coação indireta, justifica um procedimento compatível com a inclusão desta medida; e, também, à execução contra a Fazenda Pública, dado que a impossibilidade de penhora de seus bens afasta a aplicação da execução comum.

92 Ada Pellegrini Grinover (*As Garantias Constitucionais do Direito de Ação*, p. 169), discorrendo sobre os antecedentes da Lei nº 5.741/71, cita em nota de rodapé (nº 42) que *"Rangel Dinamarco dera parecer contrário ao anteprojeto atinente às execuções, preconizando que se adotasse o rito executório do Código de Processo Civil e manifestando-se pela revogação dos dispositivos de ordem processual contidos no Decreto-lei n. 70 (parecer não publicado)".*

É importante, porém, encontrar limites apropriados à utilização destes procedimentos mais reduzidos. Nota-se que as últimas reformas processuais estão caminhando num sentido de, ao invés de solucionar problemas existentes nos diversos procedimentos, deslocar a esmo os litígios, de procedimentos mais extensos para procedimentos mais compactos, ou mesmo de processo para processo. Então, sem realizar qualquer melhora no processo de execução, as reformas que o atingiram mais cuidaram de ampliar sua utilização (com o alargamento dos títulos executivos extrajudiciais) do que repensar os direitos que nele se atribuem às partes, ou rever seu procedimento, deslocando para ele causas que antes seriam trazidas a juízo em processo de conhecimento. A criação do procedimento monitório também implica em alguma migração de causas, mas aqui, ao menos, vê-se um pouco mais de racionalidade e proporcionalidade, já que, aparentemente, a este novo rito foram atreladas situações mais homogêneas. Já a ampliação, prevista na Lei n° 9.099/95, da competência dos Juizados Especiais (e conseqüente deslocamento para o rito "sumaríssimo") trouxe para este órgão causas de maior grau de complexidade do que se previa no diploma legal anterior[93]. A falta de dados impede considerações mais abalizadas acerca do acerto do legislador, mas a realidade tem mostrado que os Juizados Especiais, ao menos nos grandes centros, tornaram-se extremamente lentos. E mesmo o quanto o procedimento das pequenas causas comporta litígios pouco mais complexos seria algo que mereceria um exame mais cuidadoso por parte do legislador.

---

93 Continuando com esta tendência, o Anteprojeto n° 13, da Escola Nacional da Magistratura, propõe a ampliação da incidência do procedimento sumário para as causas de até 40 salários mínimos.

V. O EQUILÍBRIO NA SIMPLIFICAÇÃO DAS FORMAS.

1. Em busca da simplicidade.

a) Delimitação do âmbito da "simplificação".

Se o problema da morosidade do processo não é causado apenas pela lei processual, isto não quer dizer que não se possa, também, buscar modificar a lei para imprimir-lhe maior celeridade. Do que foi exposto até aqui, é lícito concluir que as modificações legislativas, em prol da celeridade, podem ser satisfatoriamente realizadas na medida em que: a) a causa da morosidade, ou o "ponto de estrangulamento" que se quer superar, seja causado pela lei processual, ou possa ser por ela contornado; b) a modificação não dificulte a busca por justiça, nem gere um indesejável desequilíbrio na posição das partes, entendido por "indesejável" o desequilíbrio que crie desigualdades ou acentue as inicialmente existentes.

Muito se queixa do excesso de formas, de atos, de recursos. Mas o que fazer para "acelerar" o procedimento? São muitas as questões que o tema suscita.

Alcançar o maior grau possível de simplificação das formas processuais mostra-se tarefa de todo desejável, porque plenamente compatível com os princípios informativos do processo. Em primeiro lugar, por mais evidente, um processo mais simples atende ao *princípio econômico*, pois formas mais simples irão demandar menos esforços para as partes atendê-las ou para o juiz aferi-las, diminuindo-se o tempo de tramitação do processo e, conseqüentemente, os seus custos. Um processo muito complicado e cheio de formas excessivas pode tornar aleatória a decisão, mais dependente da estrita observância das normas processuais do que da existência do direito demandado; um processo sem esses exageros atende, pois, ao *princípio lógico*. E, como os diferentes litigantes não têm a mesma capacidade para superar esses entraves processuais, um processo dificultoso tende a gerar desequilíbrios entre as partes, maculando o *princípio jurídico*.

Quanto ao *princípio político*, este *"consiste em prover os direitos privados de máxima garantia social com mínimo sacrifício da liberdade individual"*. Aqui a questão da simplicidade se apresenta mais sensível. As formas processuais, sob o prisma da instrumentalidade, devem servir para garantir os fins a que o processo se propõe resguardar, como a possibilidade de participação das partes e a sua liberdade. Entretanto, simplificar as formas processuais não significa atentar contra este princípio, desde que se defina bem o que queremos dizer por "simplificação".

As *formas* asseguram *direitos e faculdades* processuais das partes, servindo, assim, como limites ao arbítrio do julgador. Simplificar as *formas* significa atuar sobre estas, sem influir profundamente nos *direitos e faculdades* que elas garantem, ou sem cercear a *liberdade* das partes. Assim, quando se busca uma *simplificação das formas*, não se deve atingir os direitos das partes de atuar no processo. Se conscientemente desejamos modificar estes direitos e faculdades que têm as partes, aí não seria lícito falar em simplificação das formas, pois o que se está alterando são os contornos da própria relação jurídica processual. Modificações na relação processual são, evidentemente, necessárias e possíveis, mas para atender a uma outra finalidade: a de estabelecer o mais perfeito equilíbrio entre os litigantes, e entre os "tipos sociais", dotando-os dos mesmos meios e oportunidades de obter a proteção jurisdicional.

Sendo assim, na medida em que identifiquemos formas excessivas na lei processual, modificações legislativas serão de todo bem-vindas para simplificá-la, desde que, evidentemente, estas reformas não alterem os direitos, não alterem o ponto de equilíbrio entre as partes. Se temos um "ponto de estrangulamento" causado por uma lei processual inadequada, a sua solução passa pela reforma da lei. Já não é tão simples e imediata a resposta, quando o "ponto de estrangulamento" for causado não tanto pelas formas excessivas, mas pelas dificuldades materiais de praticar o ato, sejam elas causadas pelos problemas de organização judiciária, ou por fatos da vida, cada dia mais complexa. Neste caso, a opção por modificações legislativas merece a tomada de algumas cautelas prévias: a) em que medida é a lei que está desatualizada e desgarrada da realidade, ou é o Judiciário que está desaparelhado para atender o mínimo necessário para o seu bom funcionamento? b) a modificação proposta para *contornar* o problema irá atingir este resultado? c) não serão atingidos os *direitos e faculdades* das partes causando maior prejuízo do que a manutenção das regras vigentes?

b) Simplificar ou criar obstáculos?

Supondo um quadro em que se considere que dado procedimento contém muitos atos, ou muitos recursos possíveis, quais seriam as possibilidades de *simplificação* deste procedimento?

Um caminho aparentemente possível - e que vez ou outra é acolhido pelo legislador - consiste em criar obstáculos à prática de atos processuais, estabelecendo formalidades e requisitos adicionais ao seu exercício. Assim, vão-se acrescentando mais e mais "requisitos de admissibilidade" o que irá demandar mais e mais "juízos de admissibilidade".

Ora, soa-me muito claro que esta alternativa está muito distante da noção de *simplificação*. A olhos vistos, o processo está, isto sim, tornando-se mais complexo, mais cheio de obstáculos a serem superados pela parte e não, em absoluto, mais simples. Afirma Dalmo Dallari que *"muitos juízes alegam que a exagerada possibilidade de abrir discussões laterais sobre minúcias processuais é um dos fatores de sobrecarga do Judiciário, sendo também responsável pela demora na solução dos conflitos"*[94].

Não vejo este método de "simplificação" com bons olhos, pois o que se faz é aumentar ainda mais a possibilidade destas *"discussões laterais"*. Além disso, a criação de obstáculos formais atenta contra o princípio do acesso à justiça, tornando o processo um campo de armadilhas em que a parte menos atenta ou preparada há de cair. Este mecanismo de "simplificação", ou de "aceleração", do processo, na verdade, aumenta o fosso entre os grandes litigantes e os pequenos litigantes. Os primeiros, sempre prontos para a luta, estarão dispostos a esgotar todas as possibilidades que a lei processual lhes confere - e saberão fazê-lo. E, ainda que os recursos por eles interpostos não sejam conhecidos,

94 *O Poder dos Juízes*, p. 101.

valer-se-ão dos meios disponíveis para questionar o não conhecimento. O óbice formal ao conhecimento de um recurso sempre permite outro recurso de modo que é profundamente questionável se esta forma de atacar o problema realmente diminui o tempo de pendência do feito, no particular, ou se diminui a carga de trabalho dos órgãos jurisdicionais, numa visão geral da economia processual. No fundo, a criação de obstáculos apenas aumenta as desigualdades existentes entre as partes e, se acelera o processo, o faz à custa daqueles que não conseguem superar o óbice. Como já dizia Calamandrei, citando o relatório de apresentação do então novo Código italiano:

> *"En la rel. Grandi (n. 18) se establece como una de las finalidades del nuevo proceso civil la 'aproximación del pueblo a la justicia' consistente en 'hacer el proceso civil más popular, esto es, más próximo y más accesible también a las personas humildes y no pudientes, en daño de las cuales recaen principalmente los costosos tecnicismos de los procedimientos demasiado complicados'. Y ya desde varias partes se ha puesto en evidencia este aspecto que se puede llamar 'social' del nuevo Código"[95].*

Tome-se como exemplo as modificações feitas no artigo 557 do Código de Processo Civil: a Lei nº 9.139/95, primeiramente, definiu a possibilidade de que qualquer recurso pudesse ser indeferido por ato do relator, quando *"manifestamente inadmissível, improcedente, prejudicado ou contrário à sumula do respectivo tribunal ou tribunal superior"*. Mais recentemente, a Lei nº 9.756/98 modificou mais uma vez o dispositivo, para acrescentar, entre os casos de julgamento pelo relator, a contrariedade do recurso não só com súmula, mas também com *"jurisprudência dominante do respectivo tribunal, do Supremo Tribunal Federal, ou de Tribunal Superior"*; e, em parágrafo, admitiu-se também a possibilidade de *provimento* do recurso, por ato singular do relator, se for a decisão recorrida contrária à súmula ou à jurisprudência dominante. Deu-se efeito vinculante não só às súmulas mas também à jurisprudência dominante; está-se abolindo o julgamento colegiado nos tribunais, e a conseqüente discussão em sessão, tão útil para clarear-se as idéias... Mas não são estes

---

95 *Instituciones de Derecho Procesal Civil*, p. 342.

aspectos da nova norma que quero abordar agora. A questão é que desta decisão singular cabe outro recurso, de modo que não se pode vislumbrar, aqui, uma simplificação. O processo, individualmente considerado, só teria seu tempo reduzido se não houver o recurso contra este ato monocrático. Mas, será que a parte iria se conformar com a decisão solitária do relator? Se a parte já manifestou seu inconformismo com uma decisão isolada, ficaria resignada com outro ato isolado, apenas porque provém de um juiz de segundo grau? Se já arcou com o preparo do recurso indeferido, se seu patrono já envidou esforços para elaborá-lo (e a depender do contrato de honorários, a parte pagou por isso), o que lhe custaria recorrer mais uma vez, aproveitando-se, até, de parte das razões, já redigidas, do recurso principal? Ou, pior, se a intenção do recurso for também a de protelar o feito (prática que tanto se quer coibir), deixaria a parte de recorrer desta decisão singular? E, principalmente, será que um litigante habitual, cujos custos com a interposição de mais este recurso estão diluídos, iria se intimidar com a decisão singular? Esta última pergunta desnuda minha grande preocupação com esta tática de acrescentar óbices formais: a custa da atuação de quais litigantes os serviços jurisdicionais estarão sendo economizados, se é que verdadeiramente estão?

É necessário acrescentar que o recurso contra o indeferimento do relator é um dos poucos agravos cujo prazo de interposição é de cinco dias. E aqui não se trata de norma que tenha ficado intocada, por esquecimento do legislador: tal prazo foi fixado tanto pela Lei nº 9.139/95 como pela recente Lei nº 9.756/98. O detalhe faz a norma ainda mais perversa para o pequeno litigante, quando lembramos das dimensões territoriais do país, e do fato de que tais recursos, nas circunstâncias atuais, devem ser interpostos diretamente no Tribunal. A dificuldade que o pequeno litigante, domiciliado em Comarca diversa - e por vezes distante - da sede do Tribunal, terá para recorrer desta decisão, no prazo de cinco dias, provavelmente se constituirá no fator de "aceleração" das demandas, que só assim terminarão mais cedo. Interposto o recurso a que se refere o parágrafo do artigo 557, é duvidoso que ocorra qualquer ganho de tempo ou de esforço, seja de parte dos litigantes, seja do órgão jurisdicional.

É certo que a Lei nº 9.756/98, querendo coibir os recursos contra a decisão singular, ainda cominou multa ao recorrente, entre um a dez por cento do valor da causa, *"quando manifestamente inadmissível ou infundado o agravo"*. Quero crer que a multa não se aplicará quando o recurso for plausível, ainda que de fato exista súmula ou "jurisprudência dominante", eis que não pode ser vedado à parte pretender a revisão da súmula ou da "jurisprudência dominante", se tiver fundamentos bastantes para tanto. Por isso, apesar da tentativa de intimidação, continuo sustentando o que consta dos parágrafos anteriores[96].

A medida do quanto estes óbices são excludentes pode ser aferida com um levantamento quantitativo do número de agravos regimentais que são interpostos junto ao Superior Tribunal de Justiça, onde, desde antes do novo artigo 557, já era dado ao relator indeferir recurso por ato singular. Embora se trate de um universo não coincidente estatisticamente com a realidade, em razão da seleção feita para publicação, tomei para pesquisa os julgados publicados nos cem primeiros volumes da Revista do Superior Tribunal de Justiça. Apesar deste fator de distanciamento da realidade, creio que isto causaria maiores distorções se fôssemos aferir a intensidade de tal ou qual tipo de demanda que chega àquele tribunal, pois causas muito repetidas não teriam, na mesma proporção, seus acórdãos publicados, pelo desinteresse em tamanha repetição de julgados semelhantes ou idênticos. Entretanto, para o que me proponho a aferir - a quantidade de agravos regimentais e a qualidade do agravante - a distorção deve ser mais reduzida, dado o fato de que em qualquer tipo de causa pode ocorrer o indeferimento pelo relator e o subseqüente recurso.

Feitas estas considerações, analisemos o levantamento feito. Foram encontrados, nos cem primeiros volumes da RSTJ, 353 julgamentos de agravo regimental, que foram por mim classificados de acordo com o Estado de origem e pela qualidade do agravante. Excluídos os Estados de onde não mais do que dez agravos regimentais interpostos saíram publicados, analiso os resultados vindos de São Paulo (116 ocorrências), Rio Grande do Sul (47), Distrito Federal (45), Rio de Janeiro (33), Minas Gerais (28), Paraná (21) e Goiás (19).

Dois fenômenos merecem destaque. Em primeiro lugar, a incidência de agravos vindos do Distrito Federal, sede do tribunal,

---

96   Sobre a aplicação de multas por litigância de má-fé, e sobre a conveniência deste novo dispositivo, v. Capítulo VIII, nº 3.

e de Goiás, Estado onde o Distrito Federal está encravado, é bastante desproporcional à sua população, comparativamente com os agravos vindos das demais localidades. Um segundo dado interessante é que justamente no Distrito Federal e em Goiás o número de agravos regimentais interpostos por pessoas naturais supera o número daqueles interpostos por pessoas jurídicas: 24 a 21 e 13 a 6, respectivamente. Nos demais, mais distantes do tribunal e, por isso, mais inacessível o manejo do recurso pelos litigantes não habituais, a proporção é outra, acusando maior incidência do agravo interposto por pessoas jurídicas: 17 a 11 em Minas Gerais, 24 a 9 no Rio de Janeiro, 16 a 5 no Paraná, 89 a 27 em São Paulo e 39 a 8 no Rio Grande do Sul.

A verdade é que mecanismos tais, que criam óbices à prática de atos processuais, tornam o processo mais difícil e, portanto, valoriza-se a posição do litigante habitual em detrimento do pequeno litigante. Portanto, ainda que, no todo do movimento forense, tal mudança provoque uma diminuição no número de recursos, ou no tempo médio gasto em juízo (é de se duvidar se tal economia ocorrerá ou se será significante), tal ganho estará maculado de profunda injustiça, já que os serviços judiciários estariam sendo economizados à custa do despreparo ou da falta de meios de pequenos litigantes. E, se assim a Justiça irá se tornar mais célere, fica evidenciado que isso só beneficiará aquela categoria de litigantes que não teve sua participação obstada pelos entraves e formalidades excessivas que se antepuseram em seu caminho. Não será trilhando este rumo, pois, que encontraremos a solução ideal para o problema da morosidade do processo.

Ainda no campo dos recursos, onde mais proliferam as tentativas de criar óbices, cito como uma das vias possíveis, a desestimular o uso desmedido destes meios de impugnação, a exigência de depósito do valor da condenação (ou de parte dele) como requisito de admissibilidade. Entre nós, há esta exigência no processo trabalhista. Será ela um meio conveniente de se acelerar o processo? Seria desejável incorporar a regra no processo civil comum?

Não vou argumentar levando em conta a desigualdade de tratamento dado às partes do processo laboral, empregado e empregador, pois, à evidência, esta desigualdade é desejada e tendente a superar a desigualdade real que existe entre estes sujeitos. Assim, não há qualquer inconveniente em se exigir o depósito de um, e não do outro.

Levanto, como crítica a este tipo medida, o diferente impacto que o requisito provoca no universo de empregadores. Não me consta que grandes empregadores deixem de recorrer, intimidados pela exigência do depósito. Antes, embora tenham "adiantado" uma despesa ao efetuar o depósito, a postura de recorrer em todos os processos leva a que os litigantes habituais tenham este inconveniente atenuado, pois, atuando em escala, de todos os recursos interpostos, alguns deles poderão obter sucesso. Mostra-se interessante, então, recorrer em escala, ainda que tenham de antecipar o depósito. O pequeno empregador, entretanto, não raro se verá privado do recurso por *impossibilidade* material, ao não dispor de dinheiro em espécie para cumprir a exigência. Ou, mesmo dispondo de numerário, como não atua em escala, pode pensar menos vantajoso ser desde logo privado daquela importância (que lhe fará falta!), quando, em execução - e dada a realidade desta - sabe que meses, ou anos, poderão transcorrer antes da efetivação de atos de alienação. E este modo de pensar não decorre do fato de que o recurso seja meramente protelatório, ou sem chances de sucesso. Ora, por melhores que sejam as razões de um recurso, chances sempre existem de derrota: o entendimento contrário ao recorrente, por mais absurdo ou anti-jurídico que seja, já foi esposado por pelo menos um juiz, o do órgão *a quo*... Quem garante que não será reiterado? Assim, para o litigante eventual, efetuar o depósito para lançar sua sorte no julgamento de um recurso, daquele seu único processo em juízo, pode parecer desinteressante, somados ainda os custos com o seu próprio patrono. O contrário do que ocorre com o litigante habitual.

Deste modo, se visto o depósito recursal como meio de "acelerar" o procedimento, ou de evitar recursos protelatórios, a sua adoção se mostra claramente discriminatória: mais uma vez, tenta-se superar a morosidade da Justiça à custa dos pequenos litigantes que não conseguirão superar os óbices criados pela lei. E, justamente aqueles que atuam em escala, que têm centenas de processos em juízo, que mais se utilizam dos serviços judiciários, são os que não serão privados dos meios processuais existentes.

Por estas razões, escrevendo sobre o processo do trabalho, Arion Sayão Romita, embora negando ser o depósito recursal inconstitucional, reconhece que *"há, realmente, empregadores que não dispõem de meios materiais para satisfazer a exigência de depósito (empregador doméstico, profissional liberal, pequeno empreiteiro, microempresário, além de muitos que atuam na economia informal)"[97]*. E conclui o mesmo autor:

> *"A solução da controvérsia reside não na declaração genérica de inconstitucionalidade da lei, mas no afastamento da exigência de depósito quando, em cada caso, comprovada a impossibilidade de sua efetivação. A analogia com o instituto da justiça gratuita pode ser invocada (Leis ns. 1.060, de 5.2.50 e 5.584, de 26.6.70). Não se trata de assistência judiciária, mas de tratamento igual dispensado às partes que se encontram em situação igual: impende evitar que, por escassez de meios materiais, possa alguém (sendo indiferente a posição processual, autor ou réu) ser privado do acesso à justiça.[98]"*

Se a questão da inconstitucionalidade de tais medidas pode ser superada mediante interpretação razoável da norma, como feita pelo professor acima citado, nem por isso a *conveniência* da adoção destes mecanismos como meio de dar maior *efetividade* pode se mostrar presente.

Em primeiro lugar, tenho certa desconfiança na delimitação de quais sujeitos estarão dispensados de efetuar o depósito recursal. Ora, se a parte não dispusesse de recursos para fazer frente ao processo, seria beneficiada pela gratuidade processual e estaria dispensada de *todos* os encargos necessários à atuação no processo. Assim, creio que a proposta defende a dispensa de quem disponha de meios, mas não de tantos... Por esse caminho, adentramos um campo cinzento de difícil delimitação, na prática. Se para concessão da gratuidade, por vezes nos deparamos com situações controvertidas, é de se imaginar a multiplicidade de situações que poderiam justificar o pedido de dispensa do depósito recursal, *apesar de dispor de recursos*. A tendência, por isso, é a de não admitir a dispensa e, conseqüentemente, o recurso. E será à

---

97 "A questão da inconstitucionalidade do depósito para recurso no processo do trabalho", *in Revista Forense*, nº 326, p. 11.
98 Ibidem, pp. 11-12.

custa deste litigante eventual que o Judiciário estará economizando esforços...

Enfim, a inclusão de óbices à pratica de atos processuais em geral, ou ao uso de recursos, pode até diminuir a carga de trabalho dos tribunais, pode até permitir a mais rápida entrega da prestação jurisdicional em alguns processos, mas parece evidente o seu caráter excludente. De parte do litigante habitual, que é justamente quem mais se utiliza do Judiciário, será sempre mais fácil superar estes entraves, ou mais vantajoso assumir os custos para superá-los, dada a atuação em escala. Por isso, além de não representar nenhuma "simplificação" - antes torna o processo ainda mais complicado - a criação de óbices atinge desigualmente os diversos tipos de litigantes. Não se mostra, portanto, uma alternativa desejável para imprimir efetividade ao processo.

c) Simplificação.

A verdadeira via para a economia processual passa pela real simplificação do processo: a diminuição de formas, atos e recursos. Pois, como visto, se existe em tese uma faculdade processual, a sua obstrução mediante requisitos pode até ser fonte de outros recursos e questões processuais paralelas, que passam a tomar o tempo que seria gasto com a solução do próprio litígio, ou de outros litígios, além de ter caráter discriminatório.

A questão que deve ser retomada, aqui, é que por simplificar formas não significa atingir os direitos que estas formas garantem. Devemos procurar encontrar formas mais simples, mas que igualmente permitam assegurar os fins a que as formas anteriores se destinavam.

Do ponto de vista dos recursos, é notório que, enquanto houver um recurso em tese admissível, não há como abreviar o processo, ao menos de modo justo, com a criação de óbices ao recurso, já que, de acordo com as características do sistema, eles geram outro recurso. Se o número de recursos é excessivo, a solução é, evidentemente, diminuí-los, ou reduzir o âmbito de incidência de alguns deles. Se se entender que os recursos previstos na lei são todos necessários e desejáveis, e o número deles não é excessivo, talvez seja possível simplificar seu processamento. A questão da permanência ou não no sistema, de tal ou qual recurso, não me parece simples, e não envolve apenas questões jurídicas, mas também políticas[99].

Dos embargos infringentes, por exemplo, tão criticados, anota Barbosa Moreira que sua manutenção, em 1973, *"foi de certo modo surpreendente"*[100]: ausente no Anteprojeto, não incluído pela Comissão Revisora, veio a reaparecer no Projeto definitivo *"com as mesmas características que ostentava no Código anterior, sem que a respectiva Exposição de Motivos trouxesse a explicação desse giro de 180°"*[101]. Entretanto, o mesmo autor admite ter revisto sua posição original, contrária à manutenção dos embargos infringentes:

> *"Nas três primeiras edições deste livro, enunciamos conclusão desfavorável à sobrevivência dos embargos infringentes. A experiência judicante levou-me a atenuar o rigor de nossa posição. De lege ferenda, manteríamos o recurso, mas lhe restringiríamos o cabimento, excluindo-o em alguns casos, como o de divergência só no julgamento de preliminar, ou em apelação interposta contra sentença meramente terminativa, e também o de haver o tribunal confirmado (embora por maioria de votos) a sentença apelada, à semelhança do que se dava no sistema primitivo do estatuto de 1939, antes do Dec.-lei n° 8.570, de 8.1.1946"*[102].

Propondo, de outro lado, sua extinção pura e simples, coloca-se Carlos Alberto Carmona:

> *"Reitero aqui que minhas colocações e conclusões refletem uma postura inicial de pouca simpatia pelo recurso de embargos infringentes - já extirpado de há muito do próprio ordenamento português, que lhe deu origem e ausente dos sistemas europeus tão afeitos aos juízos colegiados.*

---

99 A existência de recursos não se justifica apenas por critérios jurídicos, mas também políticos, relacionados com a maior ou menor distribuição de poder entre os órgãos jurisdicionais. O quanto se quer admitir que a parte recorra, e para quem recorra, é uma questão também política.

100 *Comentários ao Código de Processo Civil*, vol. V, p. 472.

101 Idem, ibidem, p. 473.

102 Ibidem, p. 473.

"Em nome da tradição, mantiveram-se os embargos infringentes no Código de Processo de 1973; em nome do progresso e da evolução da ciência do processo, deve o recurso ser extirpado de nosso ordenamento"[103].

A redação original do Código de 1939 dispunha que *"admitir-se-ão embargos de nulidade e infringentes do julgado quando não for unânime o acórdão que, em grau de apelação, houver reformado a sentença"* (art. 833). E, como *"das decisões que impliquem a terminação do processo principal, sem lhe resolverem o mérito"* (art. 846), cabia, não apelação, mas o extinto agravo de petição, não se cogitava de embargos infringentes contra decisão terminativa.

Um dos pontos da *"nova etapa"* da Reforma processual, a ser encaminhada ao Legislativo, justamente propõe um retorno a este antigo regime dos embargos.[104]

Sem pensar ser a proposta essencialmente boa ou ruim, passando os olhos pelas recentes estatísticas do Tribunal de Justiça de São Paulo, a questão que me vem à mente é: será que os embargos infringentes são mesmo tão perniciosos, ou será que irá valer o esforço para alterá-los?

Na Seção de Direito Privado do TJSP, foram distribuídos 13.780 feitos no primeiro semestre de 1998, dos quais 8.828 apelações e 4.182 agravos, liderando, com muita folga, o *ranking*. Os embargos infringentes somaram apenas 206 distribuições, atrás, ainda, dos 216 *habeas corpus* ali impetrados. Cenário parecido se vê na Seção de Direito Público: das 15.255 distribuições, em igual período, foram 10.809 apelações, 3.737 agravos e, em terceiro lugar, os 446 embargos infringentes. No total, dos 29.035 feitos distribuídos, os embargos infringentes representaram apenas 652

---

103 "Embargos Infringentes", *in Revista do Advogado*, nº 27, p. 27.

104 O Anteprojeto nº 13, da Escola Nacional da Magistratura, propõe a seguinte redação para o artigo 530: *"Cabem embargos infringentes quando o acórdão não unânime houver reformado, em grau de apelação, a sentença de mérito, ou houver julgado procedente ação rescisória. Se o desacordo for parcial, os embargos serão restritos à matéria objeto da divergência"*. Propõe, igualmente, este anteprojeto, suprimir a possibilidade de embargos infringentes no rito sumário. Cf. também: Sálvio de Figueiredo Teixeira, "A nova etapa da reforma processual", *in Ajuris*, nº 68, p. 345.

incidências, ou 2,25% do movimento daquele tribunal durante os primeiros seis meses de 1998[105].

Assim, é de se duvidar do fato de que os resultados obtidos, em termos de "aceleração" dos processos, fossem significativos, mesmo com a abolição por completo deste recurso. De outro lado, se lembrarmos o modo como o julgamento colegiado se processa nos tribunais, vemos que o voto vencido é, via de regra, uma posição sólida de seu prolator. Sendo o julgamento realizado em sessão plenária, onde cada magistrado profere seu voto, onde podem entre si discutir a questão, não é raro ver-se ali, no momento da decisão, alguém modificar sua posição inicial, cedendo às ponderações de outro juiz, ou ao menos pedir vista dos autos, retirando o recurso da pauta, para rever a causa sob o prisma dos argumentos ali debatidos. Disto resulta que o voto vencido é um voto bastante consciente, fruto de reflexão que incidiu tanto sobre as razões da sentença apelada, do recurso e respectivas contra-razões, quanto da posição dos demais julgadores. Não vejo, portanto, muito sentido no raciocínio matemático que leva à admissão dos embargos apenas quando o julgamento por maioria modifica a sentença. Está a proposta somando os posicionamentos de primeiro e segundo grau, como se fossem fruto de idêntico estágio de reflexão sobre os contornos da causa. Ademais, pode o tribunal estar julgando por maioria questões sobre as quais a sentença de mérito não se pronunciou, como, por exemplo, a sua própria nulidade.

Considerando, por outro lado, o desconforto que gera a existência do voto vencido, trazendo para a parte leiga a sensação de que outros fossem os julgadores, por mera questão de sorte, poderia ter sido vencedora, não se vê grande prejuízo para a efetividade em dar-se outra oportunidade de julgar a causa. Fosse o volume de embargos infringentes algo expressivo - não tem sido, ao menos nas estatísticas apontadas - talvez fosse mais justificável a preocupação em modificar os contornos deste recurso.

A questão de não se admitir embargos infringentes em apelação contra sentença terminativa, porém, se justifica mais em razão de coerência com o sistema, do que para dar *efetividade* ao processo: é que, se rejeitada pelo juiz de primeiro grau a questão

---

105 Dados fornecidos pelo DEPRO, Tribunal de Justiça do Estado de São Paulo.

processual que poderia levar à extinção, cabe pelo réu a interposição de agravo, de cuja decisão não caberiam os embargos infringentes; se acolhida a questão processual, da sentença terminativa cabe apelação, embargável se decidida por maioria. Tal ambigüidade surgiu em 1973, quando a apelação tornou-se o recurso para desafiar ambas as sentenças, tanto a de mérito como a terminativa.

Já a expansão dos recursos especial e extraordinário merece uma análise mais ampla. Boa medida da interposição destes recursos decorre do nosso cipoal legislativo e da ferocidade legiferante do Estado brasileiro. Leis confusas e mal elaboradas dão justo ensejo à interposição destes recursos, cuja finalidade é a unificação do entendimento do direito federal. Sendo esta a razão da existência destes recursos, difícil é criticar sua existência: afinal, são estes recursos instrumentos para alcançar a *certeza jurídica*.

No campo dos recursos, assim, vejo pouca margem para manobra na lei processual, a fim de imprimir maior *efetividade* aos feitos, desde que não se confunda *efetividade* com *celeridade*, apenas, esquecendo-se do principal componente deste conceito, que é a realização de justiça. O que mais pode ser feito, nesta matéria, seria uma maior racionalização dos serviços judiciários, alteração da composição de tribunais, restando, como modificação propriamente processual, alguma possibilidade de simplificação - e não criação de óbices - ao seu processamento. O que se deve buscar, isto sim, é uma utilização responsável dos meios que a lei processual faculta ao litigante (entre os quais se situam os recursos), valorizando a boa-fé e reprimindo o abuso dos direitos de cunho processual, o que será desenvolvido em capítulo próprio[106].

Voltemos, então, à questão da simplificação. A verdadeira simplificação das formas, além de assegurar a todos os litigantes uma participação igualitária no processo, resulta na diminuição de questões paralelas, fazendo o processo fluir na direção da solução do pedido. Este seria, por isso, um meio de obter a *justa* economia processual. Não estaríamos afetando os *direitos* dos litigantes em participar do processo, nem, tão-pouco, criando desequilíbrios

---

106 V. Capítulo VIII.

entre as posições das partes, e dos diversos "tipos sociais" que podem figurar como parte.

Para a simplificação das formas, é necessário identificar quais formas, regras ou atos que podem ser efetivamente *abolidos*, ou *reduzidos*, ou *simplificados*. Para isso, terão que ser identificadas as finalidades a que as formas existentes se prestam (ou deveriam prestar-se) a garantir e submetê-las ambas a julgamento: a) esta finalidade é necessária? b) a forma prevista a alcança? c) é possível alcançar a mesma finalidade de outra forma, mais simples e eficaz? d) a modificação da forma, se realizada, irá nivelar ou desnivelar as possibilidades dos litigantes? Creio serem estes os requisitos para se levar adiante uma proposta de simplificação.

2. Simplificação das formas e devido processo legal.

a) Formalismo e garantia.

O processo é definido como uma relação jurídica entre autor, juiz e réu, que se desenvolve segundo um procedimento. O procedimento corresponde ao aspecto formal do processo. É inerente ao processo a existência de alguma *forma*. De alguma maneira, em alguma seqüência ordenada, as partes e o juiz haverão de se manifestar, expressando sua vontade. A forma é, portanto, um dado intrinsecamente relacionado com o processo e com o Direito Processual.

Ao longo da História, alteraram-se momentos de maior ou menor apego às formas, entendido isto como uma maior ou menor rigidez acerca do tempo e modo com que os atos processuais devam ser praticados. A este respeito, afirma Carlos Alberto Álvaro de Oliveira:

> *"A nosso parecer, porém, conquanto inegáveis os naturais e inevitáveis retrocessos, marchas e contramarchas, o fio histórico da questão aponta a um ciclo ascendente, helicoidal, de evolução, passando pelas seguintes fases: a) formalismo de caráter simbólico e religioso; b) informalismo decorrente de insuficiência técnica e de falta de consciência da sociedade civil em face do poder; c) formalismo exagerado baseado em fatores objetivos, tal*

como a corrupção dos juizes, e nos valores culturais repressivos da Idade Média; d) progressiva humanização do processo, lenta aproximação do juiz à realização da prova e ao contato direto com as partes, com gradual aumento de seus poderes; e) derrocada do formalismo excessivo, aumento dos poderes do juiz, sem esquecer os das partes, em busca de permanente diálogo e colaboração, eliminação do primado da forma, maior atenção aos fins sociais e políticos do processo"[107].

É de se notar, então, que entre o maior ou menor apego às formas, verificado no correr dos tempos, enxerga-se uma adequação do grau de formalismo aos valores da sociedade e ao grau de evolução do Direito da época.

Sobre o período das *legis actiones*, diria Gaio, séculos mais tarde, que *"todas estas ações da lei tornaram-se a pouco e pouco odiosas. Pois, dada a extrema sutileza dos antigos fundadores do direito, chegou-se à situação de, quem cometesse o menor erro, perder a causa"*[108]. Mas, se com a evolução do Direito, as formas excessivas se tornaram, assim, "odiosas", isto não quer dizer que ao tempo em que pertenciam não tinham significado para a sociedade de então, regida por um Direito ainda incipiente, que encontrava segurança no apego a formas ditadas pela crença religiosa. Igualmente, os excessos de formalismo cometidos pelo processo comum romano-canônico, se neste nosso final de milênio não trazem saudades, devem ser vistos sob o prisma da realidade em que vigoraram. E reconhece-se, naquela escalada de formalismo, não um retrocesso às formas mais livres dos últimos tempos do processo romano, mas sim uma evolução:

"Em face das condições concretas então imperantes, não se pode negar ter o processo romano-canônico ou italiano-medieval constituído verdadeiro avanço, na medida em que aperfeiçoa os meios de controle dos fundamentos de fato e de direito dos julgamentos, contribuindo além disso para estabelecer nítida separação entre o juiz e as partes e entre

---

107 *Do formalismo no Processo Civil*, pp. 11-12.
108 Gaio, IV, 30, transcrito de Alexandre Correia et. al., *Manual de Direito Romano*, vol. II, p.235.

o juiz e os sujeitos e objetos da prova, proximidade então considerada ameaçadora de sua imparcialidade"[109].

Se as formas constituem elemento inseparável do processo, importa identificar, segundo os nossos valores, em que medida são necessárias, ou em que medida passam a ser excessivas. Impera hoje a visão instrumental do processo, segundo a qual as formas se prestam a atingir fins determinados e desejados pelo sistema. Assim, distantes dos primórdios do direito processual, não encontramos hoje nenhum amor cego às formas, alimentado por crenças e misticismos, mas devemos reconhecer nelas um meio eficaz de realizar os fins a que o processo se destina, e prestigiá-las enquanto se prestem a esse ideal.

As dificuldades com que nos deparamos, nesta busca do grau razoável de formalismo, não são poucas. Se as formas se constituem em garantia da consecução dos fins do processo, da participação igualitária das partes e do limite ao arbítrio e poder desmedido do julgador, por outro lado formas em excesso obstaculizam aquela participação, dilatam o processo no tempo e, no fim, concorrem para pôr de lado o ideal de justiça.

A análise da implicação das formas (ou da ausência delas) há de considerar uma ampla variedade de aspectos, como o impacto que causam na atuação dos litigantes, as brechas que deixam ao seu mau uso, a influência que podem ter na busca da verdade, além da própria adequação destas formas ao sistema processual como um todo. Oportunas, também, as palavras de Chiovenda a esse respeito:

> *"Por consiguiente, y ante todo, la necesidad de que las formas judiciales estén dispuestas en modo que el pueblo sienta lo más posible su oportunidad y lo menos posible las limitaciones que las mismas ponen a la libertad de obrar para la defensa del derecho. Tal es el cometido singularmente grave del legislador. Se quiere, de un lado, que las formas sean pocas, simples, rápidas; se quiere, de otro lado, que no quiten nada a la amplia discusión de las razones de las partes; lo ideal está en el justo equilibrio de estas dos exigencias. Cuanto se ha escrito al respecto no es más que una variación sobre tal principio, que ya*

---

109 Carlos Alberto Álvaro de Oliveira, ob. cit., p. 25.

Clemente V expresaba así: Non sic tamen iudex litem abbreviet quin probationes necessariae et defensiones legitimae admittantur. *Pero el camino de en medio es mucho más fácil de trazar idealmente que de seguir en la realidad. Si se tratase de dictar las normas formales para cada litis singular, y de plasmar para cada una un procedimiento conforme a sus condiciones de valor, de dificultad, de personas, de distancias, el problema se reduciría a la busca del término medio entre las ventajas y los inconvenientes genéricos de la defensa judicial del derecho. Ahora bien, tratándose de formar un proceso común a todas las litis, salvo las pocas y grandes clasificaciones que son lícitas al legislador (proceso formal, sumario, comercial, pretorial y similares) el problema se agrava con la investigación de la media entre las medias, esto es, entre las formas que serían a propósito para una litis muy difícil y aquellas que convendrían a una muy simple, a una litis de alto valor y a una de poco, a una litis entre ricos y a una entre pobres, a una litis entre presentes y a una litis entre ausentes. Un término de sesenta días para la apelación puede ser demasiado para quien reside en el lugar de la litis, y puede ser poco para quien está en el extremo más distante. Sin embargo, la experiencia ha demostrado que es mejor sistema adoptar términos medios únicos, que graduarlos según las distancias; la dificultad está en la investigación de la media. Y así de cada término y de cada acto"* [110].

Necessário se faz encontrar a *dose certa de formalismo* a ser imprimida ao sistema processual, não o despindo das garantias que deve proporcionar aos litigantes, nem embaraçando excessivamente o seu curso. Mas, evidentemente, nesta tarefa não estaremos lidando com fatores matematicamente exatos e, sim, fatores cuja dimensão decorre de opções valorativas do intérprete. O quanto as formas são excessivas e, por isso, dilatam indevidamente o curso do processo, é algo que poderemos aferir apenas analisando detidamente a situação posta, e buscando compreender como aquele momento processual pode se desenvolver nas variadas situações tipo, e entre tipos diversos de

---

110 "Las formas en la defensa judicial del derecho", *in Ensayos de Derecho Procesal Civil*, trad. de Santiago Sentís Melendo, vol. II, pp. 127-128.

litigantes, sendo de se afastar qualquer compreensão utilitarista do fenômeno, na busca apenas de resultados rápidos. Como anota José Rogério Cruz e Tucci, *"somente será possível verificar a ocorrência de uma indevida dilação processual a partir da análise: a) da complexidade do assunto; b) do comportamento dos litigantes e de seus procuradores ou da acusação e da defesa no processo penal; e c) da atuação do órgão jurisdicional"*[111]. São, como se vê, amplos pontos a considerar.

b) Questões que a reforma suscita.

A partir das premissas acima, ponho-me no correr deste trabalho a considerar diversos aspectos do direito processual na busca da efetividade. Assim, os capítulos que se seguem tentam encontrar o desejável equilíbrio entre aspectos vários do fenômeno processual, normalmente ligados não apenas à forma, mas também à própria configuração dos direitos e faculdades envolvidos na relação jurídica processual.

Por ora, continuo este capítulo, aqui e nos tópicos seguintes, tratando tão-só de questões que vejo como ligadas apenas à forma.

i) A citação do réu.

Em primeiro lugar, a forma da citação merece destaque, em razão das várias normas que recentemente a modificaram. Trato a questão como "meramente formal" pois, evidentemente, não foi a intenção do legislador revogar ou restringir o direito à ampla defesa e ao contraditório, que com a citação se quer garantir, pretendendo apenas tornar mais simples, ou ágil, a prática deste ato. Entretanto, como se verá, a intenção de modificar a forma pode indiretamente culminar por diminuir a garantia de que a finalidade do ato será atingida.

De fato, um momento que aparenta ter sido visto pelo legislador como um dos "pontos de estrangulamento" é a citação do réu. Extraio esta conclusão não só pelo fato de ter-se modificado a própria citação, pela Lei nº 8.710/93, como também por se suprimir, no artigo 296, a menção de que o réu será citado

---

111 "Direito ao Processo sem dilações indevidas", *in Tempo e Processo*, p. 68.

para responder à apelação interposta contra a sentença de indeferimento da inicial. E, antes das alterações feitas no Código de Processo Civil, a nova lei de locações já previu a possibilidade de ser feita a citação mediante telex ou fac-símile, desde que autorizado expressamente pelo contrato, sendo o réu pessoa jurídica ou firma individual[112].

Ora, a citação é um dos atos de maior relevância no nosso sistema, ainda mais acentuada pelo peso que se atribui à revelia. Um pouco de formalidade, neste ato, suficiente para assegurar a real ciência do citando, não faria mal algum, sendo, pelo contrário, salutar. Trata-se de ato que se dirige à parte, *leiga* e, por vezes, de pouca cultura e possibilidades econômicas, fatores que não lhe permitem compreender plenamente a importância do ato e as conseqüências dele decorrentes, ou que em muito limitam sua ação. Daí ver com certo temor a citação postal, quando dirigida à camada mais pobre da população[113]. Quanto mais pudermos nos assegurar de que o réu não só recebeu efetivamente o ato citatório, mas compreendeu plenamente seus efeitos[114], menores seriam as desconfianças quanto ao instituto da revelia e da insuportável injustiça que ela pode ocasionar.

---

112 Lei nº 8.245/91, art. 58, IV.

113 Minha experiência na prestação de assistência jurídica à população carente é a principal fonte desta desconfiança. Muitas vezes, tive a oportunidade de verificar que o réu só "descobriu" a existência do serviço de assistência jurídica gratuita por meio de indicação do Oficial de Justiça, que lhe anotava no mandado o endereço de alguns órgãos prestadores, favor que dependia, por certo, da sensibilidade do meirinho. Entretanto, o mero fato de ser a citação entregue pelo Oficial, que lerá o mandado e, por certo, trocará algumas palavras com o citando, já é fator para atenuar a sua desigualdade social e cultural. A questão que me preocupa é: como uma pessoa analfabeta ou semi-alfabetizada compreende a citação que lhe é enviada por carta?

114 Em anteprojeto de lei para substituir a atual Lei de Assistência Judiciária, redigido pela "Mesa de Debate sobre Assistência Jurídica à População Carente", coordenada pelo Prof. Walter Piva Rodrigues e ligada ao Departamento de Direito Processual da FADUSP, que tive a oportunidade de ajudar a elaborar, sugere-se a inclusão de um requisito a mais a constar no mandado de citação: *"a informação de que o réu, se for pobre, poderá ser defendido gratuitamente por órgão prestador de assistência jurídica, constando do mandado o endereço do órgão oficial, se existir no local, ou indicações de como proceder para obter a assistência na Comarca".*

Por outro lado, se pensarmos nas causas que levam a citação a retardar o curso do processo, será fácil verificar que não decorre do formalismo da lei. Diria que talvez a principal dificuldade em realizar a citação decorre das peculiaridades da vida moderna. Nas grandes cidades, as pessoas pouco tempo passam em casa, onde seriam normalmente encontradas para serem citadas; fazem as refeições pela rua; são, por vezes, anônimos, desconhecidos dos próprios vizinhos; isto quando não se trabalha noutra localidade, ou em razão da profissão o sujeito tenha que fazer viagens constantes; com a maior popularização do turismo, por outro lado, passa-se mais tempo em viagens de férias, férias estas que, para os profissionais em geral, não coincidem necessariamente com as nossas férias forenses... Assim, se o motivo pelo qual a citação não é realizada se enquadra numa dessas possibilidades acima, diria que não nos resta outra alternativa senão tentar encontrar o réu, quantas vezes for preciso. Não há como contornar o problema satisfatoriamente com alterações legislativas; quando muito, uma estrutura mais adequada do aparato judiciário diminuirá o tempo de espera, mas não se poderá evitar as situações em que o réu simplesmente não foi encontrado no seu domicílio, porque é inerente à sua liberdade o direito de lá não permanecer, a todo tempo, a todo instante. Por isso, melhor seria se centrássemos nossos esforços para estudarmos alterações noutros pontos da lei processual, onde esta, efetivamente, seja a causa de algum atraso.

É interessante notar que as tentativas de se informalizar ou simplificar a citação não são recentes, e também não faltaram críticas aos caminhos adotados. Comenta Luiz Carlos de Azevedo que, ao tempo das Ordenações Filipinas, era costume colocar nos contratos cláusula mediante a qual, *"inadimplente a parte, a citação da ação competente se faria na pessoa do distribuidor do paço dos tabeliães ou de outro oficial"*[115], contra o que se opunham os praxistas. Ao que se vê, a prática remanesce até hoje, em alguns contratos de adesão, onde se nomeiam "procuradores" especiais para receber citação em nome do contratante aderente.

Mais recentemente, um controvertido diploma legal sobre o Sistema Financeiro da Habitação, a Lei n° 5.741/71, ao par de

---

115 *O Direito de Ser Citado*, p. 312.

inúmeros - e criticáveis[116] - "informalismos", além de dispensar a citação da esposa, quando o marido for o devedor (art. 3º, § 1º), negando-lhe antigo direito já estabelecido por lei de Afonso III, mantido nas três Ordenações portuguesas e nas subseqüentes leis processuais brasileiras até o nosso tempo[117], ainda determina a citação por meio de edital se o devedor, réu, não for encontrado na comarca onde se situa o imóvel (art. 3º, § 2º). *"Isto é, contrariando norma tradicional em nosso direito, dá-se preferência à citação ficta, que à real"*[118]

E agora, mais recentemente, implementaram-se novas reformas à citação. Em 1991, a nova lei de locações introduziu no sistema processual o uso do fac-símile, justamente para por seu intermédio realizar a citação do réu, observadas algumas condições ali previstas. Mostra-se curioso que o legislador, ao invés de estrear a novidade tecnológica para a prática de ato menos delicado - o que até hoje não se admite em nenhum texto legal pátrio - tenha justamente optado por usar o apetrecho como meio de realizar a citação. Não são poucos os problemas de uma citação por *fax*, a começar da pouca formalidade prevista na lei para sua realização. Por quem é dado enviar o *fax* citatório? Para que número telefônico? Como assegurar o recebimento? E se houver falha na transmissão, ou na recepção, e o mandado chegar ilegível ao citando?

Passados alguns anos, pouco resultado prático decorreu desta alteração. A citação por *fax*, arriscaria dizer, não obteve receptividade pela pouca regulamentação da lei a seu respeito. A falta, na lei, de algumas formas mínimas, fez com que os advogados olhassem com desconfiança para a nova modalidade de citação, receosos de que ela pudesse acarretar nulidades.

Em 1993, a citação postal foi posta em primeiro plano, pela Reforma, ampliando as hipóteses de sua admissibilidade, tornando este modo citatório a primeira opção do Código para a realização deste ato, excetuadas as ressalvas do artigo 222. A citação por carta não supera a dificuldade causada pela ausência do réu; de certo modo, é menos eficiente neste aspecto do que a

---

116 v. Carlos Alberto Álvaro de Oliveira, "Procedimento e ideologia no Direito Brasileiro atual", *in Ajuris* nº 33.

117 Luiz Carlos de Azevedo, ob. cit., nota de rodapé nº 18, p. 366.

118 Idem, ibidem. p. 366.

citação por mandado, já que o carteiro não irá insistir seguidamente, em horários diferentes, na tentativa de encontrar o citando. E, quando a carta é entregue, mas o aviso de recebimento é assinado por pessoa outra, desconhecida pelo autor, a citação se transforma num mero convite ao réu que, num ato de dignidade, comparece. Entretanto, o autor menos paciente poderá não esperar o fim do prazo para resposta, para saber se o réu irá ou não apresentar defesa, preferindo, por certo, realizar nova tentativa de citá-lo. Para o réu que tenha a intenção de fugir ou tumultuar a relação processual, a citação postal - ou qualquer forma de citação - mal completada abre-lhe as portas de um argumento razoável para deduzir em sua defesa, ainda que não-verdadeiro.

Em 1994, outro diploma legal atingiu a citação, entre outras disposições relativas ao processo de conhecimento por ele reformadas. A Lei n° 8.952/94, reformando o artigo 296 do Código, suprimiu os parágrafos que dispunham que o réu seria citado para responder à apelação interposta pelo autor contra a sentença de indeferimento liminar da inicial. A norma suscitou polêmica: seria possível processar-se e julgar-se a apelação, sem a presença do réu? Ou não teria sido este o intuito do legislador?

Doutrina respeitável põe-se a afirmar não ser mesmo necessária a citação do réu. Assim, Sérgio Bermudes:

"Antes que nela se integre o réu, por meio da citação válida, ou mediante seu comparecimento espontâneo, a relação processual é linear. Pode ser figurada como uma linha, vinculando o autor, que invoca a jurisdição, ao Estado, de quem o juiz é agente, devedor da prestação jurisdicional. Por isso, tecnicamente, a ação se propõe contra o Estado e não contra o juiz. A consciência disso tem levado certos espíritos exacerbadamente preciosistas ao exagero de romper, inutilmente, com a tradição secular, afirmando que a ação se ajuíza em face do réu, e não contra ele. A relação processual só se angulariza quando o réu nela ingressa. Indeferida, liminarmente, a inicial, antes da integração do réu ao processo e da sua conseqüente angularização, pode o autor apelar da sentença de indeferimento. Nesse caso, não se cita o réu, como determinava a anterior redação do art. 296. A citação só ocorrerá se a decisão vier a ser reformada, pelo próprio

juiz, ou pelas instâncias superiores, no sentido de que se defira a inicial (art. 285). Antes do julgamento da apelação, ou de outro recurso subseqüente (embargos infringentes, recurso especial, recurso extraordinário, embargos de divergência), o processo continua linear, sem que se chame o réu a juízo. Por isso, o parágrafo único usou o advérbio imediatamente, *significando, pelo emprego dele, que, até que se venha a deferir a petição inicial, a relação processual permanece linear.*

"A reforma da sentença de indeferimento não gera preclusão para o réu ausente do processo. Ingressando nele, o réu pode argüir qualquer das matérias do art. 295, mesmo que já tenha ocorrido anterior pronunciamento judicial sobre ela, evidentemente não vinculante dele porque não era parte"[119].

Na mesma linha, Cândido Rangel Dinamarco:

"No sistema antigo, quando interposta a apelação contra a sentença de indeferimento liminar o réu seria citado para oferecer resposta a ela e essa citação valeria para todos os atos do processo (art. 296, §§1º a 3º). Agora, suprimidos os dispositivos que assim determinavam, a apelação nesse caso processar-se-á inaudita altera parte *e assim será julgada pelo tribunal destinatário - tanto quanto fora indeferida a inicial* inaudita altera parte. *A garantia constitucional do contraditório não ficará arranhada com isso, porque nada do que ficar julgado nessa fase processual - em qualquer dos graus de jurisdição - será vinculativo ao demandado. Não fosse assim, seria lesivo aos princípios constitucionais o próprio ato de recebimento de uma inicial, feito antes de implantar-se o contraditório no processo. É claro que, quando provida a apelação e mandando o tribunal que o réu seja citado, ampla será depois a sua liberdade de repor em discussão tudo quanto antes haja sido julgado"*[120].

Ousando discordar, em minha opinião há inúmeros aspectos que não foram considerados. Em primeiro lugar, a quem

---

119 *A Reforma do Código de Processo Civil*, p. 53.
120 *A Reforma do Código de Processo Civil*, p. 79.

interessaria não citar o réu? Ao próprio autor, a quem a celeridade obtida iria, em tese, privilegiar, convém citar o réu, por razões várias. Entre os efeitos da citação encontram-se, em especial, o de interromper a prescrição, constituir o devedor em mora e tornar litigiosa a coisa (art. 219 do CPC). E interessa ao autor citar o réu para que estes efeitos se produzam desde logo. Se a prescrição puder retroagir à propositura da ação, apesar dos meses - ou anos - que se passarem até julgamento da apelação, já que a causa da delonga fora um indeferimento descabido da inicial, não será o autor prejudicado pela ausência da citação; resta, porém, o inconveniente para o réu, de ser citado tempos após o momento em que se considerou efetivada a interrupção retroativa. Quanto aos outros dois efeitos, porém, o prejuízo que a falta da citação acarretará ao autor é irremediável. As conseqüências da mora, notadamente a aplicação de juros moratórios, não se produzirão, senão dali a alguns meses - ou anos - quando a citação vier a ser realizada. E, ainda pior, não tornada litigiosa a coisa, sua eventual alienação anterior à citação não configurará fraude de execução; ou, enquanto não for citado o réu, não havendo litispendência - outro efeito produzido pela citação -, afasta-se a hipótese de fraude de execução fundada no inciso II, do artigo 593 do CPC, consoante orientação jurisprudencial dominante no Superior Tribunal de Justiça[121].

Para o réu, ainda que não se lhe imponha a preclusão, vê Antônio Cláudio da Costa Machado prejuízo ao seu direito de ser informado da existência de demanda, em que figura como tal. *"E mais, o prejuízo está na possibilidade de o réu só vir a saber que foi réu quando precisar de uma certidão negativa às vésperas de obter um financiamento, de vender um imóvel ou de concorrer a um concurso público"[122]*.

Mesmo a questão de que não se imporá a preclusão ao réu me é vista com certa desconfiança. Imaginemos um caso concreto e veremos como as coisas não soam tão simples como parecem. Assim, provida a apelação contra o indeferimento, voltam os autos a primeiro grau, e procede-se à citação do réu. E este, em preliminar de contestação, argúi exatamente a questão que levou o juiz de primeiro grau a indeferir a inicial. Ofertada a réplica, vêm

---

121 RSTJ 12/385, 53/310, 59/298, 69/436, 77/177, 89/230.
122 *A Reforma do Processo Civil Interpretada*, p. 26.

os autos à conclusão para julgamento conforme o estado do processo: como deve decidir o juiz? Bem, se é verdade que o juiz tem liberdade funcional para formar o seu convencimento, não recebendo ordens superiores, se não há preclusão daquela questão e, principalmente, se aquela alegação se coaduna com o seu pensamento - posto que com aqueles fundamentos já indeferira a inicial anteriormente - só lhe resta julgar extinto o processo sem julgamento de mérito mais uma vez! Se fizer o oposto, estará evidenciado que o julgamento superior o está influenciando, apesar de não haver, como se diz, preclusão... E, assim, a opção do legislador se mostra completamente inconveniente: melhor seria, sem dúvida, ter-se citado desde logo o réu, para que o resultado do julgamento superior, em caso de provimento do recurso do autor, lhe seja oponível. Nenhuma vantagem, portanto, se vê na medida de "simplificação".

Assim, a pretensa dispensa de citação do réu, para acompanhar a apelação contra a sentença de indeferimento, acarreta mais prejuízos ao próprio autor e ao sistema do que propicia benefícios com a suposta economia processual. E é com certo temor que vejo o legislador, apesar de tantos outros "pontos de estrangulamento" do sistema, ou de tantos outros problemas a sanar, tente seguidamente obter ganhos de produtividade sobre tentativas de simplificação do ato citatório.

ii) O novo rito do agravo de instrumento.

Uma questão que trato também como formal refere-se à mudança do processamento do recurso de agravo de instrumento. Em sucinta apresentação, as principais modificações por que passou o agravo de instrumento foram: a) o recurso passou a ser interposto diretamente no Tribunal; b) inseriu-se a possibilidade de concessão de efeito suspensivo ao recurso, por decisão singular do relator ao qual o feito será *"distribuído incontinenti"* (art. 527). A alteração indicada na letra "a", referente ao modo de processar-se o recurso, é nitidamente uma questão formal; não se modificou em nada a amplitude do recurso, ou o direito de dele se utilizar, mas apenas sua forma. Já a questão posta na letra "b", embora altere os contornos do recurso (confere um *direito* de caráter processual ao agravante de pedir a suspensão e a possibilidade de ser esta concedida), não se concedeu à parte direito não admitido pelo sistema anterior, já que se reconhecia a possibilidade de obter-se efeito suspensivo ao recurso por outras vias, como a do mandado de segurança, a da ação cautelar inominada ou, ainda, a do *habeas corpus*, nos casos de decisão que tenha decretado a prisão civil. No fundo, a questão acaba se tornando procedimental, substituindo-se uma forma (embora não prevista em lei) de se obter a suspensividade por outra.

E, mais uma vez, nítida foi a intenção do legislador de simplificar e acelerar o procedimento. Entretanto, fica a dúvida acerca do quanto se obteve de vantagem sobre o sistema anterior.

Estamos aqui tratando de um dos pontos mais controvertidos da Reforma, que recebeu tanto calorosos aplausos[123] como veementes críticas[124] por parte daqueles que se manifestaram sobre seu conteúdo. E, em minha opinião, que desenvolvo a seguir, esta mudança de processamento do agravo mostrou-se inconveniente, no mínimo, pelo fato de ter-se modificado tanto para não se obter nenhuma vantagem visível.

Tomada a idéia de simplificação, anteriormente apresentada, as modificações tornaram o rito do agravo mais dispendioso do que previam os dispositivos revogados. Basta ver que o procedimento se desenvolve paralelamente nos dois graus de jurisdição: no Tribunal, o próprio recurso; perante o juízo *a quo*, a informação de interposição a que se refere o artigo 526. Dois juízes têm, ao mesmo tempo, suas atenções voltadas para o recurso: o de primeiro grau, para estabelecer o juízo de retratação, e o de

---

123 V., p. ex., João Batista Lopes, "Julgamento pode ser acelerado", *in Tribuna do Direito*, Fev/1996, p. 22, e Paulo Roberto Lauris, "Valioso tento contra a morosidade", *in Tribuna do Direito*, Fev/1996, pp. 25-26.

124 Vicente Greco Filho diz que o novo sistema *"trará dificuldades imensas para as partes, especialmente as menos favorecidas, acentuando a desigualdade entre a parte rica e a parte pobre, para os Tribunais, juízes, Ministério Público e Advocacia Pública"*, além de considerá-lo *"um retrocesso de pelo menos quinhentos anos, vez que não é mais do que a revivescência das 'cartas diretas' do antigo direito português, anteriores às Ordenações Afonsinas ou Manuelinas (...), e que foram abolidas a fim de que pudesse o magistrado fiscalizar a formação do instrumento"* (*Comentários ao Procedimento Sumário, ao Agravo e à Ação Monitória*, p. 21). Também em tom crítico, Clito Fornaciari Jr., "O Novo Agravo: Um Retrocesso", *in Revista do Advogado*, nº 48; Antonio Cláudio da Costa Machado, "Profissionais Sofrerão Problemas", *in Tribuna do Direito*, Fev/1996, p. 19.

segundo grau, para apreciar eventual pedido de concessão de efeito suspensivo ou, ao menos, para determinar seu processamento. Antes disso, o agravante naturalmente teve que se manifestar nos dois graus. E, se considerarmos o cumprimento da exigência do artigo 526 como requisito de admissibilidade (sobre o que tratarei na seqüência), acaba sendo necessário, após informar a interposição ao juízo monocrático, comprovar no Tribunal que a informação foi feita.

De outro lado, se, porventura, houver a retratação por parte do juiz recorrido[125], terá sido inútil e dispensável toda a atividade até então desenvolvida perante o órgão de segundo grau, justamente o ponto onde o processo vem encontrando larga dilação, sendo, por isso, onde mais se deveria tentar economizar esforços. Igualmente, revogada a antiga regra contida no § 6º, do artigo 527[126], não mais se permite ao agravado, diante da retratação do juiz, solicitar a subida do agravo como recurso seu. Será necessário um outro agravo, com todos os trâmites legais a serem novamente observados.

E a economia que se teria ao suprimir o trâmite em primeiro grau não fica muito evidente: de todo modo, o andamento do feito em primeiro grau irá sofrer atrasos com a interposição do agravo, dado que terão que ser extraídas cópias de peças por ambos os litigantes e os autos haverão de estar disponíveis para isso, durante o prazo para apresentação do recurso, ou das contra-razões. Por outro lado, o trabalho burocrático de autuação, intimação do recorrido, remessa à conclusão, enfim, todo o processamento do agravo que continua sendo necessário, foi agora entregue ao Tribunal, que já tem suficiente volume de trabalho a lhe sobrecarregar.

---

125 Importa considerar que uma das tendências da Reforma - bastante conveniente, por sinal - foi de ampliar-se a possibilidade de retratação do juiz frente a decisões de cunho processual: passou a lei a admitir retratação tanto no caso de agravo retido (art. 523. § 2º), como de apelação contra sentença terminativa de indeferimento (art. 296).

126 Dizia este dispositivo: *"Não se conformando o agravado com a nova decisão, poderá requerer, dentro de 5 (cinco) dias, a remessa do instrumento ao tribunal, consignando em cartório a importância do preparo feito pela parte contrária, para ser levantado por esta, se o tribunal negar provimento ao recurso".*

Outra questão que se coloca, e com preocupação, é que o novo modo de processamento pode trazer graves embaraços à atuação do agravado, ao menos nos casos em que o feito corra originariamente em Comarca diversa da sede do Tribunal. De acordo com o sistema revogado, interposto o recurso em primeiro grau, ali eram ofertadas as razões do agravado, com acesso direto ao instrumento do recurso. Agora, interposto no Tribunal, ou o agravado se desloca até a Capital - hipótese cruel e insana -, ou, como o novo sistema aparentemente quis estabelecer, fará a contra-minuta e escolherá cópias a extrair baseado na informação prestada pelo agravante, por força do disposto no artigo 526.

Porém, opiniões respeitáveis são vistas no sentido de que a inobservância da determinação do artigo 526 não importa em indeferimento do agravo[127]. E a jurisprudência dos tribunais paulistas acerca da questão tem sido oscilante[128]. Aliás, realmente, na letra da lei inexiste qualquer sanção para a não apresentação da petição ali prevista, ou para a apresentação defeituosa ou inverdadeira. Todavia, a interpretação do texto há de ser feita de modo razoável, e não com excessivo apego à literalidade (ou à falta dela). E o aspecto mais relevante desta informação prestada pelo agravante nos autos principais é, sem dúvida, informar suficientemente o agravado não só da interposição do recurso, mas, principalmente, do teor deste e dos documentos que já integram o instrumento. Por isso, especialmente no caso de correr o feito em

---

127 Neste sentido: Cândido Rangel Dinamarco, *A Reforma do Código de Processo Civil*, p. 288; Nelson Nery Jr., *Atualidades sobre o Processo Civil*, p. 161; Boris Padron Kauffmann, "Os Novos Agravos", *in Revista do Advogado*, n° 46, pp. 11-12. Entendendo como requisito de admissibilidade, pois o ato se destina a permitir a resposta do agravado, Vicente Greco Filho, *Comentários ao Procedimento Sumário, ao Agravo e à Ação Monitória*, p. 34; J. E. Carreira Alvin, *Novo Agravo*, p. 103; Athos Gusmão Carneiro, *O Novo Recurso de Agravo e Outros Estudos*, p. 46; Clito Fornaciari Jr., "O Novo Agravo: um Retrocesso", *in Revista do Advogado*, n° 46, p. 17.

128 No Tribunal de Justiça, vê-se julgado conhecendo do agravo, apesar do não cumprimento do disposto no artigo 526, em JTJ 192/233. No 1° TACSP, no mesmo sentido, JTACSP 164/32; no 2° TACSP, JTACSP 164/325. Entretanto, no 2° TACSP, há reiterados julgados não admitindo o agravo se não cumprida a determinação do artigo 526, conforme ementário divulgado em JTACSP 161/588; cite-se também, não admitindo o agravo, no 1° TACSP, JTACSP 165/74, e no 2° TACSP, JTACSP 164/345, 164/348.

comarca diversa da que é sede do Tribunal, impõe-se que o agravante informe nos autos a interposição do recurso, anexando uma cópia das razões, bem como as cópias de documentos que, não constantes dos autos principais, tenha porventura juntado ao agravo.

Outra questão de difícil solução poderá ocorrer se o agravante, maliciosamente, prestar nos autos informações incompletas ou distorcidas acerca do agravo interposto (p.ex., omitir documento não constante dos autos que tenha juntado, ou informar a juntada de documentos que não tenha incluído no recurso e que interessem à parte contrária, que de boa-fé deixará de anexá-los à contra-minuta). Não nos parece difícil que isso passe despercebido pelos dois órgãos jurisdicionais e pela parte contrária, caso o feito corra em comarca distante da Capital. Sem dúvida, considerar-se-ia litigante ímprobo o agravante que assim procedesse. Mas, e se a decisão do Tribunal já precluiu? Ou, pior, extinguiu o processo sem julgamento de mérito, transitando em julgado?

A única razão positiva que veríamos para a mudança do modo de interposição seria facilitar a concessão de efeito suspensivo ao agravo[129]. Assim, não mais se mostraria necessária a interposição de outra ação para o fim de atribuir-se o efeito suspensivo a recurso que não o tenha[130]. Duas objeções, porém, podem ser levantadas.

---

129 Assinalo aqui que a possibilidade de efeito suspensivo ao agravo é bastante oportuna e importante no sentido de equilibrar-se o sistema, na medida em que foi inserida a possibilidade de antecipação de tutela. Disto, tratarei com maior amplitude no Capítulo VI.

130 De acordo com o novo teor do artigo 558, parágrafo único, do CPC, alterado pela Lei nº 9.139/96, foi intenção do legislador permitir ao relator outorgar efeito suspensivo também às apelações que não o tenham. A norma é de difícil aplicação prática, ao menos enquanto se espere dela um resultado útil. O próprio processamento da apelação, interposta em primeiro grau, já tornaria duvidoso que o recurso chegasse às mãos do relator a tempo de evitar o dano que a sentença pudesse causar ao apelante. E isso é mera consequência do modo como o recurso é processado, independentemente de se inserir no problema a variável morosidade. Computado, então, o largo tempo em que o recurso espera distribuição ao relator, dificilmente haverá aplicação útil do texto legal em questão.

Por primeiro, não se mostra razoável modificar toda a sistemática de um recurso tendo em vista as exceções, e não a regra. Por que modificar o processamento de todos os recursos desta espécie, apenas para propiciar melhor desenvolvimento àqueles poucos em que se pediria efeito suspensivo? Ou, por que não manter o recurso como estava, para as hipóteses normais, criando-se mecanismo para pleitear o efeito suspensivo diretamente no Tribunal, nos casos em que a parte assim pretender? De fato, soa-me muito mais simples prever um pedido de suspensão encaminhado ao Tribunal, sem natureza de ação, mas como uma faculdade inerente ao próprio recurso. Aproveitaríamos toda a experiência procedimental amealhada com o longo uso do mandado de segurança, ao par de simplificarmos - e "legalizarmos" - a via.

Um segundo ponto a ser levantado diz respeito à menor efetividade que o novo sistema propiciou, em termos de obter-se a suspensão da decisão recorrida. Ao atribuir ao relator a função de suspender os efeitos da decisão agravada, postergou-se no tempo essa concessão. Melhor teria feito o legislador se tivesse remetido aos regimentos dos Tribunais a incumbência de definir a competência para o ato. A causa do problema é simples e visível: os juízes de segundo grau normalmente não comparecem diariamente à sede do Tribunal. Disto resulta que podem se passar dias, até que o recurso distribuído chegue às mãos do relator. Ao menos, isto é o que se tem visto na prática da advocacia. Pelo sistema anterior, competindo à Vice-Presidência dos tribunais apreciar eventuais pedidos liminares em mandados de segurança, a decisão sobre a concessão de efeito suspensivo era proferida no mesmo dia da interposição do *writ*, em questão de horas.

Muitos desses problemas acima apontados, sem dúvida, poderão ser solucionados com o tempo, pela jurisprudência. De todo modo, mantenho a minha posição de crítica à nova forma de interposição do agravo[131], pois, no mínimo, a utilidade da construção não compensou o imenso volume de terra removido.

---

131 Houve, sim, pontos positivos na reforma, como a possibilidade de concessão de efeito suspensivo independentemente de outra ação (embora pudesse o legislador tê-lo feito de modo mais simples, como dito no texto), ou de interposição oral, em audiência, do agravo retido (art. 523, §3°). Entretanto, o aspecto mais marcante desta reforma foi o modo de interposição.

3. A simplificação em uma visão global. Economia processual.

Uma questão que merece alguma atenção, quando se pensa em simplificar o processo e propiciar economia processual, consiste em visualizar estes princípios de um ponto de vista geral, considerando como um todo o volume de processos trazidos a juízo, e não apenas um único litígio, isoladamente. Ou seja, ao suprimir alguma possibilidade das partes no processo, ou algum ato processual, ou a possibilidade de cumulação objetiva ou subjetiva, é evidente que o processo em que tais supressões ocorrerão poderá se tornar mais simples e, teoricamente, mais célere. Entretanto, é necessário considerar em que medida estas supressões, de um ponto de vista geral, não irão acarretar outras demandas, ou outros incidentes processuais, de modo a exigir mais serviço por parte dos órgãos jurisdicionais, ou mesmo para as próprias partes envolvidas.

Pensar em obter economia processual, tendo em vista uma única causa isolada, incide no equívoco de não considerar que, na vida, e no plano do direito material, as relações não são tão simples. Daí, a economia obtida num único processo pode não diminuir a carga de serviço do Poder Judiciário, ou, pior, nem mesmo irá facilitar para as próprias partes, que terão que ajuizar outras demandas, ou valer-se de outros expedientes processuais, para atingirem a satisfação esperada.

Neste sentido, já anotava Chiovenda, ao discorrer sobre a economia processual:

> *"Sem embargo, enumeram-se alguns princípios que se podem qualificar de gerais mesmo no sentido de que são comuns a todas as leis modernas. Ei-los:*
>
> ....
>
> *"B) O princípio da economia dos processos, que mais não é que a aplicação do princípio do menor esforço à atividade jurisdicional, e não só em cada processo, mas igualmente em referência a vários processos relacionados entre si: importa obter o máximo de resultado na atuação*

da lei com o mínimo emprego possível de atividade processual"[132].

Daí, alguns pontos merecem ser considerados. Se a relação de direito material se apresenta complexa, esta complexidade há de refletir-se necessariamente no processo, que é o instrumento para realização do direito material. Isto evidentemente implica haver, *neste* processo em que a relação mais complexa foi deduzida, mais atos processuais, mais pedidos, mais sujeitos, mais atividade processual, enfim. A economia processual não será sentida neste processo, que poderá se estender por mais tempo do que a média, ou demandar mais esforços das partes e do juiz, mas ocorrerá numa perspectiva macroscópica, ao evitar o ajuizamento de outra, ou outras, demandas.

Ademais, se a relação de direito material é particularmente complexa, refletindo em outros sujeitos, ou envolvendo vários direitos entre as partes, não há porque equipará-la processualmente a situações mais simples e pretender que o processo assim o seja, como a média dos demais processos. Não se vê sentido em proibir que o processo espelhe a relação de direito material, em nome de uma pretensa celeridade.

Assim vistas a economia processual e a idéia de "simplificação", teço as seguintes considerações quanto a algumas das orientações recentes do nosso legislador:

a) Adição de pedidos à inicial. Era bastante inoportuna, além de desnecessária, a disposição original do artigo 294, do Código. Dizia: *"quando o autor houver omitido, na petição inicial, pedido que lhe era lícito fazer, só por ação distinta poderá formulá-lo".* Tratava-se de regra extremamente formal e desprovida de finalidade, copiada do Código de 1939, que a trazia no seu artigo 157. Afinal, enquanto não citado o réu, qual a razão de se proibir o autor de formular cumulativamente outros pedidos mais, já que pode fazê-lo em ação autônoma? Além disso, o dispositivo, mais adequado aos nossos sistemas processuais anteriores[133], chocava-se logicamente com o disposto no artigo

---

132 *Instituições de Direito Processual Civil*, vol. 1, p. 100.
133 No Código do Estado de São Paulo, encontrávamos a regra no artigo 209: *"A inicial só poderá ser alterada na substância, mediante nova citação do réu, antes de proposta a ação".* Mas, naquela época, a propositura da

264, que já admitia, a *contrario sensu*, modificação do pedido ou da causa de pedir até ser citado o réu. As razões para permitir-se modificação, mas não adição do pedido, eram duvidosas:

> *"Lopes da Costa estranhou a contradição, negando-se o simples aditamento, ainda quando com o consentimento do réu, e permitindo-se a mudança, que é muito mais se nisto ele consente. Suas palavras valem para o dispositivo atual, que não afastou a controvérsia, mantendo a disciplina anterior.*
>
> ....
>
> *"A rigor, não entendemos, como não o entendia Lopes da Costa, a diversidade de tratamento. Admitir-se a mudança, aquiescendo o réu, não se permitir o aditamento, nem mesmo nessas circunstâncias. Mas a lei está posta e cumpra-se a lei"[134].*

Quando, então, se pensa na questão sob o prisma da economia processual geral, o dispositivo original do Código de 73 poderia levar à multiplicação desnecessária de demandas em separado, a tomar tempo e esforços das partes e do órgão jurisdicional, sem servir como proteção de qualquer das garantias processuais das partes. E diga-se que aditar alguns pedidos mais à inicial envolverá pouquíssima atividade adicional do Judiciário, ou do autor. Proibição inútil, foi bem removida pela Lei nº 8.718/93.

---

ação se dava na audiência, para a qual o réu fora previamente citado a comparecer, como aliás, se pode extrair do artigo 220 daquele mesmo diploma: *"Instaura-se a instância pelo comparecimento das partes em juízo".* Após esta audiência, proposta a ação, não mais se modificava a inicial. É certo, então, que mesmo depois de citado o réu, mas antes da audiência, o autor podia modificá-la. Antes, ainda, dizia Paula Baptista que *"até a contestação da lide se pode addir o libello"* (*Compendio de Theoria e Pratica*, p. 128), possibilidade existente nas Ordenações Filipinas (L. III, T. 20, § 7 e 8), que permitia ao autor modificar o libelo indefinidamente, desde que ao réu fosse dado novo prazo para "se aconselhar e responder ao acrescentado", resposta esta que só viria noutra audiência, após o dito prazo. Em 1939, todavia, o legislador estabeleceu a proibição de adição de pedidos à inicial, embora o réu só viesse a ser citado posteriormente, regra que foi trasladada para o novo Código, em 1973.

134 J. J. Calmon de Passos, *Comentários ao Código de Processo Civil*, vol. III, p. 260.

Não se tratava, evidentemente, de grave problema a afetar a efetividade do processo, até porque, interpretações razoáveis da norma não a faziam assim tão restritiva[135]. A alteração, de qualquer modo, serve de exemplo para demonstrar uma das muitas pequenas alterações que é possível fazer na lei processual, a fim de verdadeiramente simplificar as formas e remover óbices.

b) *Possibilidade de transação sobre tema diverso do que trata a lide*. A Lei nº 8.953/94 admitiu expressamente que o juiz possa homologar transação envolvendo direitos outros, que não pedidos na inicial. Assim, o inciso III, do artigo 584 do Código, passou a enumerar o seguinte título executivo judicial: *"a sentença homologatória de laudo arbitral, de conciliação ou de transação, ainda que esta não verse questão posta em Juízo"*.

A vinculação entre sentença e demanda tem sua razão de ser como garantia das partes de que o poder jurisdicional não será exercido fora dos limites em que a causa foi posta, impondo solução a questão que não foi postulada em juízo, e sobre a qual os litigantes não se manifestaram adequadamente. Não se justifica invocar este preceito para impedir que o juiz homologue a vontade das partes, mesmo que incidindo sobre aspecto diverso da *res in iudicium deducta*.

Considero que a nova norma, trazida em 1994, não criou esta possibilidade, mas apenas tornou-a texto explícito no corpo do artigo 584, III, vindo à luz com o claro propósito de espancar posições formalistas de quem entendia o contrário.

As vantagens de permitir-se esta homologação, no que tange à economia processual, são evidentes. De um lado, soluciona-se, com uma única sentença, diversos conflitos, já existentes ou latentes. De outro, é possível que tal transação só seja vantajosa para as partes se envolver as questões não postas em juízo, de modo que transacionar apenas quanto ao pedido pode ser

---

135 Assim, por exemplo, em JTJ 149/138:
INDENIZAÇÃO - Responsabilidade civil - Danos emergentes e lucros cessantes - Parcelas relativas à mesma relação jurídica - Impossibilidade de serem reclamadas sucessivamente em ações distintas - Interpretação do artigo 294 do Código de Processo Civil - Recurso provido. A ação distinta, da qual cuida o artigo 294 do Código de Processo Civil é a que contenha outro pedido e, por isso, com título ou fato constitutivo diverso do que serviu de fundamento à ação anterior.

desinteressante; assim, não admitir a homologação das demais questões pode até impedir que a transação se realize, atentando não só contra a economia processual mas principalmente contra a finalidade de pacificação do processo civil.

Além do mais, sendo a pacificação uma das finalidades do processo, mais ainda se mostra relevante admitir a homologação de acordos firmados entre as partes, ainda que completamente alheios ao pedido formulado. Com praticamente nenhum esforço adicional, homologa-se a solução de conflitos já pendentes, ou que possam afligir as partes no futuro, aclarando-se os direitos e obrigações existentes entre elas.

Infelizmente, por causa das sucessivas modificações, o texto do artigo 584, III, acabou perdendo a novidade: ao dar nova forma à arbitragem, a Lei nº 9.307/96, tendo como parâmetro a redação original, atribuiu-lhe o seguinte texto: *"a sentença arbitral e a sentença homologatória de transação ou de conciliação"*. Como afirmado acima, a possibilidade de homologar-se questões diversas das que foram postas em juízo não nasceu com a nova redação a este dispositivo, dada pela Lei nº 8.953/94. Não existe vedação a que isto se faça, mas apenas a que o juiz imponha decisão sua sobre algo que não tenha sido pedido. Ademais, a transação é fato que ocorre no plano do direito material, não estando vinculada aos limites do pedido, nem dependendo de processo pendente; havendo processo pendente, que possa ser encerrado com a transação efetuada pelas partes, não há que se opor o fato de ser a transação mais ampla, ou diversa, da questão posta em juízo.

c) Despejo por falta de pagamento cumulado com cobrança. Esta inovação foi introduzida no sistema pela Lei nº 8.245/91[136], que regula a locação predial urbana. Até então, sendo o locatário despejado por falta de pagamento, ou mesmo que abandonasse o imóvel no curso da ação, esta atingia sua única finalidade, que era a restituição da coisa ao locador. Quisesse ele cobrar a dívida, teria que mover ação distinta. A proibição em nada se justificava; antes, até pela conexão que existe entre os pedidos, tudo aconselhava a possibilidade de cumulação, o que também propicia inegável economia.

---

136 Artigo 62, inciso I.

d)Delimitação do pedido e da defesa, nos procedimentos definidos na lei de locações. Uma orientação, que com clareza se pode perceber na Lei nº 8.245/91, apontou no sentido de exigir das partes uma precisa delimitação dos valores sobre os quais litigam. Assim, quanto ao pedido de despejo por falta de pagamento, deve *"ser apresentado, com a inicial, cálculo discriminado do valor do débito"* (artigo 62, inciso I); para a consignação em pagamento, deve a inicial *"especificar os aluguéis e acessórios da locação com indicação dos respectivos valores"* (artigo 67, inciso I); quanto à *"ação revisional de aluguel"*, exige-se que a petição inicial indique *"o valor do aluguel cuja fixação é pretendida"* (artigo 68, inciso I); por fim, na *"ação renovatória"*, a inicial deverá conter *"indicação clara e precisa das condições oferecidas para a renovação da locação"* (artigo 71, inciso IV), e o réu, se impugnar este ponto, *"deverá apresentar, em contra proposta, as condições de locação que repute compatíveis com o valor locativo real e atual do imóvel"* (artigo 72, § 1º).

Todas estas regras aumentam o formalismo, no que toca aos requisitos da petição inicial, ou da defesa. Entretanto, são exemplos claros de momentos processuais onde o maior rigor formal é certamente bem-vindo, podendo até, paradoxalmente, contribuir para a simplificação.

Entendo que as disposições acima destacadas são, no fundo, o desdobramento lógico e necessário do preceito contido no artigo 286, do Código, que determina seja o pedido *"certo ou determinado"*, expressão que a doutrina compreende por "certo e determinado"[137]. Ou, no que tange à exigência do artigo 72, § 1º, da lei de locações, trata-se de conseqüência decorrente do princípio da eventualidade, previsto no artigo 300, do CPC. No fundo, a margem que a lei dá ao autor para formular pedido ilíquido - ou genérico, como diz o artigo 286 do Código - está restrita a situações em que lhe seja praticamente impossível delimitar o direito de que se entende titular. As ressalvas dos três incisos do artigo 286 apontam também para esta idéia de impossibilidade na formulação do pedido determinado. Esta é, a meu ver, a melhor

---

137 J. J. Calmon de Passos, *Comentários ao Código de Processo Civil*, vol. III, p. 220; Vicente Greco Filho, *Direito Processual Civil Brasileiro*, 2º vol., p.113; Humberto Theodoro Junior, *Curso de Direito Processual Civil*, vol. I, p. 362.

interpretação para este requisito do pedido, que a lei de locações fez questão de tornar explícita para os procedimentos que regula: sendo impossível, ou muito difícil para a parte definir precisamente os limites do que pede, a exigência formal se constituiria em óbice intransponível ao exercício da ação; mas, não sendo assim, a delimitação do pedido é de todo salutar.

No mínimo, esta maior exigência formal ao início da lide irá contribuir para simplificar o seu desenvolvimento, e apenas sobre este aspecto irei aqui discorrer, por pertinente ao tema ora enfocado[138].

De um lado, parece evidente que a precisa delimitação dos limites do litígio durante a fase postulatória irá contribuir para a fluência do procedimento nas fases seguintes, em especial no que se refere às provas a serem produzidas. Ademais, nestas circunstâncias, é de se esperar a prolação de sentença líquida, a evitar que a solução final se postergue com a necessidade de ulterior liquidação por artigos. Igualmente, a postura por vezes adotada pelo Judiciário, de proferir-se sentenças ilíquidas, é de todo inoportuna. Convencido da existência do direito pleiteado, mas não do *quantum* que representa, entendo que deveria o juiz converter o julgamento em diligência, estendendo a fase instrutória, ao invés de proferir sentença ilíquida[139]. A sentença de primeiro grau, sim, será adiada. Mas a solução final do litígio, e os esforços totais a serem despendidos pelas partes e pelo Judiciário serão evidentemente menores, sem a necessidade de liquidação autônoma. Um outro inconveniente a considerar é que, com o

---

138 A principal razão para se exigir pedidos líquidos está em limitar a atividade jurisdicional; os limites do pedido representam, para o réu, a garantia de que não será constrangido a nada além do que consta da petição inicial. Num segundo momento, pedidos líquidos e impugnações precisas a estes pedidos são exigências de uma atuação processual responsável e permitem definir exatamente quem deu causa à demanda, principalmente em casos de procedência parcial.

139 *"COBRANÇA - Pedido líquido - Apuração relegada para a execução - Possibilidade, quando o Juiz não estiver convencido do montante pretendido - Nulidade da sentença inocorrente - Preliminar rejeitada."* (JTJ 135/221). Ressalto que a crítica feita se dirige aos juízes de primeiro grau que assim procedem. Ao tribunal, evidentemente, não resta outra alternativa que não convalidar a decisão, posto que anulá-la iria causar prejuízos e delongas ainda maiores.

passar do tempo, mais poderá ser difícil produzir provas a respeito do *quantum* a fim de realizar a liquidação da condenação.

Vista, então, a economia processual nesta perspectiva mais ampla, pedidos líquidos e sentenças igualmente líquidas são fatores que contribuem para alcançá-la, seja para precisar o objeto da prova, seja para evitar posterior processo de liquidação, sendo, neste caso, de todo desejável que as partes e o juiz se valham dos esforços possíveis para encerrar o processo de conhecimento com condenação líquida.

e) Proibição de intervenção de terceiros no rito sumário. A proibição do artigo 280, I, introduzida pela Lei nº 9.245/95, tem o claro propósito de tornar o rito sumário mais célere. A este respeito, Athos Gusmão Carneiro escreveu que:

> *"A intervenção de terceiros constituiu motivo outro, e freqüente, de procrastinação extrema dos procedimentos ditos 'sumaríssimos'.*
>
> *"Não pela assistência, cabível, aliás, em 'qualquer dos tipos de procedimento' - art. 50, parágrafo único; nem pela oposição, nomeação à autoria ou chamamento ao processo, de uso forense mui restrito; mas sim pela denunciação da lide, muito utilizada nas ações de reparação de danos decorrentes de acidentes de trânsito, quer usada corretamente (v.g., caso de denunciação da lide, pelo réu, à sua seguradora), quer quando utilizada incorretamente, por exemplo, nas hipóteses em que o demandado equivocadamente postula a citação de outro motorista, ao qual imputa a verdadeira causação do evento danoso"[140].*

Em verdade, a citada modificação é e foi alvo de críticas. Pensada a economia processual de um modo amplo, o ganho de algumas semanas no procedimento sumário - tempo que ordinariamente se perderia para citar o denunciado e realizar nova audiência - não será nem minimamente compensado com o tempo e esforço que serão utilizados com uma outra demanda autônoma, contra o garante. A própria economia e celeridade que se buscou

---

140 *Do Rito Sumário na Reforma do CPC*, pp. 16-17.

alcançar com a nova medida já são, em si, de questionável verificação.

Mas a pior crítica que pode ser feita ao dispositivo reside em que se optou por dar celeridade ao feito à custa do direito do réu de ter solução concomitante - e coerente - com a da ação principal. Sobra para o réu o risco de perder a segunda causa, por fundamentos que o teriam feito vencer a primeira. Trata-se, pois, de regra que parte do ponto de vista do autor, como se só a ele o processo interessasse. Afinal, se como disse o ilustre Ministro aposentado do STJ, a denunciação da lide vinha sendo muito utilizada, e "corretamente"[141], isto denota a utilidade do instituto para o sistema processual.

É de se ver que, mesmo *contra legem*, alguns julgados vêm admitindo a denunciação da lide no rito sumário[142], o que

---

141 Não me parece relevante a questão, se era correto ou incorreto o uso que se fazia da denunciação da lide, para fundamentar a reforma feita. Se assim fosse, seria o caso de banir de vez a denunciação da lide, ou qualquer outro instituto processual que, por sua dificuldade, ou por desconhecimento, ou má formação dos profissionais do Direito, sejam inadequadamente utilizados. Se, por outro lado, for constatado claro abuso no uso de alguns instrumento processual, a solução não é, igualmente, retirá-lo do sistema, mas aplicar à parte faltosa a correspondente sanção por litigância de má-fé.

142 *"DENUNCIAÇÃO DA LIDE - Responsabilidade civil - Acidente de trânsito. Culpa exclusiva do preposto da empresa denunciada reconhecida, bem como sua obrigação, derivada da lei, em indenizar a requerida, em ação regressiva de seu eventual prejuízo. Denunciação deferida, inadmitido, todavia, o chamamento de sua seguradora, em se tratando de ação submetida ao rito sumário. Artigo 280, inciso I do Código de Processo Civil, com a redação dada pela Lei nº 9.245/95. Decisão mantida"* (1º TACIVIL - 4ª Câm.; Ag. de Instr. nº 706.916 -1- Bragança Paulista; Rel. Juiz Gomes Corrêa; j. 13.11.1996; v.u.; ementa) (Publicado no *Boletim da AASP*, nº 2.024 - ementário).
"RESPONSABILIDADE CIVIL - Acidente de trânsito. Indeferimento da denunciação da lide à seguradora com a conversão do feito de sumário para ordinário. Admissibilidade. Exegese do artigo 282, I, em consonância com o artigo 277, §§ 4º e 5º, ambos do CPC. Recurso provido" (1º TACIVIL - 10ª Câm.; Ag. de Instr. nº 735.462-3-Limeira; Rel. Juiz Antonio de Pádua Ferraz Nogueira; j. 22.04.1997; maioria de votos) (Publicado no *Boletim da AASP*, nº 2.034).
Em sentido contrário:
"DENUNCIAÇÃO DA LIDE - Procedimento sumário - Inadmissibilidade - Inteligência do artigo 280 do CPC, com redação dada pela Lei nº 9.245/95 - Extinção da lide secundária - Aplicação dos artigos 267, VI, e

demonstra que a proibição, ao contrário do que se propunha a fazer, acabou gerando mais questões processuais para serem decididas pela Justiça.

Sem desafiar a determinação legal, Vicente Greco Filho propõe solução intermediária para permitir-se a intervenção de terceiro, ou outro dos incidentes vedados pelo inciso I, do artigo 280:

> *"Coerente com a idéia de sumariedade, o dispositivo proíbe incidentes que possam tornar o procedimento complexo, incompatível com a concentração. Mas e se, aventada a possibilidade de um dos incidentes proibidos, entender o juiz ser ele* absolutamente indispensável *à justa solução do litígio específico entre as partes? Cremos que a solução é o juiz converter o procedimento em ordinário, porque a complexidade a que se refere o art. 277, §5°, pode não ser somente a da prova técnica.*[143]*"*

Um ponto a mais merece destaque, neste tópico. Certamente, e arrisco dizê-lo sem dispor de estatísticas, um dos casos mais freqüentes de intervenção de terceiros no processo civil deveria ser a denunciação da lide à seguradora, em ações envolvendo pedido de indenização por acidente de trânsito. O acidente de trânsito é fato cotidiano, assim também o processo para cobrar os danos por ele causados; e, sendo o réu segurado, lá estava a hipótese mais nítida de cabimento da denunciação, pelo inciso III, do artigo 70. Mas estas ações seguem rito sumário, independentemente do valor, daí ter a modificação suprimido a

---

295, III, também do CPC - A partir da Lei n° 9.245/95, que deu nova redação ao artigo 280 do CPC, não mais se admite, no procedimento sumário, a intervenção de terceiro, salvo assistência e recurso de terceiro prejudicado. Uma vez deferida a denunciação da lide, apesar de vedada, o pedido formulado e acolhido será considerado juridicamente impossível, acarretando a extinção da lide secundária sem apreciação do mérito, com fundamento nos artigos 267, VI, e 295, III, do CPC, invertendo-se os ônus da sucumbência alusivos à denunciação" (1° TACIVIL - 5ª Câm. Esp.; Ap. n° 708.490-0-SP; Rel. Juiz Nivaldo Balzano; j. 15.01.1997; v.u.; ementa) (Publicado no *Boletim da AASP*, n° 2.023 - ementário).

143 *Comentários ao Procedimento Sumário, ao Agravo e à Ação Monitória*, p. 15.

oportunidade do segurado em, no mesmo processo, haver o reembolso do que pagou.

Ora, a norma gerou um grave desequilíbrio para o réu que, em não podendo denunciar a lide à seguradora, se verá na incômoda situação de ter que se voltar em ação regressiva posterior, e após ter pago por si a indenização imposta pela sentença. Sem querer, pensando em dar maior celeridade ao sofrível procedimento sumaríssimo, como era chamado, a nova norma beneficiou de modo reflexo grandes litigantes habituais, em detrimento do consumidor de seguros. Numa tentativa de reparo, novas propostas caminham por abrir as portas da denunciação ao menos para este caso clássico, dando-se ao inciso I, do artigo 280, a seguinte redação:

> *"I – não serão admissíveis embargos infringentes, ação declaratória inci-dental, nem intervenção de terceiros, salvo assistência, recurso de terceiro prejudicado e denunciação da lide fundada em contrato de seguro;[144] "*

De qualquer modo, apesar de apresentada solução para o problema mais crítico, que era este da denunciação à seguradora em ação de indenização por acidente de veículos, resta a nítida impressão de que a necessidade de demandar o terceiro em ação autônoma não propiciará nenhuma economia do ponto de vista geral, além de semear os riscos de decisões contraditórias, talvez uma das principais razões de institutos como a denunciação da lide e o chamamento ao processo.

No mais, a nomeação à autoria, à parte o fato de ser intentada raríssimas vezes em seu sentido correto, é instituto claramente voltado para permitir o *aproveitamento* de processo em que o réu seja parte ilegítima, substituindo-o pelo nomeado. Onde está a economia, aqui, ao proibi-la?

---

144 Sálvio de Figueiredo Teixeira, "A nova etapa da reforma processual", *in Ajuris*, nº 68. O Anteprojeto nº 13, da Escola Nacional da Magistratura, revogando o disposto nos incisos II e III do atual artigo 280, propõe a ele o seguinte texto: *"No procedimento sumário não são admissíveis os embargos infringentes, a ação declaratória incidental e a intervenção de terceiros, salvo a assistência, o recurso de terceiro prejudicado e a intervenção fundada em contrato de seguro".*

Já a oposição, esta tem mais ares de uma ação distribuída por conexão do que propriamente uma intervenção de terceiros. Se esta é proibida, aquela não o é...

Um outro componente que se soma ao quadro é que as propostas que se apresentam em continuidade da reforma pretendem elevar a incidência do procedimento sumário para causas de até quarenta salários mínimos[145]. Serão mais réus que ficarão privados do direito a uma adequada solução da lide, com a denunciação do garante ou o chamamento do devedor solidário.

Feitas estas considerações, mostra-se profundamente questionável a economia obtida mediante a novidade da proibição de intervenção no rito sumário.

4. O efeito de algumas pequenas simplificações.

As formas processuais não são fins em si mesmas, mas sim se prestam a assegurar algum resultado esperado, uma vez que sejam empregadas. Por isso, ao se pensar em reduzir as formas do processo, para torná-lo mais simples, necessário se faz verificar em que medida estas formas são instrumentos mais ou menos indispensáveis para o alcance da finalidade pretendida. Há, no processo, regras formais cuja finalidade prática se perdeu, há muito, conforme o sistema experimentou evolução, mas que continuam - ou continuavam - mantidas no texto legal. Há, por outro lado, formas de extrema importância, seja para assegurar o equilíbrio entre os litigantes, seja para assegurar a imparcialidade do julgador, ou para não permitir que o legítimo uso do poder estatal se transforme em arbítrio.

Feitas estas considerações, acredito ser possível localizar formas que possam ser suprimidas sem causar grande impacto; e emprego o vocábulo "impacto", aqui, em duplo sentido: nem implicarão em grande esforço para sua assimilação, por parte dos operadores do direito, nem serão motivo para alarde. Mudanças pequenas, silenciosas, mas que, no conjunto, tornem o processo mais simples.

---

145 De acordo com o Anteprojeto nº 13, da Escola Nacional da Magistratura.
    V. também, Sálvio de Figueiredo Teixeira, ob. cit.

Neste aspecto, muito contribuiu a reforma processual, mas, ao que parece, estas normas de simplificação ficaram à sombra, diante dos holofotes que se focaram sobre as maiores novidades trazidas pelas recentes leis.

Cito, aqui, como exemplos destas modificações simplificadoras, a dispensa de compromisso pelo perito[146], a dispensa de reconhecimento de firma na procuração "ad judicia"[147], a desnecessidade de conclusão dos autos ao juiz para a prática de atos "meramente ordinatórios"[148], ou o fim da audiência prévia de justificação, no procedimento de usucapião[149], e da oblação, na consignação em pagamento[150]. Removeu-se um óbice injustificável, por sua vez, ao revogar-se o antigo inciso I, do artigo 217, que proibia a citação do funcionário público na repartição em que trabalhasse. A extensão do horário de prática de atos processuais, para até as vinte horas, rompeu com regra milenar que, com a mudança nos hábitos, não mais fazia sentido[151]. Nestes casos, formas absolutamente desnecessárias, que nenhuma garantia ou valor essencial asseguravam, foram simplesmente abolidas e, por certo, não irão fazer falta.

Noutros casos, a simplificação trazida pela reforma decorreu de uma maior uniformização que se emprestou ao sistema. No que diz respeito aos prazos processuais, o início da contagem do prazo para embargos do devedor[152] passou a ser feito do mesmo modo como os demais prazos que se iniciam mediante ciência dirigida à própria parte: contam-se desde a juntada do ato aos autos do processo. No que diz respeito à duração do prazo, houve também saudável modificação ao se equiparar o prazo de contestação, no procedimento especial de consignação em pagamento, ao prazo previsto no procedimento ordinário. A multiplicidade de duração de prazos processuais, para resposta do réu é algo para, no mínimo, causar espécie. Deixando um pouco a precisão científica de lado, a primeira indagação - um tanto quanto cética, é verdade - que com simplicidade se poderia fazer é: serão

---

146 Artigo 422, modificado pela Lei n° 8.455/92.
147 Artigo 38, modificado pela Lei n° 8.952/94.
148 Artigo 162, § 4°, inserido pela Lei n° 8.952/94
149 Artigo 942, modificado pela Lei n° 8.951/94.
150 Artigo 893, modificado pela Lei n° 8.951/94.
151 Artigo 172, modificado pela Lei n° 8.952/94.
152 Artigo 738 modificado pela Lei n° 8.953/94.

cinco dias a mais ou a menos que irão imprimir celeridade ao processo? Visto o procedimento como um todo, estes cinco dias a mais ou a menos causarão alguma diferença significativa para o desenvolvimento do processo?

Por outro lado, se nos detivermos um instante para observar o impacto que alguns dias a menos do prazo para resposta podem causar para o litigante pobre, ou para o litigante não-habitual em geral, perceberemos o quão perversos são os prazos curtos que se iniciam após a citação da parte. Diferentemente do grande litigante, o litigante não-habitual não tem um advogado já previamente escolhido, esperando, pronto a defendê-lo. E, se este litigante não-habitual ainda não for dotado de recursos financeiros, que lhe permitam contratar um advogado sem grande dificuldade, muito provavelmente não conseguirá ofertar resposta no prazo. Lembraria, aqui, que a existência do serviço de assistência judiciária em pouco ameniza o problema destes prazos curtos. Seja em razão do desconhecimento da existência do serviço, seja pela dificuldade de ser atendido imediatamente, ou de se dirigir ao órgão prestador de assistência judiciária, esta categoria de litigantes terá sempre prejudicada parte considerável de seu prazo para resposta[153].

Daí, a fixação de prazos muito curtos para resposta do réu afronta o princípio da *utilidade* dos prazos processuais. Considero que prazos inferiores a dez dias, para litigantes não-habituais, podem ser considerados bastante exíguos e insuficientes para o oferecimento de defesa segura. Veja-se, por exemplo, o prazo de cinco dias para resposta na ação de depósito, velho instituto que, nos dias de hoje, praticamente se tornou uma ação cujos pólos ativo e passivo irão ser ocupados por "tipos sociais" claramente reconhecíveis: agentes fiduciários, de um lado, consumidores, de outro. Cite-se, ainda, o prazo de cinco dias para a prestação de

---

153 É verdade que para tentar amenizar esta dificuldade do carente, ainda foi-lhe concedido prazo em dobro. Em estudo anterior (*Assistência jurídica, assistência judiciária e justiça gratuita*, p. 78), sustentei que o prazo dilatado é conferido *ao pobre*, e não ao órgão público que o defende, e que todos os prazos, inclusive - e principalmente - o prazo para resposta, hão de ser incluídos no campo de incidência da norma. É de se reconhecer, contudo, que a interpretação acerca desta norma ainda é bastante controvertida perante os juízes de primeiro grau.

contas, para a ação de nunciação de obra nova[154]. No campo do processo de execução, o prazo de três dias para justificação, em execução especial de alimentos, é praticamente impossível de ser cumprido pelo carente; aqui, não fosse a inexistência, na lei, de previsão de efeito semelhante ao da revelia, e o bom senso dos magistrados em admitir apreciar justificações intempestivas, os litigantes pobres executados por alimentos estariam todos presos. Nem a necessidade do alimentando justifica prazo tão fugaz: se o Judiciário não tem condições de expedir imediatamente o mandado, e cumpri-lo, ato que na prática irá demandar muito mais do que os três dias, não nos parece razoável que o processo venha a ser acelerado apenas no momento que tem o executado para oferecer sua justificativa. E, no dia em que tivermos um aparato judiciário assim tão eficiente, mais ainda poderemos nos assossegar, certos de que a atribuição de prazo razoável ao executado não se tornará espera insuportável para o alimentando.

Assim, feitas estas considerações, merece aplauso a iniciativa de uniformizar prazos para resposta - dilatando-os - e os momentos do início da contagem. Espera-se que este germe dê outros frutos, uniformizando, entre os vários procedimentos, a maioria dos prazos possíveis para atos idênticos ou assemelhados, em quantidade de dias tal que o prazo atenda ao princípio da utilidade. A meu ver, isso corresponderá a um processo mais simples, com menos obstáculos a influir no resultado final.

Ao contrário de muitas críticas que se opuseram, considero também uma simplificação positiva a supressão da liquidação por cálculo do contador. Mas, sobre este ponto, irei me deter com maior profundidade no Capítulo IX, adiante.

Mostra-se interessante, também, a maior flexibilização que se permitiu para a documentação ou para a prática dos atos processuais. Neste campo, a alteração inserida no artigo 170 merece destaque não pela inclusão da estenotipia, uma velharia travestida de novidade, mas pela expressão "ou de outro método idôneo" que foi acrescentada ao corpo do artigo. Se a realização prática desta nova disposição depende de certo volume de investimentos destinados ao Poder Judiciário, ao menos é um consolo verificar que estamos libertos de qualquer camisa de força

---

154 Artigo 803, aplicado por determinação do artigo 939

legal no que tange ao uso de novas tecnologias de documentação. Poderia citar, aqui, a gravação de áudio ou vídeo, inclusive por meios digitais, o que permitiria inclusive gerar registros não adulteráveis, se assinados mediante assinatura digital.

Ainda no tocante à utilização de novas técnicas, é de se lamentar que até o momento a utilização do *fax* não tenha sido objeto do devido apreço pelo legislador processual, que por ora só permitiu seu uso no processo na infeliz norma da nova lei de locações, a autorizar a realização de citação por seu intermédio. Foi o legislador, em 1991, justamente permitir o uso do novo aparelho para a prática de ato tão delicado quanto o é a citação[155]. A incidência de citações assim praticadas, ao que parece, deve ser ínfima. No mais, mesmo após sete anos da "descoberta" do *fax* pelo legislador, nenhuma outra permissão foi inserida na lei para a prática de atos processuais por seu intermédio. Principalmente para a prática de atos processuais pela parte, dada a extensão continental de nosso país, a admissão expressa do uso do fac-símile teria sido extremamente benéfica para permitir maior acesso do jurisdicionado aos órgãos judiciários, em especial, aos tribunais superiores, ou mesmo aos tribunais locais. Em Portugal, país de área muitas vezes menor que a nossa, desde 1992 teve o legislador esta preocupação de facilitar o acesso da parte a juízo, com o uso do aparelho, como anota Antonio Santos Abrantes Geraldes[156].

Há, na Reforma, em verdade, duas brechas que, a depender da interpretação que se lhe atribua, podem permitir o uso, não só do *fax,* mas de outros meios, para protocolo de petições em juízo. Falo do artigo 506, cujo novo texto permite que a petição do recurso seja *"protocolada em cartório ou segundo a norma de organização judiciária"*; igualmente, o artigo 525, §2º, admite que o agravo de instrumento possa ser interposto *"por outra forma prevista na lei local"*. Poderia a lei local de organização judiciária permitir o uso do *fax*, ou de outros meios eletrônicos, para protocolização de petições? Entendo que sim. A flexibilização da

---

155 O artigo 58, inciso IV, da Lei nº 8.245/91 dispõe que: *"IV - desde que autorizado no contrato, a citação, intimação ou notificação far-se-á mediante correspondência com aviso de recebimento, ou, tratando-se de pessoa jurídica ou firma individual, também mediante telex ou fac-símile, ou, ainda, sendo necessário, pelas demais formas previstas no Código de Processo Civil;"*
156 *Temas da Reforma do Processo Civil*, vol. 1, pp. 206-207.

norma permite, até, que a lei de organização judiciária faça o papel de adequar a norma processual geral às peculiaridades do Judiciário local, ou com eventuais serviços que este venha a implementar mediante uso de novas tecnologias.

Na jurisprudência, é verdade, encontram-se posições favoráveis ao uso do *fax*, mesmo sem previsão legal expressa; outras, porém, não o admitem, ou tornam absolutamente inútil a sua utilização, ao exigir que os originais cheguem ao protocolo dentro do prazo normal[157].

---

157 A favor de seu uso:

*"EMENTA: Processual Civil. Embargos Declaratórios. Pretensão de sobrestamento do processo. Artigo 535, CPC. 1. A precipitação do recurso por expedito meio eletrônico de comunicação (*fax*), ao depois, confirmado pelo original da petição, beneficiando a agilização do processo, em louvação ao seu caráter instrumental, recomenda o Judiciário não se distanciar da modernidade. Demais, o advogado subscritor do* fax *goza de ínsita fé pública. 2. Sem alegação de contradição ou omissão, resumindo-se a pretendida dúvida em questão desvinculada dos fundamentos do acórdão, no mérito, os embargos não são conhecidos. 3. Embargos não conhecidos."* (RSTJ 57/47).

"EMENTA: Pena. Habeas Corpus preventivo. Impetração por fax. *Possibilidade. Ordem concedida. 1. Em virtude de greve, o paciente, na qualidade de presidente de sindicato de trabalhadores em transportes rodoviários, está sendo coagido por Juiz classista de TRT a fazer com que pelo menos 30% dos empregados da categoria compareçam ao serviço. A impetração se fez por* fax. *O Ministério Público Federal, sem abordagem do mérito, foi pelo não conhecimento: o* fax, *com o tempo, esmaecerá, tornando ilegível o pedido. 2. A Administração da Justiça, para atender à crescente demanda de prestação jurisdicional pronta e eficaz, tem, sem desprezar a segurança que as relações processuais requerem, de utilizar-se de todos os meios eficientes que a técnica e a ciência colocam a seu alcance. No caso específico, trata-se de medida urgente, que vale* hic et nunc. *3. A exigência do impetrado é abusiva, uma vez que o paciente não tem como compelir os sindicalizados a comparecer ao serviço. 4. Ordem concedida."*(RSTJ 57/58).

Contra, ou criando óbices que tornam o uso do *fax* inútil:

"EMENTA: Processual. Recurso. Transmissão fac-similar. Falta de autenticação. Não conhecimento. Apesar da excelência do chamado fax message, *os atos processuais assim instrumentados, inclusive os recursos, não se dispensam à exigência da autenticação do original radiofotograficamente transmitido."* (RSTJ 15/45).

"EMENTA: Processual Civil. Resposta. "Fax". Prazo.
A contestação manifestada em fac-símile seguida de apresentação do original fora do prazo legal, ainda que em atenção à dilação concedida pelo juiz, é resposta oferecida a destempo." (RSTJ 74/356).

Ainda sobre a aceitação do *fax* pelos tribunais, diz Ellen Gracie Northfleet:

"A experiência dos Tribunais Regionais Federais tem revelado que se alteram posições mais ou menos rígidas em relação à matéria. Ainda são, em verdade, mais numerosos os acórdãos que restringem a veiculação de atos processuais às formas tradicionais. Isso se deve a um efeito inercial que ainda remete às primeiras e corretas reservas feitas ao emprego do fac-símile. Mas, a tendência que se parece firmar é a de que deve preponderar a garantia de amplo acesso à Justiça, permitindo-se que este acesso se dê por formas, até há pouco, inexistentes, desconhecidas ou imperfeitas para alcançar a finalidade de dar conhecimento ao Juízo da manifestação de vontade das partes"[158].

Mais recentemente, outras formas de comunicação têm-se mostrado muito mais eficientes do que o *fax*, novidade já superada pela velocidade do avanço tecnológico, de modo que eventual previsão do uso do apetrecho no direito processual chegará com inevitável atraso. A tendência parece apontar para a Internet e o correio eletrônico como os futuros meios de comunicação de massa. Tais meios exigem, por certo, uma maior habilidade no seu uso, equipamentos mais sofisticados, além do difícil desapego aos meios tangíveis, como o papel; entretanto, corretamente utilizados, superam até mesmo a segurança dos meios tradicionais, mediante o uso de assinaturas digitais[159]. A economia de custos, maior produtividade e a ampliação do acesso à Justiça que pode ser propiciado pelo uso de novas tecnologias merece que nossos legisladores vençam a natural resistência às parafernálias eletrônicas e dêem a elas uso prático no processo.

"O apego ao formato-papel e às formas tradicionais de apresentação das petições e arrazoados não nos deve impedir de vislumbrar as potencialidades de emprego das novas tecnologias. No limiar do terceiro milênio devemos, também nós do Poder Judiciário, estar prontos para

---

158 "A utilização do *fax* pelo Judiciário", *in Revista Forense*, n° 335, p. 443.
159 Sobre o tema, e do uso de assinatura digital, v. Lorijean G. Oei, "Digital Signatures", *in Online Law*; v. também o meu artigo "O documento eletrônico como meio de prova".

utilizar formas novas de transmissão e arquivamento de dados, muito diversas dos antigos cadernos processuais, recheados de carimbos, certidões e assinaturas, em nome de uma segurança que, embora desejável, não pode constituir obstáculo à celeridade e à eficiência. Teremos, certamente, a oportunidade, ainda em nosso final de século, de assistir ao ingresso dos pleitos em Juízo mediante simples transferência de arquivos eletrônicos, desde os escritórios de advocacia; à consulta dos 'autos' processuais em telas de computador; ao confronto entre as peças produzidas pelas partes e os elementos de prova, através de um 'clic' de mouse *ou de um comando de voz; ao arquivamento de enormes massas de informações em Cds e à sua pesquisa mediante a utilização de recursos de busca aleatória e hipertexto. Toda essa tecnologia já é disponível e ingressa na nossa vida diária para reduzir a repetição de esforços e tarefas rotineiros e permitir a utilização de nosso tempo em tarefas efetivamente criativas. Vista desta perspectiva, a discussão sobre o uso de uma máquina já quase obsoleta como é o* fac-símile, *parece nem se justificar. Ela, todavia, serve para testar nossa capacidade de adaptação ao novo, sem que percamos de vista o permanente anseio de fazer melhor Justiça"*[160].

A tecnologia para isso, sim, está disponível. Roga-se que sejam feitos os investimentos bastantes para implementar os equipamentos necessários e, principalmente, treinar os funcionários para o seu uso. No que compete à lei processual, temos já um primeiro passo, no artigo 170, a permitir a documentação de atos por *"outro meio idôneo"*. Para a prática de atos pela parte, por petição, há um aceno ao uso de novos meios nos artigos 506, § único, e 525, § 2º, como já assinalado acima. Bom caminho para o legislador, até para não engessar a lei processual e torná-la obsoleta com o avanço tecnológico, seria remeter cada vez mais à legislação de organização judiciária as regras mais minuciosas a respeito da forma de documentação e do modo de apresentação dos atos em juízo.

---

160 Ellen Gracie Northfleet, ibidem, pp. 444-445.

5. Normas processuais de interpretação controvertida e a simplificação do processo.

A expressão "devido processo legal" propõe, como é sabido, duas características ao processo: ser ele "devido" e "legal". "Devido processo" é o processo que está de acordo com os valores de uma dada sociedade e de seu tempo. Ou, no dizer de Ada Pellegrini Grinover, a cláusula do devido processo legal *"é uma proposição que oferece elementos em branco, cuja determinação varia com o variar das condições histórico-políticas e econômico-sociais do momento"[161]*. Já o qualificativo "legal" determina uma previsão legislativa do processo, e isto em si já representa uma garantia. A previsão legislativa do processo tem por finalidade permitir às partes o prévio conhecimento do modo como ele irá se desenvolver em juízo; assim, evita-se que sejam os litigantes surpreendidos no curso do processo com exigências para as quais não estavam preparados para atender, nem se verão impedidos de praticar ato que esperavam praticar para defesa de seus interesses. Além disso, o "processo legal" tende a ser um processo uniforme, aplicado igualmente a todos os litigantes e em todas as circunstâncias. Repele-se, com isso, um processo que possa se desenvolver ao exclusivo sabor da vontade do juiz.

Considerado este aspecto da cláusula *due process of law*, importa considerar aqui o quanto normas processuais de interpretação controvertida prejudicam tanto a efetividade do processo, como atentam também contra este princípio fundamental. No geral, aspectos controvertidos do direito processual, gerando questões processuais incidentes, no mínimo postergam a entrega da prestação jurisdicional; passa-se a discutir o próprio processo, pondo-se de lado a razão da demanda. E, mais grave, aspectos controvertidos sobre questões processuais mais relevantes, mais intimamente relacionadas com a participação das partes no processo, podem fazer do processo um "palco de armadilhas", esvaziando o ideal proposto pelo princípio constitucional acima mencionado.

Antes de prosseguir no desenvolvimento deste tópico, talvez seja necessário abrir um pequeno parênteses para dizer que, no Direito, a divergência é algo saudável e não espero ser

---

161 *As garantias constitucionais do direito de ação*, p. 35.

compreendido como pregando a unanimidade, quando proponho normas processuais menos controvertidas. Diversas interpretações sempre existirão, e é dessa forma que a ciência jurídica evolui. Outra coisa, porém, é uma divergência que decorre de redação ambígua da lei, problema que é agravado quando o dispositivo em questão é processual e versa sobre tema puramente técnico. Considero, aqui como questões processuais puramente técnicas (ou puramente formais), aquelas cuja opção por uma ou outra interpretação não importe em reconhecimento ou vedação de direitos ou faculdades processuais, ou iniba a aplicação de princípios fundamentais. São questões em que, se o legislador tivesse optado clara e indubitavelmente por uma das vias possíveis, nenhuma conseqüência profunda repercutiria no exercício dos direitos e faculdades processuais das partes e a discussão teria sido evitada. Não que a solução da questão não faça qualquer diferença: conseqüências diversas advirão da adoção de uma ou outra posição, mas isto ou foi assumido como desejável pelo legislador - situando-se no campo da política legislativa -, ou, por vezes, pouco ou nada influirá no resultado final da causa.

Assim, deve o legislador ter em mente que não será ele que aplicará a lei; nem sempre o que lhe é claro o será para os aplicadores. O primeiro aplicador e intérprete da lei (digo, da lei em geral) é o povo, que deve agir de acordo com seus preceitos; em segundo lugar, o advogado, quando orienta o leigo sobre como agir, ou quando, surgido o conflito, identifica qual direito (se algum) tem o cliente; o juiz é apenas o terceiro intérprete: acreditar que todas as dúvidas da nova lei serão satisfatoriamente sanadas pelo Judiciário é o mesmo que acreditar na eficiência do Corpo de Bombeiros em apagar o incêndio, depois que boa parte da casa foi queimada... No que toca, em especial, à lei processual, esta não é aplicada diretamente pelo leigo. Eventuais dúvidas interpretativas sobre aspectos fundamentais do procedimento irão transformar o processo numa seqüência de armadilhas, algo como uma gincana, pouco ligado ao ideal de busca da justiça. Se o ponto sobre que recai a controvérsia não afetar grandemente os direitos de participação dos litigantes, no mínimo pode-se antever longo tempo de espera, a requisitar esforço do órgão jurisdicional e paciência pelos litigantes.

O que seria de se esperar, então, é que, identificadas questões processuais puramente técnicas, cujo resultado da interpretação seja indiferente ao consumidor da Justiça e à aplicação dos princípios fundamentais, estas fossem tratadas na lei do modo mais claro e uniforme possível, para evitar intermináveis - e muitas vezes inúteis - questões processuais.

> *"Deficiências técnicas na formulação da norma acarretam dúvidas e controvérsias hermenêuticas de que costumam alimentar-se incidentes processuais, como o da uniformização de jurisprudência e o da declaração de inconstitucionalidade, e concorrem para multiplicar os recursos destinados à revisão* in iure, *como o especial e o extraordinário. Não é preciso sublinhar a gravidade dos prejuízos que daí decorrem para a causa da efetividade. Não se trata apenas do prolongamento excessivo deste ou daquele pleito: a sobrecarga de trabalho que tudo isso atira sobre os órgãos judiciais, designadamente sobre os tribunais superiores, afeta por força a qualidade do produto, sacrificando a curiosidade intelectual e a reflexão madura à pressão das pautas intermináveis, e afogando no pantanal da rotina quaisquer esperanças de desenvolvimento jurisprudencial"[162].*

Uma ampla gama destas questões técnicas surgem dos muitos dilemas encontrados nas normas que dispõem sobre competência. Considero a competência como um tema extremamente "processual", muito pouco instrumental, muito pouco relacionado com a solução do conflito. A distribuição de competência entre os órgãos jurisdicionais é extremamente relevante, mas sua importância se esgota na medida em que exista este sistema de divisão de funções, pois isto assegura não apenas uma razoável distribuição de lides e tarefas entre os órgãos jurisdicionais como, mais importante do que isso, cria regras prévias e objetivas por meio das quais esta distribuição é feita, assegurando o princípio do juiz natural. Entretanto, desde que haja um sistema definido, *como* é feita a distribuição é algo que pouco importa às partes e à realização da justiça. Em algumas situações a destacar, a competência de um ou outro órgão pode acarretar

---

162 José Carlos Barbosa Moreira, "Efetividade do Processo e Técnica Processual", *in Temas de Direito Processual*, 6ª Série, p. 23.

algumas diferenças quanto ao procedimento a aplicar. Entretanto, não se vislumbra nenhuma necessária relação entre a competência previamente definida na lei e o julgamento final a ser obtido, exceto em razão de circunstâncias aleatórias, como o fato de que os órgãos tenham posições diversas acerca do direito a aplicar no caso concreto, ou conjunturais, como a maior ou menor espera que o feito irá suportar num ou noutro órgão. Na medida em que todos os órgãos jurisdicionais sejam igualmente considerados imparciais, ou em que o procedimento a desenvolver perante todos eles atenda ao "devido processo legal"[163], a opção clara do legislador pela competência de um ou outro órgão é, no fundo, irrelevante para a parte. Portanto, concluo que, teoricamente, qualquer que fosse a opção do legislador acerca da competência, isto pouco ou nada repercutiria na questão de fundo.

Assim, lanço a advertência ao legislador para que, ao regulamentar a divisão de competência entre os órgãos jurisdicionais, elabore regras o mais claras e explícitas possível.

> *"Países que adotam o regime federativo assim tem fracionado o Judiciário, com vistas à especialização e agilização dos serviços. Bastariam regras claras acerca da competência de cada um deles. Mas, no Brasil, essas regras não são precisas e as disputas são enormes pelo poder de dizer o direito ou, muito mais, de se livrar de determinado processo. Há até dúvidas acerca de quem tem competência para dirimir o conflito. No fundo, talvez a questão esteja na inconveniência de se copiar modelos de países do primeiro mundo, fracionando tanto o Judiciário quando sabidamente vários Estados não têm condições de aparelhar e manter tais serviços com qualidade. No fundo, o nosso federalismo é capenga. Tudo isso reflete negativamente na eficiência e rapidez da prestação de tais serviços, pois anos são consumidos a fim de se saber quem deve julgar determinado processo, ou julgamentos*

---

163 Existissem juízos de exceção, a disputa de competência entre estes e órgãos regulares seria, por certo, relevante. Igualmente, fosse algum dos procedimentos existentes no sistema algo aberrante, afrontoso aos princípios fundamentais, a disputa sobre competência alçaria maior importância.

demorados são anulados a pretexto de falta de competência"[164].

Uma questão de competência decorrente de interpretação de norma legal que se tornou clássica era a que existia no artigo 747 do Código. Estabelecendo a competência para receber, processar e julgar os embargos do devedor em execução por carta, determinou o legislador, a princípio, a competência do "juízo requerido". "Requerido" referia-se ao juízo ao qual se requereu a própria execução ou apenas a precatória? Solução tão simples foi a adotada pela reforma, mas que só veio à luz após vinte anos de vigência daquele texto ambíguo, quando sobre este já se havia uniformizado um entendimento, inclusive no sentido que a nova lei viria a adotar. É de se pensar quanto tempo e trabalho das partes e dos órgãos jurisdicionais não se perdeu nestes vinte anos.

No Estado de São Paulo, onde existem tribunais de alçada, tormentosas são as questões de competência recursal que surgem com alguma freqüência. Dada a espera a que os feitos se sujeitam, até irem a julgamento nestes tribunais, o aparecimento de conflito de competência entre eles gerava, além do retardamento causado pelo incidente, outro decorrente de retornar o feito para o início da fila da distribuição. Neste sentido, pequenas providências de cunho administrativo podem contribuir para evitar aumento no tempo de espera, como a que foi recentemente adotada: basta que, ao receber processo vindo de outro tribunal, seja este feito colocado na fila de distribuição em função da sua data de entrada naquele outro órgão. Mas, para diminuir a incidência do problema, talvez fossem necessários estudos mais detalhados sobre os tipos de causa em que tais dúvidas surgem, procurando moldar as normas de distribuição de competência de modo a eliminá-las.

Ainda no que tange ao desperdício de esforços provocado por normas ambíguas sobre competência, não podemos deixar de destacar a má disposição contida na recente Lei das Pequenas Causas, a Lei nº 9.099/95. Falo da pouca clareza do texto, acerca do caráter opcional, ou não, dos Juizados Especiais Cíveis. Não sendo esta a nossa primeira lei sobre a matéria, partindo o legislador da experiência adquirida com a Lei nº 7.244/84, o atual texto é ainda mais merecedor de críticas.

---

164 Urbano Ruiz, "O Judiciário Visto Pelos Juízes", *in Revista do Advogado*, nº 43, p. 32.

A lei anterior claramente estabelecia a opção do autor pelo Juizado; o novo texto, não o dizendo de modo claro, gerou controvérsias em casos concretos, em geral provocadas pela declinação da competência, de ofício, pelo juiz cível, em favor do juizado. Embora, em termos valorativos se possa sustentar uma ou outra posição, bastava ao legislador ter assumido claramente uma delas para que a dúvida não surgisse[165].

Se incertezas quanto à competência provocam, no mais das vezes, apenas a dilação do feito, outros problemas de interpretação da lei processual ainda podem causar prejuízos às partes que, valendo-se de uma das interpretações possíveis - e por vezes aceitas por parte da jurisprudência e doutrina - deparam-se com entendimento diverso por parte do juiz da causa. Igualmente, nestes casos, conquanto se possa ter conseqüências diversas, para as diferentes interpretações, isto, de certo modo, é o que menos importa à parte.

Campo em que divergências assim são extremamente danosas é o dos requisitos de admissibilidade dos recursos (de certo modo, dos requisitos de admissibilidade em geral, ao menos no que toca às exigências formais). Tome-se o exemplo da adequação recursal. Ser o ato recorrível e haver a possibilidade de *algum* recurso é o ponto mais importante para a parte. Se o recurso cabível é um ou outro, isto poderá implicar em efeitos ou procedimento diversos, mas a adoção de uns ou outros se situa no campo de opção valorativa do legislador; pode-se até questionar a conveniência ou não da adoção de tal ou qual recurso, mas sem dúvida é melhor ter-se com clareza o recurso cabível, do que deixar margem a dúvidas.

No nosso sistema, a adequação recursal não é fonte das questões mais preocupantes. Seja porque o Código adotou sistema bastante simplificado para definir o recurso adequado, seja pela subsistência do princípio da fungibilidade dos recursos, antes expresso, hoje implícito, as situações duvidosas remanescentes não

---

165 O Anteprojeto nº 13, da Escola Nacional da Magistratura, propõe modificar o artigo 3º, da Lei nº 9.099/95, tornando novamente expressa a opção do autor pela competência dos Juizados Especiais.

têm sido fonte de muitos problemas[166]. Entretanto, o mesmo não se pode dizer de outros requisitos de admissibilidade.

A Reforma suscitou grande celeuma quando estabeleceu a obrigatoriedade da comprovação do preparo concomitante à interposição do recurso. No que toca à *conveniência* desta modificação, deixo de tecer comentários, pois fugiria ao tema ora abordado. Este ponto da reforma merece ser aqui mencionado pela dificuldade que gerou quanto à apuração do montante a ser recolhido pelo recorrente. Ora, pelo sistema anterior, o valor das custas era certo, definido pela contadoria judicial; transferir-se para a parte o ônus de acertar o valor correto do preparo foi outra fonte de questões processuais que poderia ter sido evitada com um texto modificativo mais feliz. Em 1994, quando adveio a nova norma, saíamos de longo período inflacionário, com pluralidade de índices e divergências sobre sua aplicação; ademais, em alguns casos o preparo, consistente em despesas de porte e retorno, leva em conta o peso dos autos. Em São Paulo, provimento conjunto dos tribunais estaduais determinou que a intimação da decisão se fizesse acompanhar do valor das custas de preparo para eventual recurso; penso que a lei federal poderia ter, desde logo, estabelecido regra como esta, evitando os males que a incerteza causou. Curiosamente, em 1998, com a Lei nº 9.756/98, para aliviar os riscos de um preparo recolhido a menor, foi o artigo 511 mais uma vez alterado, acrescendo-lhe dois parágrafos, sendo este o teor do §2º: *"a insuficiência no valor do preparo implicará deserção, se o recorrente, intimado, não vier a supri-lo no prazo de 5 (cinco) dias"*. Parece-me que, sem admiti-lo, o legislador fez voltar tudo ao que era antes...

---

166 Discrepantes interpretações acerca da adequação recursal, que ainda perduram, são, de certo modo, causados por diferentes entendimentos sobre o que venha a ser "processo" ou "pôr termo ao processo". Vê-se orientações diferentes quando, pelo ato judicial, há exclusão de sujeitos ou pedidos: houve uma "extinção parcial" ou apenas uma exclusão de elementos da relação processual, que não findou? Uma outra situação em que ainda perdura alguma dificuldade refere-se ao recurso cabível contra decisão que aprecia o pedido de justiça gratuita, neste caso, causado por texto de lei que está em atrito com o sistema, como já mencionei anteriormente, em minha dissertação de mestrado (*Assistência Jurídica, Assistência Judiciária e Justiça Gratuita*, pp. 105-112).

Outro ponto crítico da Reforma, a gerar possíveis interpretações diferentes, suscitando mais questões processuais, foi a exigência de registro da penhora de bens imóveis (artigo 659, §4º). Embora o dispositivo demonstre louvável intenção do legislador de evitar conflitos com terceiros adquirentes do bem penhorado, a novidade suscitou dúvidas: que efeitos, exatamente, este registro há de produzir, tendo em vista que terceiros adquirentes já sofrem as conseqüências da alienação em fraude de execução, e esta, como se sabe, ocorre desde que o bem tenha sido vendido após a citação para o processo? Dúvidas foram levantadas também quanto ao caráter obrigatório, como requisito para prosseguimento da execução e intimação do devedor para apresentação dos embargos, ou apenas como ônus do exeqüente, que assumiria o risco de, não levando o ato a registro, não atingir terceiros adquirentes munidos de boa-fé[167].

Poderia, igualmente, o legislador ter sido mais explícito em sua intenção de dispensar o reconhecimento de firma nas procurações para o foro: ao invés de apenas suprimir a expressão *"estando com a firma reconhecida"* que constava no artigo 38, poderia tê-la substituído por *"dispensado o reconhecimento de firma"*. Se assim o fizesse, evitaria a discussão que se travou, e ainda hoje persiste, acerca da exigibilidade do reconhecimento por força do que dispõe a lei civil, em seu artigo 1.289, § 3º, entendimento que, a prevalecer, tornaria inútil a modificação feita na lei processual. Conquanto a jurisprudência tenha sinalizado que, com a supressão do texto, houve a revogação da exigência de reconhecer-se a firma, é de se considerar que todo o esforço que foi solicitado do aparelho judiciário teve que ser despendido tão-somente em razão da falta de precisão do legislador, que não levou em conta uma visão geral do regime do mandato, menosprezando eventuais divergências que a mera supressão de texto poderia proporcionar.

---

167 O Anteprojeto nº 13, da Escola Nacional da Magistratura, procurou esclarecer o significado e simplificar a exigência. Propõe a seguinte redação ao §4º, do artigo 659: *"A penhora de bens imóveis realizar-se-á mediante termo ou auto de penhora, cabendo ao exeqüente, sem prejuízo da imediata intimação do executado (art. 669), providenciar, para presunção absoluta de conhecimento por terceiros, o respectivo registro no ofício imobiliário, mediante apresentação de certidão de inteiro teor do ato e independentemente de mandado judicial".*

De modo geral, contudo, a Reforma, se trouxe algumas dúvidas novas, contribuiu para a simplificação processual ao resolver problemas terminológicos e de interpretação da lei. Além da modificação do artigo 747, já mencionada acima, é de se destacar as alterações do artigo 10, sobre o litisconsórcio necessário do cônjuge em ações possessórias, outro ponto que causou muita discussão anteriormente à revisão da lei.

No que toca à Reforma, uma crítica mais que merece ser feita, principalmente com vistas ao futuro, pois trata-se de fato consumado, refere-se ao curtíssimo período de *vacatio legis* determinado nas várias leis que se sucederam. Dado o número de dispositivos que foi afetado, em especial, em dezembro de 1994, seria de todo conveniente um tempo maior para entrada em vigor das novas leis. Isto permitiria não apenas uma assimilação maior das muitas novidades pelos operadores do direito, como ainda permitiria, quem sabe, rever os descuidos de redação, as omissões, os pontos que poderiam gerar muita polêmica. Não seria exagerado, a meu ver, que se adotasse o prazo de um ano para entrada em vigor das novas leis.

Sobre este tema, ainda acrescentaria uma última questão. A grande profusão de leis, que tramitaram concomitantemente no Legislativo até serem aprovadas, causou três situações no mínimo curiosas. Trata-se, igualmente, de fatos consumados, mas que não podem deixar de ser lembrados, tendo em vista a sua não repetição no futuro. Não chegaram, é verdade, a causar grandes prejuízos ao sistema processual, mas poderiam, fosse outro o texto que atingiram.

A primeira delas era a menção ao artigo 524, feita no parágrafo único, do artigo 506, com a redação que lhe foi dada pela Lei nº 8.950/94. O artigo 524 de então não fazia sentido. É que o texto levava em conta o artigo 524, tal como constava de outro projeto, o do rito sumário, que só viria a ser aprovado em 1995, quase um ano depois. Seria embaraçoso se o outro projeto não fosse aprovado... De todo o modo, durante cerca de um ano, um dispositivo legal fazia uma ressalva sem nenhum sentido. Felizmente, o texto do artigo 524 revogado era de tal sorte alheio ao que dizia o novo parágrafo único do artigo 506, que, ao que sabemos, nenhuma controvérsia surgiu em razão deste descuido.

Outro tropeço do legislador ocorreu com a aprovação da Lei da Arbitragem. Pretendendo substituir a expressão "laudo arbitral" por "sentença arbitral", esta nova lei acabou por revogar modificação recém inserida no artigo 584, III, pela Lei nº 8.950/94, suprimindo a expressão *ainda que esta não verse questão posta em Juízo*. Ao que parece, o projeto de Lei de Arbitragem partiu do texto original do artigo 584, adaptando-o ao novo sistema e à nova terminologia. Sendo aprovada, a lei ignorou a modificação que se fez neste artigo, enquanto ela tramitava. Irão, com isso, os mais formalistas interpretar como uma proibição a que o juiz homologue transação cujo objeto não coincida com o pedido? Espera-se que não, até porque, como já disse anteriormente, não foi a modificação da Lei nº 8.950/94 que criou esta possibilidade, inerente à própria transação. Mas não deixa de ser frustrante ver um texto recém aprovado ser revogado nestas circunstâncias. Fosse a primeira modificação algo imperativo, ou que mantivesse coerência lógica com outros pontos da lei, teria surgido aí outra questão interminável para nossos tribunais resolverem[168].

Por último, situação semelhante à anterior ocorreu com a aprovação da reforma do rito sumário. Pouco mais de seis meses antes, fora acrescentada a alínea "n" ao inciso II, do artigo 275, pela Lei nº 9.040/95, para que seguisse rito sumaríssimo as causas *"que versem sobre a revogação de doação fundada na ingratidão do donatário"*. Dada a pouca incidência de ações como estas, não me parece importante a modificação inserida. Nem, talvez, sugeriria eu que causas tais seguissem rito sumário, pois certamente envolvem questões de fato a demandar maior dilação. Mas ao legislador deve ter soado relevante a nova hipótese de rito sumaríssimo, tanto que a aprovou... No entanto, o inciso sequer apareceu nos Códigos impressos lançados pelas editoras, tão fugaz foi sua existência, sendo revogado no final do mesmo ano pela Lei nº 9.245/95.

---

168 O Anteprojeto nº 13, da Escola Nacional da Magistratura, propõe a reconstituição do trecho revogado do referido inciso III.

VI. GRAUS DE CONVENCIMENTO, GRAUS DE URGÊNCIA E ANTECIPAÇÕES DE TUTELA.

1. Linhas gerais.

Outro ponto do sistema processual, cujo ponto de equilíbrio merece ser revisto, refere-se às possibilidades de antecipação de provimentos. Mostra-se necessário estabelecer critérios proporcionais para a concessão de antecipações, pois assim estaremos protegendo de modo coerente os diversos direitos e tratando isonomicamente os diversos tipos sociais.

Uma primeira observação que desde logo se faz necessária, é que no correr deste capítulo tomo as expressões "antecipação" ou "antecipação de tutela" pelos seus significados naturais. Embora nas "antecipações" focalizadas esteja evidentemente incluído o novo instituto do artigo 273, do CPC, não é apenas a ele que me refiro ao usar a expressão. Afinal, a "tutela" é a proteção conferida pelo Estado-juiz, a ele pedida pela parte, por meio do processo. E esta tutela, a princípio, deverá ser entregue à parte com o termo final do processo. Entregue a tutela, o processo se acaba. Trato, então, neste capítulo, como "antecipação", qualquer situação que, por exceção, permita à parte obter total ou parcialmente a tutela, ou usufruir de alguma vantagem, antes do término do processo.

Incluem-se neste termo, portanto, não apenas a "antecipação de tutela" do artigo 273, como também todas as demais concessões de medidas liminares e, igualmente, a possibilidade de obtenção da tutela antes do final do processo, diante da falta de efeito suspensivo do recurso cabível.

Mas, a que se prestaria uma reunião, num mesmo capítulo, e sob uma mesma denominação, de instrumentos de natureza tão diversa? Ora, conquanto se possa opor que as diversas medidas liminares, previstas nos vários procedimentos legais, e antecipações de tutela (art. 273) sejam institutos processuais de natureza diversa, sujeitos, na lei, a requisitos diversos, e, mais ainda, que nenhuma relação tenham com os efeitos (ou a ausência de efeitos) dos recursos, há um cordão que une todos estes fenômenos processuais: todos permitem a obtenção da "tutela" antes que o processo chegue ao seu fim. Por isso, à parte os requisitos e demais questões técnicas peculiares a estes temas, e à parte também o colorido normativo a que estão sujeitos - pois não é a isto que quero me ater -, importa considerar o fundamento valorativo que justifica tanto a previsão legal de "antecipações", de qualquer que seja a natureza, como a sua concessão pelo juiz diante de um caso concreto, uma vez prevista em lei esta possibilidade.

As relações entre estas antecipações e a efetividade do processo são evidentes. De um lado, a nossa realidade legislativa vem vinculando a idéia de efetividade a alguns destes tipos de antecipação. De outro lado, estas antecipações poderiam, teoricamente, abreviar a longa espera a que se sujeitam os litigantes, tornando o processo mais célere... Ou, podem propiciar meios para proteção de direitos, que não seriam adequadamente tutelados pelos meios tradicionalmente conhecidos! Contudo, podem gerar desequilíbrios, se o quadro de antecipações possíveis no sistema não for razoavelmente desenhado. E não se deve, por outro lado, erigir as formas de antecipação da tutela como a tábua de salvação para o mal da morosidade do processo. Quais seriam, então, as linhas mestras desta desejada proporção?

2. Tutelas jurisdicionais antecipáveis.

Antes de discorrer sobre aquilo que chamo de "tutela jurisdicional antecipável", destacaria, primeiramente, a distinção entre "tutela jurisdicional" e "provimento jurisdicional".

São provimentos as manifestações proferidas pelo juiz, no processo, tendo este sido instaurado para permitir a entrega da prestação jurisdicional que, no processo de conhecimento, se identifica com um dos provimentos, a sentença de mérito. Tutelar, por seu turno, quer dizer proteger, de modo que tutela jurisdicional é a proteção que o Estado outorga a alguém, por meio de sua função jurisdicional. Como diz Cândido Dinamarco, *"tutela é proteção e consiste na melhora que o litigante vencedor recebe na sua situação jurídica deduzida em juízo, de modo que, terminado o processo, ele se encontre, na sua vida comum em relação ao outro litigante e aos bens controvertidos, em situação melhor do que aquela em que se encontrava antes do processo"*[169]. E tal tutela só vai ser obtida na medida em que a prestação jurisdicional seja entregue e, mais do que isso, efetivada praticamente a ponto de satisfazer o interesse da parte.

A questão que se coloca é que, se é possível à lei adiantar no tempo a prolação de provimentos por parte do juiz, por outro lado não se pode dizer que estes provimentos antecipados irão representar, sempre, uma antecipação da tutela para o direito da parte. Ou seja, em muitos casos, ao invés de anteciparmos a *tutela*, estaremos antecipando apenas o *provimento*, vez que a proteção do direito, no todo ou em parte, não será atingida, ou nem mesmo o final do processo será obtido mais rapidamente.

É necessário aferir, então, em que medida é possível praticamente proporcionar uma proteção ou satisfação antecipada à parte, tendo em vista os diferentes tipos de provimento jurisdicional, e a que custo, ou mediante que artifícios técnicos, isto pode ser atingido. Primeiramente, nas linhas seguintes, a questão será tratada de modo objetivo, nos seus aspectos puramente técnicos, sem a preocupação com a conveniência ou justiça da antecipação, componentes que serão adiante trazidos à discussão.

O provimento jurisdicional de conhecimento (ou de decisão, como preferiria chamá-lo) é comumente subclassificado em meramente declaratório, constitutivo e condenatório. Posições variantes irão acrescer outras duas subespécies: o provimento executivo *lato sensu* e o mandamental. O fato é que, quando se classificam as ações atribuindo-as a um destes subtipos, o que se faz é levar em conta tão-somente o elemento que pode ser considerado o efeito preponderante do provimento jurisdicional pedido pelo autor. Ao analisar a possibilidade de antecipação, importa considerar que os provimentos jurisdicionais apresentam, com maior ou menor intensidade, vários destes efeitos. Tendo este dado em mente, é possível verificar qual, ou quais dos efeitos podem ser antecipados.

---

169 "O futuro do direito processual civil", *in Revista Forense*, nº 336, p. 42.

A tutela meramente declaratória pode ser colocada num extremo, dada a impossibilidade de sua antecipação. Pode ser possível, num ou noutro caso, antecipar parte dos efeitos que a declaração produziria, mas proferindo-se provimentos de cunho mandamental: é o caso, por exemplo, da ordem para sustação de protesto, que adianta um dos efeitos da declaração de falsidade ou invalidade do título de crédito apresentado; ou do exemplo citado por Marinoni, em que o juiz *"autorize o sócio a participar de uma assembléia social enquanto está em jogo a sua participação na sociedade"[170]*. Mas o provimento declaratório, em si considerado, não poderá ser antecipado, em razão da sua própria natureza: a *tutela* declaratória consiste na *certeza* que o Estado atribui à existência ou inexistência de uma relação jurídica, ou à falsidade ou autenticidade de um documento. Ora, um provimento - decisão interlocutória de antecipação, sentença, ou acórdão - sujeito a ser modificado no processo em que foi proferido não confere nenhuma *certeza*. Por isso, o efeito declaratório pretendido só se produz com o trânsito em julgado da sentença. E casos há, nos quais, inexistindo qualquer situação de perigo ou emergência, ou efeito prático a antecipar, nada teremos para conceder à parte como medida antecipatória.

Em patamar semelhante, e por razões análogas, se encontra a tutela constitutiva. A tutela pretendida pela parte - criação, modificação ou extinção de uma relação jurídica - pressupõe, para satisfazê-la, uma situação estável e, por isso, só pode ser obtida quando do término do processo e diante da impossibilidade de modificação da sentença. O que interessa à parte é a criação, modificação ou extinção da relação em caráter definitivo, de modo que, a princípio, de nada lhe valeria uma criação, modificação ou extinção provisórias, em que a situação possa se reverter: a anulação de um ato, provisoriamente, nada significa; a decretação de um divórcio antecipado, idem. Pode-se apenas, tal qual exposto anteriormente, decretar medidas mandamentais que produzam parte dos efeitos da decisão de cunho constitutivo, mas não a própria tutela pretendida. Ou, como aponta Barbosa Moreira, é possível suspender a eficácia do ato que se quer desconstituir[171].

---

170 Luiz Guilherme Marinoni, *A antecipação da tutela na reforma do processo civil*, p. 35.

171 "A antecipação da tutela jurisdicional na reforma do Código de Processo Civil", *in Revista de Processo*, nº 81, pp. 209-210.

Sobre a impossibilidade de antecipação dos efeitos declaratórios e constitutivos, Teori Albino Zavascki assim observa:

"O princípio da necessidade impõe que se observe a adequação da medida antecipatória ao fim a que se destina a antecipação, e que outro não é senão o de assegurar a efetividade do processo. Assim, nos casos em que a tutela somente poderá servir ao demandante quando concedida em forma definitiva, não haverá utilidade alguma em antecipá-la provisoriamente. É o caso da tutela meramente declaratória ou da meramente constitutiva, que, pela própria natureza de cada uma, não se compatibilizam com deferimento em caráter provisório e, por isso mesmo, sua antecipação é medida absolutamente neutra em relação ao desiderato do legislador de alcançar utilidade e celeridade da prestação jurisdicional. Assim, é incabível antecipar simplesmente efeitos declaratórios ou constitutivos" [172].

Embora discordemos parcialmente do autor supra citado, eis que pode ser possível antecipar, em alguns casos, efeitos que sejam *conseqüência* dos efeitos declaratórios ou constitutivos - conforme já apontado -, é inegável que os próprios efeitos declaratórios ou constitutivos não comportam antecipação.

No tocante à antecipação da tutela condenatória, esta *"nada mais é do que a antecipação do efeito executivo"* [173]. Teori Albino Zavascki[174] afirma que *"a antecipação de efeitos da tutela somente contribuirá para a efetividade do processo quando, pela sua natureza, se tratar de efeitos: a) que provoquem mudanças; ou b) que impeçam mudanças no plano da realidade fática, ou seja quando a tutela comportar, de alguma forma, execução. Execução em sentido o mais amplo possível: pela via executiva lato sensu, pela via mandamental ou pela ação de execução propriamente dita. Somente nesses casos a antecipação de efeitos será compatível com o princípio da necessidade. Aliás, também em se tratando de tutela condenatória, o que se antecipa não é a*

---

172 "Antecipação da tutela e colisão de direitos fundamentais", *in Reforma do Código de Processo Civil*, pp. 157-158.

173 Luiz Guilherme Marinoni, *A antecipação da tutela na reforma do processo civil*, p. 32.

174 Ob. cit., p. 158.

condenação propriamente (que não comporta provisoriedade), e sim os efeitos executivos que dela decorrem". Em verdade, se aplicarmos aqui a distinção acima delineada entre a tutela e o provimento, difícil seria falar em uma "tutela condenatória", posto que a sentença condenatória em nada tutela, ao menos no que toca a este efeito específico. A sentença condenatória apenas satisfaz a necessidade de certeza, como declaratória que também é; mas não confere à parte, por si, o bem da vida objeto da contenda.

Assim, tudo o que é possível antecipar é o *provimento* condenatório e o início do processo de execução[175], até porque, diferentemente do que pode ocorrer quando da entrega da providência final, aqui certamente não haverá cumprimento espontâneo, sendo necessária a execução forçada, de modo que a efetiva *tutela* agora passa a depender do modo de ser deste outro processo. Disso resulta que a antecipação desta tutela será mais ou menos postergada no tempo conforme as possibilidades legais de proceder-se à execução, e das dificuldades práticas inerentes à execução ou presentes no caso concreto.

No âmbito da tutela condenatória, são sensíveis as variantes que se observa a depender da natureza da obrigação a ser satisfeita. Obrigações de dar coisa móvel - fungível ou infungível -, coisa imóvel ou dinheiro, obrigações de fazer ou de não-fazer, cada uma apresenta notáveis diferenças no que toca à possibilidade de sua antecipação prática. A antecipação de condenação em dinheiro talvez seja, de todas, a menos útil praticamente, pois o que se antecipa é tão-somente o início do dificultoso - e até então intocado de modo significativo pela Reforma - processo de execução, que ainda se instala de modo provisório. Pouco adiantará a antecipação de provimento que determine o cumprimento de obrigação de fazer se tiver a parte de se valer do procedimento executivo específico dos artigos 634 a 637, aliás, já bem pouco empregado na prática mesmo para execução de decisões definitivas. Daí, as execuções de obrigações de fazer, incluindo-se as que se iniciam em razão de antecipações, só serão efetivas se puderem ser coativamente impostas à parte - o que deixa à mostra

---

175 Trato aqui, evidentemente, da condenação "pura", que exige processo de execução autônomo, excluídas aquelas providências que possam ser consideradas "executivas *lato sensu*" ou "mandamentais", cumpridas coativamente no mesmo processo em que proferidas.

algum aspecto mandamental do provimento -, ou se se impuser multa cominatória como coação indireta, caso em que, ou haverá o cumprimento voluntário da obrigação, ou a execução acabará sendo convertida noutra modalidade, para executar-se quantia. A execução de obrigação de não-fazer - no sentido exato do termo[176] - ou se efetiva mediante a imposição de multa cominatória, aplicando-se as mesmas observações acima, ou a abstenção da parte pode ser imposta mediante uso da força, e novamente recaímos diante de um provimento com natureza mandamental. Às obrigações de fazer consistentes em emitir declaração de vontade, dada a nítida existência de elementos constitutivos no provimento pretendido (para que se crie, extinga ou modifique uma relação jurídica, por meio da declaração de vontade não prestada), faria as mesmas observações acima expostas quanto à antecipação de tutela constitutiva. Nos casos de execução para entrega de coisa talvez tenhamos as melhores condições para uma antecipação efetiva e próxima do provimento final (a diferença reside, apenas, na provisoriedade com que a posse é transferida). É esta a obrigação mais facilmente exeqüível, seja em antecipação, seja definitivamente, pois cumpre-se mediante ato de força: o desapossamento forçado do bem, móvel ou imóvel, das mãos de quem o detém. Daí, também vejo certa carga mandamental nesta atividade judicial.

Enfim, como salienta Ovídio Baptista da Silva, o *"campo de incidência das liminares antecipatórias previstas pelo art. 273 (...) coincide com os* efeitos *- nunca com o* conteúdo *- de qualquer uma dessas três ações (declaratórias, constitutivas e condenatórias) que se caracterizem por sua natureza de efeitos práticos, não normativos, o que corresponde a afirmar que os efeitos que poderão ser antecipados serão sempre, e exclusivamente, os efeitos executivos e mandamentais, já que, como acabamos de ver, os efeitos* normativos *da sentença*

---

176 Não considero, no texto, como execução de não-fazer, o ato de *des*fazer o resultado da obrigação não cumprida. Desfazer é fazer ao contrário, o que, em termos processuais, nos leva para uma execução de obrigação de fazer. Por execução de obrigação de não-fazer, devemos entender os meios processuais para se impedir, coativamente, que se faça aquilo que não se deve fazer.

(declarar e constituir) não podem ser (provisoriamente) antecipados"[177].

Apresentado este sintético panorama, extraio que o sucesso da antecipação se fará mais presente nos casos em que for possível um provimento com alguma dose de mandamento, entendido este como uma ordem dirigida à parte, cujo descumprimento possa ser substituído por uma atividade que seja ou praticada pelo próprio Estado, ou imposta diretamente pelo uso da sua força, arcando o requerente, a princípio, com as despesas necessárias à sua efetivação. Num outro grau, de inferior efetividade, encontram-se os provimentos sujeitos à execução por processo próprio, sem força mandamental, caso em que a antecipação resume-se a propiciar o início de uma atividade processual que só teria lugar após o termo final do processo de conhecimento. Ainda nestes casos, é possível praticamente impor maior ou menor efetividade conforme os limites e contornos que se estabelecerem para o sistema de execução provisória.

3. A antecipação de provimentos e o equilíbrio processual.

a) Considerações gerais.

Feitas as considerações supra a respeito dos provimentos que podem ser utilmente antecipados, resta tecer algumas considerações sobre a oportunidade e conveniência de se conceder tais antecipações. A grande questão a ser analisada está em saber em que medida as antecipações de tutela podem gerar desequilíbrio, ou, ao contrário, promover um equilíbrio entre as posições das partes, e que colaboração podem trazer para a efetividade do processo civil.

Pensemos, num primeiro momento, nas relações humanas e nos conflitos que delas decorrem. Assim, neste primeiro momento, evitemos falar em autor ou réu, que são posições que os sujeitos envolvidos no conflito irão ocupar apenas quando da instauração do processo.

---

177 "A 'antecipação' da tutela na recente reforma processual", *in Reforma do Código de Processo Civil*, p. 132.

Havendo um conflito entre dois sujeitos, estamos diante de uma situação em que a satisfação do interesse de uma das partes leva à não satisfação do interesse da outra, e vice-versa. Levando em conta o que é necessário para a satisfação do interesse destas partes, e procurando exprimi-lo de modo a alcançar a generalidade das relações jurídicas existentes, podemos afirmar que seus interesses se satisfazem ou com a manutenção, ou com a modificação do estado das coisas. Daí, podemos ter conflitos com os seguintes contornos: ou uma das partes quer uma alteração da situação, contra o desejo, da outra parte, de manutenção deste estado, ou ambas desejam alguma modificação do estado de fato, evidentemente em sentidos contrários.

Tomemos, em primeiro lugar, o conflito em que a uma das partes interessa a manutenção do estado atual: se é a outra parte quem tem razão, e que mereceria ver seu interesse satisfeito, o conflito é fator de desequilíbrio e injustiça, pois posterga no tempo a realização de um direito que, respeitado, deveria ter sido observado no momento em que se tornou exigível, enquanto, de outro lado, mantém uma das partes em posição cômoda, de espera. Já no conflito em que ambos os sujeitos querem alguma modificação, pode ser que a manutenção do estado atual seja mais benéfica a um do que ao outro, caso em que se pode tirar idênticas conclusões.

Assim, vindo os litigantes a juízo, à parte a angústia que ambos podem sofrer com o prolongamento do seu trâmite (sentimento este que afligirá em maior grau o litigante não-habitual, e simplesmente inexistirá para alguns litigantes habituais impessoais, como as grandes empresas e corporações, ou mesmo a Fazenda Pública), fica claro que a uma das partes pode interessar a manutenção da situação atual, não lhe importando a duração do processo, antes até lhe favorecendo a demora.

Diante deste quadro, é de se ver que os trâmites e formalidades do processo mais demorados podem colaborar por acentuar a situação de desequilíbrio que ocorre no plano do direito material, postergando a realização do direito. Mas esta conclusão pressupõe sabermos que assiste razão à parte que pretende a modificação. Mas, e se for o contrário, se quem tiver razão for aquele a quem interessa a manutenção da situação atual? Neste caso, a demora do processo será apenas fator de angústia e insegurança para aquele que tem razão; mas não ocorre protelação à realização do direito.

Por outro lado, o processo também tem o seu prumo, que, respeitado, irá propiciar um processo justo. Devemos assegurar uma igualdade de possibilidades às partes. Devemos, igualmente, zelar pela realização dos princípios informativos do processo, sobre os quais já desenvolvi algumas palavras[178]. Por isso, se de um lado pode ser desejável a criação de mecanismos que permitam uma satisfação mais imediata do direito pretendido - para atenuar o desequilíbrio existente no plano material -, por outro lado o respeito aos princípios jurídico e político do processo não recomenda ao Estado impor uma modificação provisória e imediata do estado de coisas, apenas para inverter as posições, de modo que a parte que se satisfazia com a manutenção do estado das coisas passe agora à posição de desconforto, desejando o retorno àquele estado original, e tornando-se a outra parte despreocupada com o alcance do termo final. Antecipar-se um provimento jurisdicional para apenas causar esta inversão seria uma profunda iniqüidade.

Destarte, enquanto se busca dar efetividade ao processo, importa reconhecer em que medida a efetividade consiste em dar uma tutela antecipada, ou em que medida a efetividade - também identificada com um processo justo e equilibrado - importa em não concedê-la. Assim, mostra-se necessário identificar os motivos pelos quais as antecipações possam ser justificadas, pois, como decorrência da exposição acima, a mera circunstância de que o processo é lento não pode servir para fundamentar a criação de mecanismos tais.

Os requisitos a orientar a possibilidade da concessão de antecipações devem ser três: o grau de convencimento acerca da existência do direito que se quer antecipar, o grau de urgência que a situação fática está a demandar e o grau de onerosidade que a medida possa causar à parte contrária.

---

178 V. Capítulo II.

b) Certeza, probabilidade e verossimilhança.

No que diz respeito ao grau de convencimento acerca da existência do direito, podemos estabelecer uma escala entre a certeza, a probabilidade e a verossimilhança.

Em todos os tipos de processo, algum tipo de cognição o juiz deverá estabelecer com os fatos da causa. Todos os tipos de tutela jurisdicional são concedidos a partir de fatos dados, dos quais se extraem os direitos que as partes querem ver assegurados pela intervenção estatal. Para que se possa impor um provimento jurisdicional, é evidentemente necessário que o juiz parta de fatos havidos como verdadeiros, sobre os quais se ajusta a tutela concedida. Mas, o que é a verdade?

É hábito dizer que o processo civil contenta-se com a "verdade formal", em contraposição à "verdade real" que se busca alcançar no processo penal. A distinção entre os ramos processuais, colocada nestas palavras, nunca me convenceu. Igualmente contrário a estas diferenciações, coloca-se Barbosa Moreira, em tom de crítica:

> "Dizer que o processo penal persegue a chamada 'verdade real', ao passo que o processo civil se satisfaz com a denominada 'verdade formal', é repetir qual papagaio tolices mil vezes desmentidas. A verdade é uma e interessa a qualquer processo, se bem que a justiça possa (e às vezes deva) renunciar - na área civil e na penal - à sua reconstituição completa, em atenção a outros valores de igual dignidade"[179].

Ademais, não me parece possível demonstrar, nem teoricamente, nem a partir da constatação prática, que o juiz criminal chegue mais próximo da verdade do que o seu colega da esfera cível. A distinção que vejo nos dois sistemas está em que, no processo penal, exige-se maior grau de certeza acerca da verdade dos fatos para a condenação do acusado; e a dúvida o beneficia. No processo civil, embora também se busque chegar o mais próximo possível da verdade, o equilíbrio entre as partes e na distribuição dos ônus da prova faz com que, muitas vezes, o julgamento seja

---

179 José Carlos Barbosa Moreira, "A Constituição e as Provas Ilicitamente Obtidas" *in Temas de Direito Processual Civil*, sexta série.

fundado numa confissão ficta ou numa presunção decorrente da não-atenção a estes ônus. O grau de certeza quanto à verdade dos fatos pode ser menor. Mas daí a dizer que o processo penal busca a verdade real e o civil, a formal, temos uma grande distância: a própria exigência de maior certeza para condenação é fator de distanciamento da verdade, pois pode beneficiar aquele que verdadeiramente cometeu o crime; aqui, a verdade não apareceu com a clareza necessária, e o réu, embora criminoso, será absolvido.

A verdadeira distinção, em matéria de prova, entre os processos civil e penal, reside no equilíbrio existente entre os litigantes do primeiro, e no desequilíbrio que se apura no segundo, aliado ao fato de que, no processo penal, no mais das vezes, nos crimes apenados com detenção ou reclusão, está em jogo a liberdade do acusado. Daí, exigir-se, para sua condenação, maior grau de certeza do que para sua absolvição, o que, nem de longe, significa que estamos assim mais perto da verdade. No processo civil, o equilíbrio entre os litigantes e a necessidade de proferir julgamento dispensam tal grau de certeza. Neste, a incerteza se voltará contra quem teve o ônus da prova, e dele não se desincumbiu.

Descarto, portanto, qualquer alusão à verdade formal, como objetivo do processo civil. Todos os tipos de processo devem buscar encontrar a verdade real, mas se deparam com o problema de que isto nem sempre é possível. O efetivo conhecimento da verdade real pressupõe ser o juiz dotado do dom da onisciência. A verdade real corresponde aos fatos, exatamente como aconteceram. Conquanto óbvia esta afirmação, chegar-se a esta verdade real, assim tão precisa, não é tarefa fácil. Não raro, sequer as partes litigantes têm o conhecimento completo desta verdade real; idem as testemunhas; mesmo os demais meios de prova irão sempre espelhar um pedaço - nem sempre verdadeiro - da realidade. Daí a dificuldade em se obter a verdade real, seja no processo, seja em qualquer lugar ou atividade.

Assim, para melhor compreensão do que pretendo expor, imaginemos que existisse, para o nosso mundo, um registrador de todos os fatos que ocorrem, a cada instante, em todos os lugares, algo como aquele aparelho que grava os acontecimentos sucedidos no interior da cabine de comando das aeronaves, conhecido popularmente como "caixa preta". Existisse semelhante - e terrível, do ponto de vista das liberdades individuais - apetrecho tecnológico, ali estaria armazenada a tal "verdade real". Toda apuração dos fatos feita pelos demais meios - ou seja, dos meios que dispomos - permitem apenas uma aproximação com a verdade real, pois sempre os fatos chegam ao investigador através de algum intermediário falível.

A conclusão que tiro dessas linhas, apenas com o intuito de dar prosseguimento a este capítulo, é que embora deva o processo - qualquer processo - perseguir a chamada verdade real, esta é inatingível, ou, ao menos, nunca se poderá saber se, no caso concreto, ela foi obtida, pois não temos o nosso "registrador" para podermos estabelecer uma comparação. Procuramos a verdade real, mas a verdade a que chega o processo é sempre uma verdade formal, uma verdade obtida mediante o emprego de um procedimento, de regras formais que dispõem sobre a aceitação, colheita, ônus e valoração da prova. Ao final do processo, não podendo dizer *"sibi non liquet"*, como o fazia seu ancestral romano, e livrar-se da difícil tarefa de julgar fatos não aclarados, o magistrado, ante a falta de provas, utilizará de regras formais de distribuição dos ônus da prova; havendo provas conflitantes, pouco precisas, ou de duvidosa autenticidade, deverá o juiz, justificadamente, assumir o que mais se aproxima da verdade, a partir daquele precário quadro instrutório. Mas é evidente que a nenhuma destas situações podemos atribuir uma certeza de que se chegou à verdade, mas tão-somente podemos dizer qual a verdade que decorre do processo; uma verdade formal, portanto, por mais profunda e dilatada que tenha sido a instrução. Mais perto estaremos da verdade, quando todas as provas, sem vacilos, apontarem para a ocorrência de um dado fato; ou ainda mais, diante de uma confissão judicial expressa, oral, feita pela parte, diante do juiz - certamente o mais contundente dos meios de prova. Mesmo nestes últimos casos, conquanto impossíveis de recusar, no processo, os fatos assim provados, nem sempre estaremos diante da verdade real: as provas podem não ser autênticas, ou pode haver outros fatos que poderiam influir no julgamento, não provados, ou que não sejam sequer do conhecimento da parte interessada; a confissão pode ter sido motivada por razões outras... Por isso, insisto, a verdade a que se chega no processo é sempre uma verdade formal, uma verdade trazida ao juiz por meios intermediários, sempre falíveis. Ainda que a verdade encontrada no processo corresponda à verdade real - e quero crer que isto ocorra na grande maioria das vezes -, nós não teremos meios de confirmar isto, pela inexistência do nosso "registrador". De qualquer modo, é disto que dispomos, e com isso irei trabalhar a questão.

Podemos falar, assim, em "graus de convencimento"[180] para designar a maior ou menor convicção a que podemos chegar, a respeito da ocorrência de um evento. E, neste campo, podemos falar nas expressões "certeza", "probabilidade" e "verossimilhança".

A certeza é o mais alto grau de convencimento a respeito do fato, significa a perfeita convicção de que o fato ocorreu, ou não ocorreu. Se voltarmos a pensar no desenvolvimento feito acima, chegaremos à conclusão de que toda certeza é relativa, baseada no campo de visão do sujeito que atinge esta convicção. Não se deve confundir a certeza com a verdade real, sendo aquela apenas a convicção extraída a partir dos elementos de que se dispõe, o que não exclui a possível existência de outros elementos, não acessíveis, que pudessem esmaecer esta certeza. Por isso, na vida, talvez não seja possível falar em certeza, de modo absoluto. Para o processo, que deve ser encerrado dentro de algum tempo razoável, a certeza só pode ser obtida ao final de regular instrução, porque enquanto existir a possibilidade de trazer novos elementos probatórios, enquanto não exaurida esta oportunidade, sempre estaremos formulando um juízo parcial, em que não nos utilizamos sequer dos elementos de prova eventualmente disponíveis. De todo modo, a certeza a que chega o juiz será sempre uma certeza formal, baseada nos elementos de convicção contidos nos autos, cuja produção se encontra limitada no tempo pelos prazos e momentos estabelecidos na lei processual.

---

180 Discordo, assim, de opiniões contrárias, que afirmam que *"o convencimento não tem graduações"* (Hermann Homem de Carvalho Roenick, "Algumas reflexões sobre a verdade e a certeza no campo probatório", *in Ajuris*, nº 68, p. 56), ao menos no que tange ao convencimento do juiz no processo. Mesmo não se achando plenamente convencido da verdade, mas não podendo deixar de julgar, o juiz deverá decidir pelo mais provável ou mediante a aplicação de regras formais. Se esta é a certeza processual, formal, nem por isso deixaremos de ter sentenças proferidas com maior ou menor convicção por parte do magistrado.

Assim, sob o prisma do processo, certeza é a convicção que se extrai dos elementos de prova produzidos, e a partir do momento em que outros elementos não mais sejam admitidos. Mas mesmo a certeza comporta, no processo, algumas nuances. A certeza consiste em um elevado grau de convicção, que, em tese, permitiria a qualquer um assumir aquele mesmo resultado como verdadeiro, e decorre de elementos de prova positivos, que demonstram o fato. De outro lado, as normas processuais impõem critérios de estabelecimento de uma certeza puramente formal, a partir da distribuição dos ônus da prova e, neste caso, a certeza a que chega o magistrado seria aquela a que qualquer um também chegaria, se observados os mesmos preceitos, diante daquele quadro probatório escasso. Em situações assim, não está incutida no espírito do juiz nenhuma convicção sobre o fato, mas apenas a convicção sobre *como julgar* o fato. E além destas situações, em outras tantas, dado o quadro probatório confuso ou conflitante, a certeza do juiz irá decorrer de interpretações e juízos de valor que seriam perfeitamente passíveis de serem compreendidos de modo diverso, por outra pessoa.

Verossimilhança, por seu turno, é a semelhança com a verdade, é a aparência de verdadeiro. Verossímil e provável são dois vocábulos que podem, dependendo do contexto, ser havidos como sinônimos, neste sentido de serem uma "aparência da verdade". Mas há uma significativa variação, a destacar o grau de convencimento que se quer exprimir por meio deles. "Provável" é algo mais do que a mera aparência da verdade, mas algo "que se pode provar", ou "que apresenta probabilidades de acontecer"; e probabilidade é o "motivo ou indício que deixa presumir a verdade ou a possibilidade do fato", conforme menciona o popular e respeitado Dicionário Aurélio. Por seu turno, a palavra "verossimilhança" é empregada para designar a "coerência interna da obra literária no tocante ao mundo imaginário das personagens e situações recriadas". Importa, ainda, fazer menção ao significado do antônimo, "inverossímil", que também pode querer dizer "inacreditável".

Assim, uma estória de ficção, sabidamente imaginária, pode ser considerada verossímil. Uma narrativa coerente, então, feita por qualquer das partes do processo, há de ser considerada verossímil, a menos que traga fatos evidentemente fantasiosos, ou inacreditáveis. Já a probabilidade quer significar as chances de que o fato tenha se dado de tal ou qual maneira, chances que são consideradas a partir de algum elemento de convicção outro, que não a mera coerência da exposição. Veja-se que, para a matemática, probabilidade - ainda segundo o Dicionário Aurélio - quer dizer um "número positivo menor que a unidade, que se associa a um evento aleatório, e que se mede pela freqüência relativa da sua ocorrência numa longa sucessão de eventos". Ou seja, um número *entre* zero e um, mas que não pode ser nem zero, nem um, pois zero representaria a total falta de possibilidade, ou a certeza da inexistência do fato, e o número um representaria a certeza de sua existência; se não há certeza, nem da existência, nem da inexistência do fato, temos algum grau de probabilidade, menor ou maior, da sua verificação. O mesmo significado tem a palavra para nós, apenas que, para a nossa ciência humana, o grau de probabilidade não pode ser expresso numericamente, mas com a força de uma exposição racional. E diremos provável o fato, quando forem grandes as chances de sua verificação; improvável, quando poucas, ou ínfimas. Mas são todos - mais ou menos prováveis - verossímeis, como verossímil também pode ser a ficção. Só não é verossímil aquilo que não pode, em si, ser verdadeiro, por fantástico, absurdo, sobrenatural.

Transpondo para o processo, a certeza processual é atingida ao final do processo, seja por convencimento pleno do juiz, seja pela adoção de regras formais sobre a prova, hipótese em que esta certeza processual, em termos filosóficos, seria considerada apenas uma probabilidade. E, durante o curso do processo, temos tão-somente probabilidades.

Para concessão de liminares em geral, o Direito Processual já utiliza o conceito de "juízo de probabilidade", para designar o tipo de cognição que o juiz iria estabelecer com a causa, ao apreciar esta questão. Assim, para a concessão de liminares não se espera a certeza, nem mesmo uma certeza formal, quanto à existência do direito pretendido, mas contentamo-nos com probabilidades. A Reforma inseriu entre os requisitos para a antecipação de tutela, no artigo 273, a verossimilhança, daí este conceito ter merecido alguma consideração de minha parte, neste capítulo.

No direito em vigor, consta que a referência à verossimilhança, até então, figurava apenas no Código do Consumidor, em seu artigo 6º, inciso VII, que traz, entre os direitos básicos do consumidor, *"a facilitação da defesa de seus direitos, inclusive com inversão do ônus da prova, a seu favor, no processo civil, quando, a critério do juiz, for verossímil a alegação ou quando for ele hipossuficiente, segundo as regras ordinárias de experiência"*. À evidência, "verossímil" assume, no dispositivo em questão, a conotação acima exposta: basta uma narrativa coerente, que se pareça com aquilo que ordinariamente acontece, ou que possa acontecer, para que seja lícita a determinação de inversão do ônus da prova. A norma se justifica por representar um tratamento diferenciado em favor daquele que é identificado como sendo o elo mais fraco da relação, assumindo o legislador - e o juiz ao determinar a inversão - que o fornecedor deve ter maior possibilidade prática de realizar a prova; ou, que passe a agir de modo a se cercar de todas as provas necessárias à demonstração dos fatos inerentes às suas atividades.

Também no Código de 1939 se falava em verossimilhança, igualmente neste sentido de narrativa coerente, plausível. Menos rigoroso que o diploma atual, quanto às confissões fictas, nos casos de não-exibição do documento pela parte contrária e de não-comparecimento ou recusa da parte em prestar depoimento pessoal, a presunção de veracidade poderia ser aplicada se os fatos fossem verossímeis e estivessem coerentes com as demais provas dos autos[181]. No artigo 253, o Código revogado também buscava na

---

181 Refiro-me aos artigos 219 e 229 do diploma anterior, cujo texto dizia:
"Art. 219 - Desde que só o exame do documento possa confirmar ou destruir as alegações do requerente, o juiz poderá considerá-las provadas, se forem verossímeis e estiverem coerentes com as demais provas dos autos: I - quando a parte condenada a exibi-lo negar que o possua, ou recusar a exibição; II - quando as circunstâncias convencerem de que a parte condenada à exibição ocultou ou inutilizou o documento, para impedir-lhe o uso pelo requerente".
"Art. 229 - O depoimento da parte será sempre determinado com a cominação de confessa. § 1º - A parte será inquirida na forma prevista para a inquirição das testemunhas. § 2º - Se a parte não comparecer, ou, comparecendo, se recusar a depor, será havida por confessa, presumindo-se verdadeiros os fatos alegados contra ela, desde que verossímeis e coerentes com as demais provas dos autos".
Embora os atuais artigos 343, §2º, e 359 nada mencionem acerca da verossimilhança, é evidente que não pode o juiz, em razão da aplicação da

verossimilhança um critério para que o juiz apreciasse a prova de indícios e presunções[182].

Já no artigo 273, modificado pela Reforma, a palavra evidentemente foi utilizada no sentido de *probabilidade* e, do conjunto do texto, e pela natureza da medida de que a "verossimilhança" é requisito, há de se entendê-la como uma *probabilidade elevada*. Não se admitiria que uma mera narrativa coerente pudesse dar ensejo à antecipação de tutela, sem um mínimo de elementos que apontassem a existência do direito pretendido pelo autor. De outro lado, como se faz menção à existência de "prova inequívoca" - expressão também inadequada pois *"prova inequívoca, como verdade processual, não existe, porque toda e qualquer prova depende de valoração judicial para ser reconhecida como boa, ou má, em face do princípio do livre convencimento (art. 131)"[183]* -, fica evidente que não se funda a antecipação em mera similitude com a verdade, mas em forte probabilidade da existência do direito. Como anota Cândido Rangel Dinamarco, *"aproximadas as duas locuções formalmente contraditórias contidas no art. 273 do Código de Processo Civil (prova inequívoca e convencer-se da verossimilhança), chega-se ao conceito de probabilidade, portador de maior segurança do que a mera verossimilhança"[184]*. Não se exige, então, a certeza, mas, no mínimo, uma forte probabilidade. Neste mesmo sentido, afirma Barbosa Moreira:

> *"Por outro lado, a palavra verossimilhança também não me parece retratar, no seu sentido literal, o que se quis dizer aqui. Verossimilhança significa qualidade daquilo que parece verdadeiro, que não parece falso, que o nosso espírito não rejeita imediatamente como falso, admite que possa ser verdadeiro. É pouco, a meu ver, para a*

lei, assumir como verdadeiros fatos inverossímeis; do confronto entre os textos, o aumento do rigor do Código atual fica por conta da desnecessidade de coerência com as demais provas dos autos, para aplicar-se a confissão ficta.

182 Assim dispunha este artigo: *"Art. 253 - Na apreciação dos indícios, o juiz considerará livremente a natureza do negócio a reputação dos indiciados e a verossimilhança dos fatos alegados na inicial e na defesa"*.

183 Antônio Cláudio da Costa Machado, *A reforma do processo civil interpretada*, p. 20.

184 *A reforma do Código de Processo Civil*, p. 143.

concessão da tutela antecipada, e é pouco, sobretudo, à vista da cláusula referente à prova inequívoca.

"Um pouco mais que verossimilhança deve ser exigido aqui. O juiz deve reclamar uma forte probabilidade de que o direito alegado realmente exista. Penso que a palavra ideal seria probabilidade, e não verossimilhança. Não basta que a versão dos fatos oferecida pelo autor seja tal que o espírito do juiz não a rejeite como evidentemente falsa. É preciso algo mais. É preciso que ela, corroborada pelos elementos de prova existentes nos autos, se lhe afigure, não digo necessariamente certa, mas, pelo menos, altamente provável. Uma forte dose de probabilidade deve haver no sentido de persuadir o juiz de que, pelo que consta dos autos, pelo que se pôde apurar até então, é bem mais provável que ao final se tenha de dar ganho de causa ao autor do que a hipótese contrária"[185].

Traçadas estas considerações sobre o significado de certeza, probabilidade e verossimilhança, é de se salientar que apenas as duas primeiras importam para o objeto deste capítulo, vez que o requisito do artigo 273 é, em verdade, a probabilidade, e não a verossimilhança, como consta do texto. E, evidentemente, qualquer que seja a situação que permita a antecipação, além da prevista no artigo 273, não podemos admitir que seja concedida apenas fundando-se em uma narrativa coerente.

c) Urgência.

O conceito de urgência não é difícil de precisar. A urgência é uma situação de emergência, que exige pronta atuação para evitar-se dano irreparável. Apenas não pode ser confundida com a pressa, com a vontade - sempre presente - que todos temos de obter uma solução rápida para nossas aflições.

Infelizmente, o tempo é implacável... e invencível. Por isso, embora seja uma afirmação óbvia, devo dizer que o processo nunca irá propiciar à parte que tem razão *exatamente* aquilo a que tem direito, porquanto isto só lhe seria conferido pela satisfação do direito no momento em que este se tornou devido; *antes*, portanto

---

185 "A antecipação da tutela jurisdicional na reforma do Código de Processo Civil", *in Revista de Processo* n° 81, pp. 203-204.

do processo. E, além disso, inevitavelmente, o mais rápido dos processos ainda irá demorar mais do que a parte poderia desejar. O que se pode fazer, apenas, é tentar evitar que o processo *"divenga strumento per allontanare nel tempo la realizzazione dei diritti consentendo quindi una sorta di radicamento dell'ingiustizia"*[186]. Neste sentido, pode-se tentar minimizar o tempo de duração do processo mediante sua simplificação[187], ou criando mecanismos que estimulem as partes a não se valerem de todos os meios processuais disponíveis, transferindo o inconveniente da demora ao vencido[188]. Aliadas a um adequado aparelhamento do Poder Judiciário, estas seriam as vias para se tentar diminuir, como um todo, o tempo de duração dos processos.

Outra coisa, porém, são as situações de emergência em que o direito está em vias de perecer, ou tornar-se de difícil ou impossível satisfação futura, ou, ainda, em que a parte está na iminência de sofrer dano irreparável, casos em que de nada valeria a futura entrega da prestação jurisdicional. Em situações tais, existe a urgência em conceder-se alguma medida, a fim de assegurar a utilidade do provimento definitivo a ser posteriormente entregue, caso a parte tenha razão.

d) Relação entre probabilidade e urgência.

Feitas as considerações acerca da probabilidade e da urgência, quais as relações que podemos estabelecer entre elas e a concessão da antecipação?

Num primeiro aspecto, temos que tais requisitos devem ser vistos como complementares: a presença, em maior grau, de um deles, supre o menor grau de ocorrência do outro requisito. A maior urgência na obtenção de um provimento poderá compensar um menor grau de probabilidade, para admitir a concessão; uma probabilidade muito elevada poderá até mesmo suprimir a necessidade de urgência.

---

186 Nicolò Lipari, Relatório apresentado à Comissão de Justiça do Senado italiano sobre a reforma do processo civil, in *Rivista trimestrale di diritto processuale civile*, 1986, p. 319.
187 V. capítulo V.
188 V. capítulo VIII.

A esta parte final do parágrafo anterior, é possível acrescentar que a probabilidade de existência do direito deve sempre estar presente; é inadmissível proferir um provimento concedendo tutela a direito cuja probabilidade de existir seja nenhuma, ou muitíssimo remota. Já a urgência nem sempre é solicitada, podendo ser compensada pelo alto grau de probabilidade de existência do direito, caso em que a antecipação terá nitidamente um caráter satisfativo, e, não, cautelar.

Traçando um paralelo com o nosso direito positivo em vigor, a antecipação de tutela inserida no artigo 273, de certo modo, chegou a ser tímida no que toca às situações em que a probabilidade de existência do direito esteja muito evidenciada. Condicionando sua concessão ou em situações de urgência (inciso I), ou no comportamento malicioso do réu (inciso II), distanciou-se o legislador brasileiro do modelo italiano, instituído com a reforma de 1990, que permite a antecipação em caso de haver somas não contestadas pelo réu[189]. É profundamente contraditório que em tal hipótese não exista previsão legal para proferir qualquer tipo de antecipação, pois a probabilidade de existência do direito, aqui, é sensivelmente maior do que nos casos em que a medida foi autorizada pelo legislador.

Ovídio Baptista da Silva, em comentário ao artigo 273, analisa a possibilidade teórica de antecipação fundada, não apenas em probabilidade, mas na "evidência" da existência do direito postulado:

> *"c)* Terceira hipótese não prevista pelo legislador. *Imaginemos que o juiz, ante o pedido do autor e seus fundamentos, verifique que a defesa do demandado é manifestamente improcedente, simplesmente graciosa, ante a* evidência *- não mais simples* verossimilhança *- da legitimidade do pedido formulado pelo autor na ação.*
>
> *"Cuida-se aqui de caso em que o direito, ao invés de apenas* aparente, *mostra-se* evidente. *Tivemos*

---

189 O artigo 186bis do Código italiano assim dispõe: *"Ordinanza per il pagamento di somme non contestate. - Su istanza di parti il giudice istruttore può disporre, fino al momento della precisazione delle conclusioni [189], il pagamento delle somme non contestate dalle parti costituite".*

oportunidade de referir como o moderno direito francês tratou dessa espécie, ao legitimar a concessão da tutela sempre que o direito entremostre-se tão evidente que o magistrado não vislumbre qualquer espécie de defesa consistente de infirmar-lhe a legitimidade (Curso de processo civil, cit. v. 3, p. 56).

"Que o juiz esteja igualmente autorizado a antecipar os efeitos da tutela, quando o direito, mais do que verossímil, mostre-se evidente, *não pode caber dúvida. A questão é saber se, ocorrendo esta hipótese, não estaria o magistrado autorizado a julgar desde logo procedente a ação, proferindo sentença de mérito.*

"O direito contra o qual o juiz não vislumbre a existência de qualquer contestação séria que lhe possa ser oposta é 'direito líquido e certo', a exigir tutela definitiva e imediata.

"A hipótese poderia, com alguma liberdade exegética, ser enquadrada no art. 330, II, do Código de Processo Civil, como um caso em que, embora tratando-se de controvérsia sobre fato, poderia o legislador dispensar a produção de prova em audiência, tendo em vista a inutilidade, ou o caráter protelatório da prova.

"De qualquer modo, estaríamos fora do alcance do art. 273, que se limita a prover sobre a antecipação dos efeitos da tutela pretendida pelo autor, havendo verossimilhança do direito por este alegado na ação, não tratando de 'direitos líquidos e certos' "[190].

Quanto à dúvida esboçada pelo autor do trecho acima citado, acrescento que a possibilidade de julgamento antecipado, nos termos do artigo 330, II, do CPC, nem sempre se fará presente, mesmo nos casos em que exista evidência acerca da existência do direito do autor. É que esta evidência pode recair sobre apenas parte do direito pleiteado. Ou, mesmo que se mostre possível o julgamento antecipado, ainda assim pode-se vislumbrar a cumulação deste com a antecipação de tutela, o que terá o

---

190 "A 'antecipação' da tutela na recente reforma processual", *in Reforma do Código de Processo Civil*, p. 140.

significado de determinar a execução imediata da sentença (ou de parte dela, conforme a extensão da decisão de antecipação), independentemente da interposição de recurso que tenha, em regra, o efeito suspensivo.

É de se ver que a proposta original, redigida pela Comissão Revisora do Código de Processo Civil, nomeada em 1985, adotava uma linha muito mais voltada para a antecipação fundada em elevada probabilidade de existência do direito. Dizia o texto:

> *"I - ocorrendo a revelia, haja prova documental convincente da pretensão do requerente; II - a contestação oferecida pelo réu careça de consistência nos pontos fundamentais do litígio, evidenciando-se como injusto prejuízo para o autor a dilação, para final, da tutela pretendida"*[191].

Na redação final tornada lei, como se sabe, inseriu-se, a variável "urgência" como pressuposto de concessão da antecipação[192], mas a alta probabilidade da existência do direito, mesmo que incontroverso, não aparece no texto como razão autônoma para a medida, mas apenas como pré-requisito a autorizar a concessão fundada nos motivos descritos nos incisos do artigo 273.

Em termos teóricos, como tenho analisado a questão, sustento que os fundamentos para a antecipação deveriam ser - em qualquer caso e em qualquer momento do processo - fruto de um misto de probabilidade e urgência, ou de um alto grau de probabilidade, que se aproxime da certeza, mesmo que desprovido de urgência[193].

---

191 Cf. Kazuo Watanabe, "Tutela antecipatória e tutela específica das obrigações de fazer e não fazer", *in Reforma do Código de Processo Civil*, p. 33.

192 E, assim como Antônio Cláudio da Costa Machado ("Observações sobre a natureza cautelar da tutela antecipatória do art. 273, I, do CPC", *in Reforma do Código de Processo Civil*), vejo no inciso I, do artigo 273, medida de cunho nitidamente cautelar inserida no bojo do processo de conhecimento.

193 Quanto aos casos de incontrovérsia parcial, algumas considerações sobre a questão serão abordadas no Capítulo VIII, adiante; já no que toca à antecipação como punição ao réu (inciso II do art. 273), v. o número 4, do presente Capítulo, e também o Capítulo VIII.

e) Onerosidade à parte contrária e o ponto de equilíbrio.

Em sentido inversamente proporcional ao binômio probabilidade/urgência, trabalha o outro requisito, qual seja, o grau de onerosidade que a medida irá acarretar ao outro litigante. Se a medida lhe for pouco danosa, menos se poderá exigir em termos de urgência e probabilidade[194]; se, por outro lado, lhe causar gravame, a concessão pressupõe uma integração de urgência/probabilidade mais acentuada.

Integra o conceito de onerosidade a *"irreversibilidade do provimento"*, para utilizar a expressão contida no artigo 273, §2°, que deve ser entendida, isto sim, como irreversibilidade dos efeitos provocados pela medida, já que o ato jurisdicional, em si, é sempre reversível. Quanto mais difícil ou custoso reverter as coisas ao seu estado anterior, mais a concessão de antecipação deve ser considerada onerosa. É evidente que quando se fala em reversibilidade, não se pode pensar em apenas duas situações, de modo que ou a medida seja reversível ou irreversível. É possível que a reversibilidade seja de difícil realização, ou demande tempo, dinheiro e muita atividade processual. Assim, é possível apurar no caso concreto o quanto a medida pode ser mais ou menos facilmente reversível. A sustação de protesto é reversível com uma simples penada, cassando a decisão e liberando o cartório extrajudicial a prosseguir com as anotações devidas; a suspensão de realização de algum ato processual - pedida, por exemplo, em embargos de terceiro, mandado de segurança, ou medidas cautelares - igualmente pode ser reversível sem grande dificuldade. São estes exemplos algumas das situações em que a reversibilidade da medida atinge o seu maior grau, trazendo, como único gravame à parte contrária, o decurso do tempo. A determinação para que se preste contas, seja em ação autônoma, seja como incidente em ações de falência ou inventário, é também medida prontamente reversível e muito pouco onerosa ao adversário. Outras situações, como bloqueio de bens ou quantias em dinheiro, podem ser

---

194 É o caso típico da produção antecipada de prova. Uma das medidas antecipatórias menos danosas à parte contrária mas que, paradoxalmente, é freqüentemente concedida sob a exigência de prévia caução, é a sustação de protesto de títulos. Sua concessão liminar, mesmo *inaudita altera parte*, não causa nenhum gravame imediato à parte contrária, a não ser a mera espera. Não seria despropositado, assim, concedê-la sem exigências, ao menos até que a parte contrária compareça e se manifeste.

prontamente reversíveis, mas podem causar algum prejuízo em razão da indisponibilidade do patrimônio por algum período. Já medidas que levem a alguma transferência de patrimônio, ou propiciem uso de bens, ou disponibilidade de direitos a uma das partes, ainda que provisoriamente, podem ser medidas de difícil reversão, ou mesmo irreversíveis, de modo que à parte contrária restaria apenas ressarcir-se dos prejuízos, caso em que o sistema só lhe poderia oferecer a desanimadora via da execução por quantia certa. Em casos tais, talvez só em situações excepcionalíssimas, de extrema gravidade, fosse conveniente autorizar uma medida antecipatória.

Uma maneira de aliviar a carga contrária que representa a onerosidade da concessão da medida consiste em exigir a prestação de caução. A exigência de cautela, porém, causa uma distorção: o litigante pobre, no mais das vezes, não terá como prestar caução para ver cumprida a medida, ao passo que dispensá-la pode ser algo temerário. Isto causa a sensação, na população, de que quem dispõe de recursos pode "comprar" a medida antecipatória, e quem não os tem, que se contente com os trâmites ordinários do processo. Infelizmente, não vejo maneira simples de contornar o inconveniente, causado pela diferença existente entre as possibilidades dos diversos tipos de litigantes.

Em conclusão, toda forma de antecipação deve ser fundada num exame destes três elementos: probabilidade, urgência e onerosidade. A afirmação, é verdade, não encerra grande novidade, pois este deve ser, sempre, o raciocínio que o juiz desenvolve ao conceder medidas antecipativas. O que quero propor, em termos de efetividade do processo civil, é que esta proporcionalidade seja transposta para todo o sistema. A lei - e não apenas o juiz - deve ter em vista a aplicação proporcional destes três requisitos, quando estabelecer situações em que seja admitida a concessão de antecipações. Assim, teríamos que fazer uma revisão no sistema, incluindo-se os procedimentos especiais do Código e de leis extravagantes, para aferir em que medida as antecipações permitidas pelo legislador são fundadas em mais probabilidade/urgência e menos onerosidade do que outras situações da vida em que as antecipações não seriam admitidas. Estas observações são necessárias para estabelecer o quanto o sistema processual pode ser efetivo, no sentido não apenas de um processo ágil, mas fundamentalmente de um processo justo, que dispensa igual atenção às diversas categorias de direitos.

Falo aqui, então, num "equilíbrio processual" em relação a antecipação de provimentos, para designar um sistema em que - se fosse perfeito - os direitos tutelados seriam suscetíveis de antecipação na exata medida em que houvesse mais probabilidade/urgência e menos onerosidade. Direitos mais certos deveriam contar com medidas mais expeditas do que outros, menos certos. A mesma gradação deveria ser observada com as situações de urgência. A perfeição, evidentemente, é inatingível, por isso, o que se pode propor como meta é aproximarmos o mais possível o sistema processual de concessão de antecipações desta situação desejada e ideal.

f) Antecipações sem oitiva da parte contrária.

Ainda sobre as antecipações, importa estabelecer quais seriam os parâmetros desejáveis para as concessões de medidas *inaudita altera parte*. Medidas sem oitiva da parte contrária devem ser sempre havidas como excepcionais; a garantia do contraditório é por demais relevante para que se possa de modo freqüente, e sem razões muito graves, deixá-la de lado. Assim, tenho que concessões desta ordem só podem encontrar justificativa ou na escassez de tempo, ou na possibilidade de frustração da medida pela parte contrária, caso tome ciência do processo. No mais, a antecipação deve ser precedida de citação, manifestação e, caso se realizar qualquer tipo de instrução ou justificação, possibilidade de delas participar ativamente, ainda que nesta instaure-se apenas uma cognição superficial sobre os fatos da causa. Assim, se não se mostra possível a concessão da medida antecipatória sem oitiva do réu, por faltarem os elementos acima postos, uma vez que seja citado para os termos do processo deve-lhe ser assegurada a mesma oportunidade de atuação que é dada à parte contrária; se se tratar de um processo cautelar, de cognição sumária, desenvolvida em prazos exíguos, observados estes aspectos deve o réu ter a mesma oportunidade de participação; enfim, dentro da extensão da cognição que o procedimento - ou a fase em que estiver - permitir, ambas as partes devem ter as mesmas oportunidades.

É com base nesses argumentos que venho opor minhas críticas ao procedimento de concessão de liminares em ações possessórias, em especial no modo como é interpretada a audiência de justificação que por vezes se realiza. Em primeiro lugar, a concessão de medidas possessórias sem oitiva da parte contrária constitui nítida violação ao contraditório. A liminar, tal como prevista na lei, fundada apenas na demonstração da posse anterior e no esbulho ou turbação realizado a menos de ano e dia, prescinde do requisito urgência. Tenho-na como inconstitucional, se concedida *inaudita altera parte*, por violação das garantias do *due process of law* e do contraditório. Só se admitiriam medidas possessórias - ou de qualquer outra natureza - sem a oitiva da parte contrária se, como em qualquer outro caso, estivesse presente - e fosse alegado e minimamente demonstrado pelo demandante - um dos seus requisitos: urgência, ou possibilidade de frustração, hipóteses em que a medida assumiria muito mais um cunho cautelar do que possessório. A antecipação tipicamente possessória, fundada apenas nos requisitos que lhe são próprios, só poderia ser concedida com a oitiva da parte contrária. O oposto pode dar margem a abusos, ainda mais considerando que, em matéria possessória, a riqueza de detalhes e de situações fáticas possíveis torna difícil, senão impossível, a demonstração dos requisitos apenas por meio de documentos. Como assinala Humberto Theodoro Junior, *"adverte a boa doutrina e jurisprudência que todo cuidado é de ser dispensado pelo juiz à prova documental, in casu, já que, versando o interdito sobre fatos, como soem ser a posse, o esbulho, a turbação e a respectiva data, dificilmente seus pressupostos vêm retratados em verdadeiros documentos"*[195]. O grau de probabilidade da existência do direito, obtido com a colheita de prova meramente documental, não poderá ser suficiente para compensar o grau de onerosidade - um dos maiores dentro do sistema - que a consecução da medida irá causar à parte contrária.

Então, se é designada audiência de justificação e citado o réu, pode-se, a princípio, não se lhe dar margem a pleitear provas que exijam dilação maior do que a já definida, para a realização da audiência; entretanto, no mínimo, que sua participação nesta fase de cognição sumária se estabeleça em pé de igualdade com a parte contrária. Tenho, assim, como ultrapassados, pois em desacordo com o processo civil moderno, entendimentos que transformam o

---

195 *Curso de Direito Processual Civil*, vol. 3, p. 146.

réu da possessória em um mero espectador do processo, nesta sua primeira fase: citado, comparece à justificação, mas não se manifesta, nem pode produzir provas, restando-lhe apenas dirigir perguntas às testemunhas arroladas pelo autor, o que pouco significa[196]. São, a meu ver, entendimentos que repetem mecanicamente preceitos arraigados, sem questionar ou indagar qual o significado e a razão de não se permitir ao réu, mesmo sem dilatar o processo, contrapor-se ao autor valendo-se dos mesmos meios que a este são conferidos. Repito: as únicas razões para afastar-se o contraditório são a urgência e a possibilidade de frustração da medida. Uma vez citado, a possibilidade de frustração da medida, se estivesse presente, agora já não poderá ser evitada, com ou sem sua atuação no processo; se fosse urgente a medida (nem é o caso, na liminar tipicamente possessória), não seria a atuação do réu, na mesma audiência que deverão as partes aguardar, que irá postergar a concessão da antecipação. Não vemos, enfim, outra a razão para o entendimento aqui questionado, se não a facilidade de repetir-se fórmulas correntes.

Adroaldo Furtado Fabrício, sustentando a posição contrária, arremata, em conclusão, que *"a indicação de testemunhas pelo réu só seria aceitável quando se admitisse um verdadeiro contraditório prévio, ainda na fase inicial do processo - como se se tratasse do velho* summarisimum possessorium, *procedimento em si mesmo completo, se bem que de cognição não-plena. Esse não foi, contudo, o caminho tomado pelo Código"*[197]. O que não

---

196 Neste sentido, a que me oponho:
"POSSESSÓRIA - Reintegração de posse - Justificação prévia - Prova testemunhal - Impossibilidade de produzi-la o réu - Citação para comparecer à audiência e não para defender-se, embora possa contraditar e reinquirir as testemunhas do autor - Recurso provido" (JTACSP 125/59).
"Nesta fase do processo, desnecessária rigorosa observância do contraditório, sendo certo que a prova da justificação é exclusivamente do autor. A cognição é incompleta. Diz respeito apenas à obtenção da liminar. Assim, a participação do réu é limitada. Pode contraditar e reinquirir as testemunhas, mas não lhe cabe produzir contra-prova e responder a ação" (JTACSP 131/261).
"PROVA - Testemunha - Possessória - Reintegração de posse - Arrolamento pelo réu para oitiva na audiência de justificação prévia - Inadmissibilidade - Cerceamento de defesa inocorrente - Recurso desprovido" (JTACSP 135/53).
197 *Comentários ao Código de Processo Civil*, vol. VIII, tomo III, p. 412.

me fica claro, na explicação, é o porquê de não ser *"aceitável"* o estabelecimento do *"contraditório prévio"*, ainda que incipiente e sujeito aos limites de uma cognição sumária. Afinal, o contraditório é um dos mais caros valores da ciência processual e encontra-se erigido em princípio constitucional fundamental. Como conseqüência, o Código, mesmo que expressamente, diante da preponderância do princípio constitucional, não poderia proibir a participação do réu, já citado e integrado ao processo; ademais, não me está claro que o artigo 928, apenas por dizer que o juiz *"determinará que o autor justifique previamente o alegado, citando-se o réu para comparecer à audiência que for designada"*, permita excluir a hipótese de o réu produzir contra-prova, na mesma oportunidade. Mais parece, e assim deve ser interpretada à luz dos preceitos constitucionais, apenas uma imposição de ônus ao autor, para que prove - *"justifique"* -, ainda que superficialmente, a presença dos requisitos autorizantes à concessão da medida liminar pretendida.

O exemplo da ação possessória é aqui destacado levando-se em conta a grande incidência com que a violação ao contraditório acontece nestes casos. Os argumentos que alinho, entretanto, são dirigidos a todo o sistema. Cognição sumária não é de ser confundida com cognição apenas dos elementos trazidos por uma das partes. A sumariedade decorre do pouco tempo que se dá às partes, em um procedimento enxuto, de demonstrar a fundo a verdade, contentando-se o juiz com o pouco de prova que pôde ser assim colhido. Mas esta sumariedade da cognição, a princípio, deve atingir ambas as partes: a instrução reduzida tanto pode prejudicar o autor, por não conseguir demonstrar os requisitos mínimos da antecipação, senão por cognição completa, como pode o réu não conseguir a prova contrária. É, aliás, uma característica do processo de conhecimento a perfeita igualdade do tratamento dispensado às partes. Assim, ou se justifica a excepcionalidade de um contraditório *a posteriori*, diante da extremada urgência ou da possibilidade de frustração, ou não há razão no mundo a obstar a idêntica possibilidade de participação - em cognição sumária ou exauriente - de ambas as partes. Diferentemente, considerar como expressão da "cognição sumária" dar os meios a uma parte e tornar a outra um mero figurante é, isto sim, uma evidente violação ao princípio do contraditório e do *due process*.

Sob este mesmo prisma, o que dizer, então, das liminares *"para desocupação em quinze dias, independentemente da audiência da parte contrária"*, previstas no artigo 59, §1º, da Lei do Inquilinato? Diz a lei que as medidas liminares de despejo podem ser concedidas quando o fundamento for:

> *"I -   o descumprimento do mútuo acordo (art. 9º, inciso I), celebrado por escrito e assinado pelas partes e por duas testemunhas, no qual tenha sido ajustado o prazo mínimo de seis meses para desocupação, contado da assinatura do instrumento;*

> *"II -   o disposto no inciso II do art. 47, havendo prova escrita da rescisão do contrato de trabalho ou sendo ela demonstrada em audiência prévia;*

> *"III -   o término do prazo da locação para temporada, tendo sido proposta a ação de despejo em até trinta dias após o vencimento do contrato;*

> *"IV -   a morte do locatário sem deixar sucessor legítimo na locação, de acordo com o referido no inciso I do art. 11, permanecendo no imóvel pessoas não autorizadas por lei;*

> *"V -   a permanência do sublocatário no imóvel, extinta a locação, celebrada com o locatário".*

Nenhuma das hipóteses previstas nos incisos acima justifica a supressão do contraditório, pois não se vislumbra nem a extrema urgência, nem a possibilidade de frustração da medida pelo réu. Aliás, à parte a situação prevista no inciso I, que quase cria um título executivo extrajudicial para devolução da coisa locada, as hipóteses delineadas nos números seguintes envolvem questões de fato que podem ser controvertidíssimas, como, em especial, se as pessoas que remanescem no imóvel são ou não autorizadas por lei a permanecer, após a morte do locatário (inciso IV)[198]. Ainda que se admita conferir certa sumariedade para a

---

198 Diz a Lei nº 8.245/91, em seu artigo 11 que: *"Morrendo o locatário, ficarão sub-rogados nos seus direitos e obrigações: I - nas locações com finalidade residencial, o cônjuge sobrevivente ou o companheiro e, sucessivamente, os herdeiros necessários e as pessoas que viviam na dependência econômica do* de cujus, *desde que residentes no imóvel; II - nas locações com finalidade não residencial, o espólio e, se for o caso,*

solução, ou concessão de medidas antecipatórias, em causas com os contornos indicados nos incisos, jamais seria razoável conceder tais medidas sem a oitiva da parte contrária. Editada em momento de crítico congestionamento do Judiciário, inundado de causas tratando desta matéria, a lei de locações de 1991 cometeu graves exageros na busca de dar uma maior "efetividade" aos processos nela previstos.

g) Antecipação por supressão de efeito suspensivo a recurso.

Hipóteses de antecipação que também devem ser analisadas sob o ponto de vista do equilíbrio do sistema são os casos em que a lei retira o efeito suspensivo do recurso de apelação. Uma das tendências de "simplificação" do processo parece apontar nesta direção. A lei de locações de 1991, motivada pelo grande acúmulo de processos nos tribunais versando sobre esta matéria, adotou como regra para os procedimentos nela regulados que *"os recursos interpostos contra as sentenças terão efeito somente devolutivo"*[199].

Igual linha de ação adotara a reforma italiana de 1990, ao atribuir nova redação ao artigo 282 do *Codice*, incluindo preceito pelo qual *"la sentenza di primo grado è provvisoriamente esecutiva tra le parti"*; adiante, modificou-se o artigo 337, tornando regra a falta de efeito suspensivo da apelação. Antes, a sentença já poderia ser considerada provisoriamente executiva, presentes alguns requisitos, segundo a redação anterior deste mesmo artigo 282[200]; agora, tornou-se regra a ausência de efeito suspensivo às apelações, efeito esse que pode ser concedido, nos

---

seu sucessor no negócio". Se a pessoa que permanece no imóvel vivia na dependência econômica do locatário, ou se era seu sucessor no negócio, são fatos que não podem ser descartados sumariamente, de modo que vejo como muito controvertido o pedido de despejo com este fundamento, impedindo a concessão de liminar sem oitiva do réu.

199 Artigo 58, V, da Lei nº 8.245/91.

200 Dizia o texto anterior: *"282. Esecuzione provvisoria. - Su istanza di parte, la sentenza appellabile può essere dichiarata provvisoriamente esecutiva tra le parti, con cauzione o senza, se la domanda è fondata su atto pubblico, scrittura privata riconosciuta o sentenza passata in giudicato, oppure se vi è pericolo nel ritardo"*.

termos do artigo 283[201]. Como anotado por Fazzalari, *"l'attuale regime s'inverte: invece di essere eccezionale, e su apposita disposizione del giudice, l'esecutività spetta* ope legis *alla sentenza emessa in primo grado"*[202].

Tenho como problemática esta opção técnica, de suprimir-se genericamente o efeito suspensivo da apelação, por razões várias.

Como demonstrado acima, seria de todo conveniente que as antecipações - em sentido amplo - fossem sempre concedidas na proporção de probabilidade/urgência, e na inversa proporção da onerosidade. Entretanto, quando a lei estabelece *a priori*, e de um modo generalizado, quais são as situações em que esta antecipação será obtida diante da falta de efeito suspensivo do recurso, isto gera um rompimento com estes critérios de proporcionalidade. Trata o legislador da mesma forma situações muitíssimo diversas, dadas as infinitas possibilidades decorrentes do caso concreto e dos diversos graus de convicção com que o juiz pode proferir sua sentença[203]. Assim, decisões igualmente provisórias - porque sujeitas a recurso - poderão ser efetivadas sem a aplicação do critério proposto, de *probabilidade/urgência versus onerosidade*. Poder-se-ia argumentar que, comparativamente com a antecipação no curso do processo, neste caso ao menos haveria uma maior certeza a respeito do direito, dado o esgotamento do procedimento e o desenvolvimento de cognição plena. Pergunto eu: será? Fosse esta certeza algo tão contundente, o número de recursos providos haveria de ser algo ínfimo, inexpressivo até, fato que evidentemente não corresponde à realidade. Em quantas hipóteses se confrontam fatos, provas e teses jurídicas controvertidíssimas, não sendo o julgamento final senão uma opção forçada do julgador, diante da impossibilidade do *"non licquet"*? Ou, por mais convicto que esteja o magistrado, o mero fato de existir controvérsia nos tribunais sobre a tese jurídica envolvida na lide não afasta uma razoável possibilidade de reforma do julgado, que o

---

201 A nova redação do artigo 283, modificado pela reforma de 1990, é: *"283. Provvedimenti sull'esecuzione provvisoria in appello. - Il giudice d'appello su istanza di parte, proposta con l'impugnazione principale o con quella incidentale, quando ricorrono gravi motivi, sospende in tutto o in parte l'efficacia esecutiva o l'esecuzione della sentenza impugnata"*.
202 *Il processo ordinario di cognizione e la novella del 1990*, p. 24.
203 V. o tópico "b", supra.

juiz singular não poderia desconhecer. E faço estas primeiras colocações sem ainda cogitar das hipóteses de puro erro do magistrado, erro a que pode ser levado pelo próprio acúmulo de serviço que a realidade forense lhe impõe. Dir-se-á que seria possível obter efeito suspensivo ao recurso, de modo excepcional. Ora, mas aí a excepcionalidade passa a ser a regra, e vice-versa. Se compararmos com a antecipação no curso do processo, esta se justificou nos critérios aqui propostos, sendo concedida em caráter excepcional; e, sendo ela excepcional, com olhos mais condescendentes irão os julgadores de segundo grau apreciar pedido de suspensão da decisão, por meio do agravo, caso a decisão esteja equivocada; e, embora seja excepcional pedir efeito suspensivo a agravo, o agravante pede algo excepcional para combater decisão também excepcional. A prolação de sentença de mérito, porém, não é excepcional, mas ato a que todo processo haveria de chegar; quando o sistema suprime o efeito suspensivo da apelação, o recorrente que pede efeito suspensivo está pretendendo algo excepcional para combater o que é regra posta pela vontade do legislador: além de ter que vencer os fundamentos da sentença, passa agora a ter que vencer a cômoda tendência pela decisão mais fácil.

Considerando, ainda, que nem todas as formas de tutela são praticamente antecipáveis, como visto acima[204], é de se ver que a supressão do efeito suspensivo permite apenas a realização de alguns direitos. Ou, se levarmos em conta que ao réu de nada adianta a falta de efeito suspensivo do recurso interposto pelo autor, tal generalização pela lei leva a inevitável desequilíbrio entre as posições das partes e entre as possibilidades de realização dos diversos direitos, pertencentes aos diversos atores sociais. Já na lei de locações, conquanto a falta de efeito suspensivo fosse regra para todos os procedimentos nela regulados, fica evidente que o benefício foi quase que exclusivamente dirigido ao autor-locador. O locatário, nos casos em que pode ser autor, como, por exemplo, na consignação em pagamento, nenhuma vantagem leva com a produção antecipada dos efeitos da sentença. A única antecipação que pode ser favorável ao locatário, seria a redução provisória do valor do locativo em ações revisionais, fato que, à época de edição da lei, poderia ser considerado mero exercício especulativo, dada a

---

204 No número 2, deste mesmo capítulo.

realidade inflacionária do país e os valores sempre ascendentes do mercado imobiliário de então.

Defensor da executividade imediata da sentença, Luiz Guilherme Marinoni afirma que *"um sistema que trabalha com a possibilidade de antecipação dos efeitos da sentença de mérito e que não admite a execução imediata da sentença, ao menos nos casos em que a tutela antecipatória é admitida, é, no mínimo, contraditório"*[205]. Não coaduno, contudo, com este pensamento.

Não existe a contradição apontada porque, em primeiro lugar, o fato de termos como regra a existência de efeito suspensivo da apelação não impede que a sentença possa ser executada mediante decisão antecipatória *expressa* e, evidentemente, recheada de fundamentos que sustentem a antecipação em si, que lhe são próprios e não hão de ser confundidos com a motivação necessária ao julgado. Presentes os requisitos *probabilidade* e *urgência* (ou apenas uma probabilidade muito elevada, como admiti acima), e inexistente ou neutralizada a *onerosidade*, poderia a antecipação ser concedida na própria sentença, o que teria o efeito de torná-la imediatamente exeqüível, a menos que decisão superior venha a conferir suspensividade à apelação. Calmon de Passos sustenta, até, que a antecipação de tutela preconizada no artigo 273 nada mais é do que a execução imediata da sentença, sendo proferida apenas concomitantemente a ela[206]. Mesmo assumindo a possibilidade de concessão da medida no curso do feito, e antes da sentença, isto não afasta que *também* seja possível sua decretação na própria sentença. Como afirma Ovídio Baptista da Silva, *"até na sentença final de procedência, se o recurso cabível contra esta tiver efeito suspensivo, parece-nos perfeitamente legítima a antecipação dos efeitos da sentença, ainda sujeita a recurso"*[207]. Há, portanto, uma coerência perfeitamente identificável, na medida em que os fundamentos da antecipação continuam fixos, e devem estar presentes para que seja concedida, seja no curso do feito, seja na sentença, seja a qualquer outro momento do processo.

---

205 *Tutela antecipatória, julgamento antecipado e execução imediata da sentença*, p. 184.

206 *Inovações no Código de Processo Civil*, pp. 11 e ss.

207 "A 'antecipação' da tutela na reforma processual", *in Reforma do Código de Processo Civil*, p. 142.

Pode, sem dúvida, parecer contraditório que se admita uma decisão antecipatória no início do feito, quando os fatos ainda não estariam suficientemente aclarados e bem poderiam ser outros os contornos da lide, e, por outro lado, não se dê força executiva imediata às sentenças de primeiro grau, fruto da certeza a que chegou o magistrado. É perfeitamente lógico assumir que, *em um mesmo processo*, a certeza de que se reveste o juiz sobre os fatos da causa deva ser maior, com a prolação da sentença final, do que durante o desenrolar da instância. Mas não deve ser este o parâmetro para melhor julgar a coerência do sistema. As decisões antecipatórias são medidas de caráter excepcional que se concede a partir da presença do binômio *probabilidade/urgência* (ou de *altíssima probabilidade*, prescindindo da urgência), não um ato a ser praticado em todos os processos. Justamente por ser excepcional, só irá ocorrer naqueles casos em que a *probabilidade* de existência do direito se mostre de modo perceptível, desde o princípio, ou desde o momento em que for concedida (na sentença, p.ex.). Para o observador que visualiza algumas dezenas de processos correndo em paralelo, em alguns poucos deles esta *probabilidade* irá se mostrar, *initio litis*, ou logo após a resposta do réu, muito mais elevada do que noutros, apesar de sentenciados. Apenas naqueles, a tutela antecipada poderá ser concedida.

A certeza que a sentença acrescenta à existência ou não do direito litigioso é muito mais decorrência da autoridade da jurisdição do que da razão. Todas são, sim, fruto do poder estatal e gozam do mesmo prestígio; mas algumas se mostrarão muito menos sujeitas à reforma do que outras. Daí minha dificuldade em aceitar como regra geral o fim do efeito suspensivo do recurso de apelação. Afinal, se se propõe, retirando o efeito suspensivo, que o recorrente possa pleiteá-lo ao tribunal, por que não o modelo contrário: o efeito suspensivo continua como regra, a menos que expressamente seja concedido efeito executivo imediato à sentença, como forma de antecipação?

O ideal, portanto, na busca de um processo efetivo e justo, seria a estruturação de um sistema flexível, em que antecipações - seja por decisão interlocutória, seja em sentença, seja por decisão singular do relator, ou ainda por acórdão - pudessem ser concedidas na medida em que a fórmula *probabilidade/urgência versus onerosidade* o permitisse. Sempre vista como excepcional, haveria a antecipação de ser fundamentada na proporcionalidade destes elementos e estaria sujeita a recurso a que se pudesse - a partir da reapreciação desta *fórmula* - atribuir efeito suspensivo. Tenho este caminho como mais salutar do que a pura e simples supressão de efeito suspensivo do recurso de apelação, que dá tratamento burocraticamente igual a sentenças dadas em condições bastante diversas[208].

Não se pode pensar que dar efetividade ao processo consista em criar tal generalização, e levar a efeito o cumprimento de todas as sentenças ainda sujeitas a recurso. Como lembra Fritz Baur, a concessão de tutelas jurídicas provisórias implica em riscos não só para o direito das partes, mas também para a administração da justiça:

> *"Vá lá que se aceite o perigo que existe para a segurança do direito na concessão de tutela jurídica sem pleno exame dos fatos e do direito; pois, o mesmo é necessariamente ligado ao instituto da proteção jurídica temporária; e, além disso, ele pode ser minorado expressando-se o efeito da temporariedade através da feição das medidas que são determinadas. Maiores reflexões exige o fato, se bem que igualmente inelutável, de que a administração da justiça freqüentemente é obrigada a desautorizar suas próprias decisões, quando se vê na contingência de indigitar como 'injustificada desde o início' uma medida que - embora apenas provisoriamente - estabeleceu um direito, em um primeiro momento. Também este é um risco que se acha necessariamente ligado aos institutos da proteção jurídica provisória, constituindo, entretanto, um risco que pesa muito, porque ameaça prejudicar a confiança das partes postulantes no conteúdo de justiça de uma decisão judiciária, e isto tanto mais quanto mais intensivamente a medida temporária antecipa, em seu teor, a realização definitiva de um direito"[209].*

---

208 Não é este, porém, o rumo que segue o nosso processo civil. O Anteprojeto nº 13, proposto pela Escola Nacional da Magistratura, redigido pela Comissão reunida em 5 e 6 de novembro de 1998, entendeu por bem propor a seguinte redação para o artigo 520 do CPC: *"A apelação terá somente efeito devolutivo, ressalvadas as causas relativas ao estado e à capacidade das pessoas".*

209 *Tutela jurídica mediante medidas cautelares*, trad. de Armindo Edgar

4. Utilidade das antecipações de tutela para efetividade o processo civil.

Dentro do contexto proposto ao final do tópico anterior, é de se visualizar as antecipações de tutela como meio de ampliar a relação de instrumentalidade entre o processo e a relação de direito material cuja solução é almejada. Apreciada a relação *proporcionalidade/urgência versus onerosidade*, a medida poderia ser concedida para a proteção de qualquer direito, em qualquer rito processual, para qualquer pessoa. A antecipação será dada na medida em que a situação de direito material o exigir, e na medida em que for praticamente possível concedê-la.

Com isto, a partir da nova possibilidade de antecipação prevista no artigo 273, do CPC, começamos a modificar a regra que vigorava anteriormente, no sentido de que apenas em alguns tipos de procedimento especial era possível obter uma tutela antecipada; ou, então, por meio de "cautelares inominadas", às vezes muito mais inominadas do que cautelares, como sói ocorrer no cotidiano forense...

A generalização da antecipação de tutela para qualquer rito processual proporciona ao juiz meios de determinar medidas necessárias para realizar justiça, conforme as necessidades do caso concreto posto sob sua apreciação. De certa maneira, esta generalização torna o processo civil mais democrático. Como, tradicionalmente, a concessão de uma medida antecipatória ficava na dependência de previsão legal expressa, o que ocorria em determinados procedimentos especiais, apenas os titulares de determinados direitos ou relações jurídicas poderiam contar com a possibilidade de obtenção de medidas liminarmente concedidas pelo juiz. Neste sentido, a novidade é bastante salutar, permitindo ao juiz valorar, diante de qualquer tipo de caso concreto, a possibilidade e necessidade da medida antecipatória. É de se esperar, também, que a antecipação de tutela venha a servir para tornar o processo um instrumento mais adequado para dirimir disputas entre desiguais, neutralizando as desigualdades em suportar a longa espera, ou provocadas pelas diferentes potencialidades de atuar na causa; e que não seja mais uma via a se

---

Laux, p. 138.

somar aos muitos procedimentos sumarizados e liminares que o sistema jurídico já confere em benefício de litigantes habituais.

A antecipação de tutela jurisdicional não deve ser vista como meio para permitir economia processual, ou mesmo, o fim mais rápido do litígio. Isto porque não é por meio da antecipação que o processo irá se encerrar, nem mesmo será via para sempre permitir ao autor obter a prestação jurisdicional de modo mais rápido. Lembro mais uma vez que não é todo o tipo de tutela jurisdicional que é suscetível de ser adiantada por meio de antecipações. Seria um equívoco, portanto, "prescrever" antecipações de tutela como remédio para curar os diversos males que provocam a morosidade do processo, especialmente quando causados por fatores totalmente externos a ele[210], ou por falta de aparelhamento do Poder Judiciário. A solução para tais problemas deve atacar-lhes a própria causa. Basta pensar, também, que as antecipações fundadas nos moldes aqui propostos teriam lugar no sistema ainda que o processo não padecesse desta morosidade excessiva. Mesmo que se atingisse um grau de perfeição que reduza o tempo de tramitação do processo para níveis de excelência, as antecipações, vistas como medida adequada a situações especiais, haveriam de subsistir. Quando a lentidão se torna endêmica e exagerada, não se pode pretender resolvê-la criando mecanismos de antecipação, e distribuindo-os indiscriminadamente pelo sistema, pois isso só levará a uma indesejável sumarização dos procedimentos, que pouco contribuirá para atingir a justiça perseguida e nem, tão-pouco, será suficiente para reduzir a espera média a níveis toleráveis.

Igualmente, não vejo com bons olhos a antecipação como forma de punição ao comportamento inadequado do réu. Em primeiro lugar, não é difícil imaginar situações em que o réu possa ter razão e, mesmo assim, ter agido de modo temerário ou abusado dos meios processuais. Por vezes, seja motivada pela ânsia em vencer, seja por imaturidade de seu patrono, ou mesmo para adotar posição de cautela frente ao princípio da eventualidade, pode a parte cometer exageros ao cumular defesas e incidentes (e são tantos: impugnação ao valor da causa, exceção de incompetência, preliminares, incidente de falsidade, denunciação da lide, etc.); no entanto, ainda que tenha agido de modo abusivo e possa merecer

---

210 V. Capítulo II, nº 4.

alguma punição por isso, o uso excessivo dos meios processuais em nada se relaciona com a certeza da existência do direito do autor, nem poderia, por isso, ser fundamento para a antecipação. Ademais, corre-se o risco de que o magistrado venha a interpretar o uso pleno dos meios processuais como atitude protelatória, ou como sinal de que o réu se vê sem razão, o que nem sempre será verdadeiro e confronta com a própria sistemática processual desenhada na lei, que lhe autoriza a se valer destes meios. Assim, nestas hipóteses, eventual abuso não poderia sustentar a antecipação de direitos não claramente delineados. De outro lado, como nem todo tipo de tutela é praticamente antecipável, ficaria a punição restrita apenas aos poucos casos em que ela o é. Ou, ainda pior, a punição pelo comportamento improbo é dirigida apenas ao réu. Com isso, têm-se inúmeros desequilíbrios, além de perder-se a equivalência entre o ilícito e a sanção[211]. De qualquer modo, a incidência deste tipo de antecipação deve ser reduzidíssima, dado o seu pouco aparecimento nas revistas e bancos de dados de jurisprudência consultados.

Finalizando, é no caráter de universalidade que vejo as vantagens da possibilidade de antecipação de tutela preconizada no artigo 273, propiciando, em tese, a qualquer um, uma tutela diferenciada e adequada ao caso concreto trazido a juízo. Não são mais, então, a previsão de liminar em procedimento especial, ou a falta de efeito suspensivo da apelação em determinados tipos de ação, as únicas formas - ou privilégios - de se obter uma antecipação: esta poderá ser concedida na proporção em que for mais provável o direito ou urgente a medida, e quanto menos gravame causar à parte contrária.

É possível, ainda, pensar que a instituição da antecipação de tutela, permitindo esta flexibilização do procedimento, abra caminho para pensarmos na diminuição do número de procedimentos especiais, já que muitos deles têm, de verdadeiramente especial a lhes diferenciar, apenas a concessão de algum tipo de tutela diferenciada antecipada, vez que alguns prazos com cinco dias a mais ou cinco dias a menos bem poderiam ser acomodados num sistema único. A vantagem para a simplificação do processo que isto causaria seria evidente.

---

211 Sobre a repressão à litigância de má-fé, v. Capítulo VIII.

Enfim, conquanto não concorde com o colorido normativo da medida, tal como definido pela Reforma, a possibilidade de antecipações concedidas no próprio corpo do processo de conhecimento representa uma saudável evolução para o sistema. Roga-se que os critérios para sua concessão sejam revistos, nas bases acima propugnadas.

VII. EQUILÍBRIO ENTRE PROCESSO DE CONHECIMENTO E PROCESSO DE EXECUÇÃO.

1. Declaração e execução.

Como dizia Chiovenda, *"a função jurisdicional tem a seu serviço uma série de poderes, que em si mesmos podem pertencer também a órgãos não jurisdicionais, mas que revestem caráter jurisdicional pelo objetivo a que se coordenam, vale dizer, a substituição da atividade de outro por uma atividade pública. Antojam-se mais estritamente jurisdicionais os atos em que essa substituição se efetiva, como a sentença e as medidas executórias; de modo menos direto os atos simplesmente coordenados a prepará-la ou torná-la possível. Os poderes jurisdicionais são: de decisão, de coerção, de documentação"[212].*

Seguindo esta orientação, assim Moacyr Amaral Santos definia estes três poderes jurisdicionais:

"O poder de decisão, correspondente ao notio *e ao* iudicio *dos romanos, consiste no poder de conhecer, prover, recolher os elementos de prova e decidir. Compreende-se nesse poder tanto o de decidir definitivamente a lide, pela atuação da vontade da lei ao caso (decisões de mérito), como o de decidir quanto aos limites e modos do exercício da própria atividade jurisdicional. Ali o juiz atua a lei material; aqui, a lei processual.*

"O poder de coerção se manifesta flagrantemente no processo de execução, quando se trata de compelir o vencido ao cumprimento da decisão. Mas também exerce-o o juiz nos processos de conhecimento e cautelares, como quando ordena intimações de partes ou testemunhas, determina desentranhamento de documentos, comina ou aplica penas.

---

212 *Instituições de Direito Processual Civil*, vol. 2, p. 26.

"Finalmente, o poder de documentação, que resulta da necessidade de representação por escrito dos atos processuais"[213].

Podemos dizer, então, que declarar, executar e documentar são as "três cores primárias" de cuja combinação podemos criar todo o espectro de medidas e atividades que o órgão jurisdicional desempenha. No que se refere à prestação jurisdicional final, em raros momentos esta será fruto do poder de documentação, normalmente acessório, ou muito mais uma decorrência da atividade jurisdicional do que sua finalidade. Entretanto, é de se notar que nos pedidos de produção antecipada de prova (CPC, arts. 846 a 851) e de justificação (CPC, arts. 861 a 866), a prestação jurisdicional é expressão do poder de documentação da jurisdição, não sendo pleiteada qualquer decisão ou medida de execução. No mais, a prestação jurisdicional se reduz a declarar ou a executar. Como diz Celso Neves:

> *"Se as premissas assim postas são exatas, exato também será que essa atividade processual, secundária ou substitutiva, comporta a mesma diversificação, tendendo, ou à solução da lide no plano do juízo, ou à solução da lide, no plano da vontade. Daí o binômio: declaração e execução. Aquela - a declaração - constituiria, portanto, a função própria do processo declaratório; esta - a execução - o escopo do processo executório"[214].*

Em outras palavras, mais simples, ou o Estado-juiz reconhece o que existe (declaração), ou modifica o que existe (execução).

No processo cautelar não se faz coisa diversa de declarar, executar ou, excepcionalmente, documentar, como aludido acima. Apenas que, quanto à declaração, esta não se dá quanto à existência do direito controvertido, mas para reconhecer existência de direito à cautela; e a atividade de execução se presta a realizar a cautela concedida, e não o direito insatisfeito. E ambas as atividades são marcadas pela urgência e provisoriedade, características que lhe vão dar o colorido cautelar. Mas como não é

---

213 *Primeiras Linhas de Direito Processual Civil*, vol. 1, p. 71.
214 *Estrutura Fundamental do Processo Civil*, p. 30.

intenção deste capitulo tratar do processo cautelar, encerro por aqui estas considerações sobre a natureza de seus provimentos.

Continuando o mesmo ponto de vista dos capítulos anteriores, na busca de uma efetividade processual que corresponda a um processo isonômico, que atenda às pessoas e aos seus direitos a partir de critérios gerais de proporcionalidade e equilíbrio, chega o momento de estabelecer o ponto de equilíbrio entre os tipos de tutela jurisdicional, no que importa considerar apenas os tipos de tutela que servem para a solução da lide, daí destacar apenas as tutelas de declaração e de execução.

2. Proporcionalidade da providência jurisdicional.

Por meio da atividade de execução, o Estado-juiz impõe uma modificação do atual estado de coisas, se necessário pelo uso da força. Por isso, esta atividade estatal só deve ser exercida a partir do momento em que haja alguma "certeza" a respeito da existência de direito daquele a quem esta modificação da realidade aproveita.

O maior grau de "certeza" que nosso sistema jurídico permite conferir a uma situação decorre da sentença judicial transitada em julgado; mas, mesmo este título não afasta a possibilidade de ter havido modificação do estado de coisas após a sua prolação e passagem em julgado, daí, inclusive, a possibilidade de interposição de embargos contra a própria existência do débito, fundados em fatos posteriores à sentença[215]. Assim, pode ter havido, por exemplo, pagamento espontâneo da obrigação imposta pela sentença, de modo que a obrigação ali definida não mais existe; ou novação posterior, já que as partes não estão proibidas, pela coisa julgada, de continuarem suas vidas e estabelecerem novas relações, ou novas disposições para as relações já existentes. E se isto vale para o "mais certo" dos títulos executivos, igualmente se pode haver com alguma relatividade a "certeza" contida nos demais títulos executivos. Por isso, a "certeza", em Direito, jamais corresponderá à certeza matemática, representada pelo número 1 (um), mas será apenas um grau de probabilidade elevado, ou um algarismo próximo de 1 (um).

---

215 CPC, art. 741, VI.

E se, de um lado, é possível falar-se em diferentes "graus de probabilidade", vejo também como existentes diferentes "graus de executividade", conforme a presteza, violência ou rigor das medidas destinadas a, em execução, modificar a realidade. Tendo como exemplo o processo de execução por quantia, em particular, é possível vislumbrar-se o quanto pode ser diverso o modo de se realizar a execução: pode-se fazê-la recair sobre a pessoa (meio primitivo que ainda persiste entre nós, em poucos casos) ou sobre o patrimônio; se sobre o patrimônio, pode-se atingir ele todo, independentemente do valor da dívida, como ocorria com a vetusta *missio in possessionem* romana, ou pode-se adotar o preceito de que serão penhorados *"tantos bens quantos bastem para o pagamento do principal, juros, custas e honorários advocatícios"* (art. 659). O modo como se desenvolve o processo que tende à satisfação também permite falar em "graus de executividade": pode-se pensar num processo mais ou menos dilatado, com mais ou menos oportunidades de oposição de defesas ou questões processuais; ou, se nos reportarmos ao sistema do Código de 1939, pode-se distinguir entre as "ações executivas", procedimento especial híbrido, com penhora inicial mas que permitia instrução e caminhava para uma sentença, e o processo de execução puro; podemos, enfim, pensar em medidas mais ou menos severas para com o executado, na medida em que resista ou não colabore a execução.

Partindo das mesmas considerações feitas no capítulo antecedente, passo desde logo a afirmar postulado razoavelmente óbvio segundo o qual *mais executividade deve decorrer de maior grau de probabilidade (ou "certeza")*.

É justamente neste campo que vejo, em nosso sistema processual, uma verdadeira balbúrdia, aliada a uma superposição de meios e vias, faltando-lhe a desejável coerência.

Conforme concepção tradicional, a execução pressupõe a existência de prévio reconhecimento do direito. O único fundamento da execução seria, para tal concepção, a sentença judicial condenatória. *"La preordinazione della cognizione all'esecuzione ora notata si esprime con la formula della* condanna, *comune al processo penale e al processo civile restitutorio. Condanna (da* cum-damno) *allude a un* damnum, *che il giudizio cagiona: il danno consiste nell'attuazione della sanzione, di cui il giudizio costituisce il presupposto"[216].*

Ou, no dizer de Liebman:

"A execução é feita para a atuação de uma sanção justificada pelos fatos ocorridos entre as partes, isto é, para satisfazer direito efetivamente existente. Por isso, não pode proceder-se à execução senão depois de verificada legalmente a existência dos fatos que a justificam e que constituem a sua causa *em sentido jurídico. Não se pode, pois, começar pela execução:* ab executione non est incoandum. *Ao contrário, deve em regra preceder o conhecimento e julgamento da lide"[217].*

Ovídio Baptista da Silva anota que a precedência da cognição sobre a execução *"é uma exigência da estrita submissão do juiz à lei, já que, dar-lhe poder de executar antes de julgar seria o mesmo que outorgar-lhe o direito de conceder tutela a quem, depois, a sentença reconhecesse não ter o tutelado direito ao que lhe fora antes concedido; o que, dizia Hobbes, sendo, no caso, justiça do juiz e não da lei (Leviathan, XXVI, 7), seria por definição injusta; ou, como diria depois Montesquieu, o juiz que concedesse uma medida executiva antes da declaração de certeza, expressa na sentença, de que o destinatário da tutela era de fato o titular do direito tutelado, tornar-se-ia,* ipso facto, *legislador, com 'grave risco para a liberdade dos cidadãos' (L'sprit des lois, Liv. XI, 6)"[218].*

De fato, no processo civil romano, até o período do processo formulário, não havia *"uma* actio *de natureza executiva, mas tão-somente, atos executivos"[219].* Ao vencido, era concedido o prazo de 30 dias para que cumprisse espontaneamente o julgado, satisfazendo a obrigação: era o chamado *tempus iudicati;* somente após esgotado este prazo, não tendo a obrigação sido adimplida, restava ao vencedor ingressar com a *actio iudicati, "que não diferia substancialmente das outras ações do processo*

---

216 Francesco Carnelutti, *Diritto e Processo*, p. 49.
217 Enrico Tullio Liebman, *Processo de Execução*, Trad. de Joaquim Munhoz de Mello, p. 5.
218 *Jurisdição e execução na tradição romano-canônica*, p. 147.
219 José Rogério Cruz e Tucci e Luiz Carlos de Azevedo, *Lições de História do Processo Civil Romano*, p. 132.

formulário"[220]: as partes novamente compareciam diante do pretor, podendo o réu apresentar defesa, sendo a disputa novamente submetida a julgamento, com a diferença de que, perdendo, seria o réu condenado ao dobro do valor da dívida original. Mesmo que no período da *extraordinaria cognitio* novos meios de execução tenham sido criados, a execução continuava se seguindo ao julgamento.

Entretanto, para os povos germânicos invasores do Império e seu direito costumeiro, que ainda admitia a justiça de mão própria como forma de solução dos conflitos, o princípio era o inverso, pois *"imaginava-se que ninguém se aventuraria a enfrentar os desgastantes aborrecimentos, causados por uma demanda judicial, por mero deleite, sem ter um razoável e consistente convencimento de seu próprio direito"[221]*. Assim, era autorizado ao credor utilizar de seus próprios meios para reparar o direito lesado e, com o tempo, esta penhora passou a ser previamente autorizada pelo juiz, sem que, todavia, fosse proferido qualquer julgamento sobre a existência do direito reclamado.

O renascimento do estudo do direito romano, que se observou com a criação das universidades, pôs em confronto esta dualidade de pontos de vista. E então, como assinala Liebman, *"os juristas da Idade Média conseguiram realizar um compromisso entre essas duas correntes contrárias e, atendendo às necessidades sociais e jurídicas de seu tempo, criaram o novo instituto da* executio parata *(execução aparelhada) que, por sua alta eficiência prática, representa ainda hoje a solução do problema. Reafirmaram eles, em primeiro lugar, o princípio da necessária precedência da cognição; o credor devia sempre submeter suas pretensões à apreciação do juiz em processo contraditório para que fossem julgadas procedentes ou improcedentes"[222]*.

A execução sem título judicial, tal qual a conhecemos hoje, nasceu para atender às necessidades do comércio emergente da Baixa Idade Média. Passa a execução a ser admitida a partir de instrumentos de dívida lavrados perante o tabelião (*instrumenta guarentigiata* ou *confessionata*). Tais instrumentos, *"equiparados*

---

220 Enrico Tullio Liebman, ob. cit., p. 10.
221 Ovídio Baptista da Silva, ob. cit., p. 151.
222 Ob. cit., p. 11.

à confissão do devedor e atribuindo-se-lhes os mesmos efeitos do que prestado em juízo, foram revestidos de proteção especial: equivaliam, por verdadeira ficção, à própria sentença e, conseqüentemente, ensejavam por igual, execução"[223]. Desde logo, como é até hoje, diferenças havia entre as execuções fundadas em sentenças ou em documentos privados, a permitir que nestas últimas, inexistindo coisa julgada, o executado pudesse defender-se por todos os meios.

Realmente, se partirmos da idéia de que a atuação violenta do Estado deve ser fundada em alguma "certeza", que legitime o uso da força, fica evidente que a seqüência natural das coisas deveria ser a sucessão das atividades de execução ao prévio julgamento. Assim, não soaria estranho tratar, também, como uma espécie "antecipação", qualquer outro mecanismo que permita obter-se a execução antes - ou independentemente - da concessão de sentença condenatória final. Podem bem ser tratados, então, como uma forma de "antecipação" - desta vez concedida pelo legislador, não pelo juiz -, os títulos executivos extrajudiciais. A questão que aqui se coloca é que este estabelecimento de títulos executivos extrajudiciais deveria ser feito com mais parcimônia, levando-se em conta o "alto grau de probabilidade" que tais documentos possam conferir ao direito que neles se representa.

E nisto a Reforma merece algumas críticas. Já tínhamos um número excessivo de títulos executivos extrajudiciais, e os digo excessivos não pela quantidade, mas pelo baixo grau de probabilidade de alguns dos documentos mencionados na lei[224].

Outra crítica que merece ser dirigida a rol tão extenso de títulos extrajudiciais, como o nosso, reside no fato de que, ao estabelecê-lo, o legislador equipara, na norma geral e abstrata, uma infinidade de situações diferentes que podem estar representadas no documento. Quando o contrato particular é havido como título

---

223 Alcides de Mendonça Lima, *Comentários ao Código de Processo Civil*, vol. VI, tomo I, pp. 47-48.

224 O Código de Processo Civil Italiano, em seu artigo 474, estabelece que são títulos executivos: *"1) le sentenze, e i provvedimenti ai quali la legge attribuisce espressamente efficacia esecutiva; 2) le cambiali, nonché gli altri titoli di credito e gli atti ai quali la legge attribuisce espressamente la stessa efficacia; 3) gli atti ricevuti da notaio o da altro pubblico ufficiale autorizzato dalla legge a riceverli, relativamente alle obbligazioni di somme di danaro in essi contenute"*.

executivo - tendo a Reforma, inclusive, ampliado a sua incidência -, o legislador coloca na mesma vala comum situações infinitamente variadas e, pior, impossíveis de serem predefinidas. É um tanto paradoxal que, diante desta fluidez, se possa considerar sempre como "certo" o direito representado no contrato.

De certo modo, se vislumbrarmos nossos antecedentes mais recentes, veremos que as "soluções" que o legislador vem encontrando passam por, cada vez mais, aumentar as situações em que seja possível a execução. Ao invés de se buscar melhorar o difícil processo de execução, estamos cada vez mais deslocando para ele os litígios, em detrimento do processo de conhecimento. Isto se mostra um contra-senso, pois, a partir do momento em que é justamente o processo de conhecimento o que experimentou maior evolução e maior apuro de conceitos e desenvolvimento da técnica processual, deveria este processo ser mais prestigiado, ou deveria o legislador dar-lhe mais crédito; ao contrário, ao processo de execução está afluindo diretamente número cada vez maior de litígios, embora pouca a sua evolução. Assim, em 1973, com o fim das "ações executivas", os títulos extrajudiciais passaram a embasar execução idêntica à empregada para os títulos judiciais, à parte, evidentemente, o âmbito das defesas oponíveis em embargos do devedor. Agora, com a reforma, alargou-se a amplitude de alguns dos títulos extrajudiciais, instituindo-se, ainda, o procedimento monitório e a antecipação de tutela, que são meios de iniciar-se a execução desde logo, antes da formação do título judicial, e sem que se disponha do título extrajudicial.

Dois são os grandes problemas que vislumbro em razão deste despropositado deslocamento de eixo, do processo de conhecimento para a execução, ambos refletindo na *efetividade* do processo executivo.

O primeiro deles é que, admitindo o início da execução mediante títulos dotados de "baixo grau de probabilidade", o que na verdade se obtém é o deslocamento das discussões do processo de conhecimento de rito comum (ou o rito porventura cabível) para o âmbito dos embargos do executado. A conseqüência acaba sendo, para o exeqüente, uma execução ineficiente, que por vezes pode se arrastar tanto quanto a soma de tempo dos processos de conhecimento e execução somados; para o executado, a incômoda situação de ter que submeter bens seus à penhora para permitir a interposição de embargos; e, para o sistema em geral, as desvantagens de se ter que solucionar, no rito mais enxuto dos embargos, questões de maior complexidade, além do desprestígio que tudo isso causa para o processo de execução.

Ao executado, ainda, surgem problemas no que toca à existência de eventuais terceiros, a quem, em processo de conhecimento, poderia ter denunciado à lide ou feito o chamamento ao processo. Diante da inadmissibilidade de intervenção de terceiros, seja na execução, seja nos embargos, põe-se o executado em situação embaraçosa. Afinal, uma das finalidades destas duas modalidades de intervenção é obter um julgamento conjunto - e, evidentemente, coerente -, para todas as relações jurídicas envolvidas. Não é novidade dizer que, não havendo, ou não se admitindo, a intervenção (seja o chamamento, seja a denunciação), a parte pode manejar ação regressiva autônoma em face do então terceiro; entretanto, também sabemos que pode vir a perder esta demanda, por razões que o teriam feito vencer a ação anterior, assim, por exemplo, se o então terceiro, ora réu, demonstrar que a dívida estava paga por ele[225].

O segundo problema que vejo é que, com a profusão de títulos representando situações por vezes incertas, inibe-se o legislador de tornar a execução algo mais rigoroso. Parece-me evidente que a execução necessita de mecanismos que tornem mais ágil a entrega da prestação jurisdicional[226]; estes mecanismos, entretanto, representarão restrições à liberdade do executado. Por isso, antes de se impor medidas executivas mais duras, será necessário valorar em que medida podemos impor maior sujeição do executado à execução. Coloca-se o legislador diante de uma opção: tornar mais efetiva a execução implica avançar sobre a liberdade do executado. Ora, na medida em que documentos com variado - e até pouco, como dito acima - grau de probabilidade dão ensejo ao mesmo processo executivo fundado na sentença condenatória transitada em julgado, não se me afigura adequado permitir maior invasão sobre o patrimônio jurídico do executado. Seria de todo inconveniente que medidas de maior rigor pudessem

---

225 Neste outro aspecto vê-se mais uma vez a maior aptidão dos títulos de crédito para figurar no rol dos títulos executivos. Em razão de sua própria natureza, a posse do documento faz presumir a existência do crédito; se pago estivesse, estaria em poder de quem o pagou.

226 Sobre esta questão, v. Capítulo IX.

ser tomadas em face de execução fundada em títulos pouco "certos". Os sacrifícios à liberdade individual do executado não seriam proporcionais à "certeza" quanto à existência do direito por parte do exeqüente[227].

Na medida em que foi inserido entre nós o procedimento monitório, parece-me que seria mais coerente deslocar para este os litígios fundados em documentos que não espelhem, por si sós, certeza quanto à existência da obrigação, restringindo-se o número de títulos executivos. Já não deixa de ser um contra-senso o fato de que o extenso rol de títulos executivos extrajudiciais em muito esvazia o âmbito de incidência deste novo procedimento. Com isso, as execuções seriam iniciadas a partir de uma maior probabilidade de existência do direito pleiteado, diminuindo-se a ocorrência de incidentes de cognição e, principalmente, legitimando modificações que tornem a execução mais rigorosa.

Assim, embora sinta estar proferindo argumentos em sentido oposto ao que vejo seguir a reforma processual, penso que melhor seria restringir o cabimento dos títulos executivos extrajudiciais, talvez, até, seguindo o modelo italiano, restringindo-os aos títulos de crédito e documentos públicos representativos de obrigação em dinheiro, ou mesmo admitindo documentos particulares ou públicos que representem obrigações cuja existência e exigibilidade não dependam da verificação de qualquer outro fato que não seja extraído do documento em si. Aos titulares de direito representado por documentos outros, abre-se a via da ação monitória, para documentos com maior grau de probabilidade e liquidez, ou a via comum, com eventual possibilidade de antecipação de tutela, proporcional ao quanto de "certeza" que se puder extrair do documento e de demais elementos probatórios.

Medida neste sentido levaria ao desejado equilíbrio do sistema: ao que pode ser previsivelmente "certo" e com menores possibilidades de questionamento - refiro-me aos títulos de crédito - dá-se a via executiva diretamente, por força de lei; ao mais, fica a possibilidade de alguma "antecipação" da execução, mas não em caráter geral e abstrato, como ocorre hoje, mas mediante apreciação judicial do caso concreto.

---

227 V., em especial, no Capítulo II, entre os princípios informativos do processo civil, o "princípio político".

Ou, alternativa ou cumulativamente, talvez fosse o caso de retorno à diferenciação entre os títulos "executivos" e os títulos "executórios", abrindo-se, para cada um, um tipo de execução diferente, não necessariamente nos moldes da extinta "ação executiva" do Código de 1939. Distinguindo-se as execuções, poderíamos, conforme dito acima, emprestar maior "grau de executividade" à execução fundada em sentença, tornando, ao menos esta execução, algo um pouco menos angustiante. Melhor, poderíamos suprimir a dualidade entre *processo* de conhecimento e *processo* de execução, fazendo com que a execução de sentenças se faça de modo contínuo, como prosseguimento natural de um mesmo processo. Como salienta, mais uma vez, Ovídio Baptista da Silva, *"pode haver procedimento ordinário, com observância da precedência da cognição sobre a execução, sem que esta se transforme numa segunda demanda independente"*[228].

Neste mesmo sentido, de relativizar a necessidade de dois processos distintos para obter-se em juízo o cumprimento de uma obrigação, ouvimos também a voz de Kazuo Watanabe:

"Certamente, não se pode negar uma grande utilidade à distição entre atividades de cognição e de execução. É através da perfeita distinção entre os diferentes tipos de cognição *e da* combinação *entre eles que o legislador procura obter a melhor adequação entre o processo e a natureza do direito material ou a peculiaridade da pretensão material a ser tutelada.*

"Mas os processos de conhecimento e de execução não podem ser considerados em compartimentos estanques. Como ficou acima salientado, em vários processos de conhecimento (mandamental e executivo lato sensu, v.g.)*, os atos de atuação do direito declarado são realizados no mesmo processo em que se deu a cognição, havendo neles, portanto, a aglutinação do conhecimento e da execução"*[229].

---

228 Ob. cit., p. 148.
229 "Tutela antecipatória e tutela específica das obrigações de fazer e não fazer", *in Reforma do Código de Processo Civil*, p. 28.

3. Proporcionalidade dos efeitos da inatividade das partes nos diferentes processos.

Comparando-se os processos de conhecimento e de execução, um ponto sobre o qual algumas linhas merecem ser escritas é a estranha disparidade de tratamento para a inatividade das partes, num e noutro.

No processo de conhecimento, a revelia do réu produz, em nosso sistema, dois efeitos terríveis: a presunção de veracidade dos fatos afirmados pelo autor e a dispensa de intimação para os demais atos do processo. Não é minha intenção desenvolver aqui os contornos destes efeitos; no entanto, algumas poucas considerações podem ser alinhadas apenas para permitir a continuidade da exposição. É sabido que esta presunção não atinge o próprio direito, mas apenas fatos; que a presunção não é absoluta; e que exceções existem no artigo 320 do Código, o que desvincula a revelia de um julgamento necessariamente favorável ao autor. Entretanto, em uma ampla gama de situações, em que a matéria de fato é o divisor de águas entre vencer ou perder a demanda, este efeito da revelia praticamente acarreta a procedência do pedido. Em causa envolvendo o mero inadimplemento de dívidas em geral, questões locatícias, possessórias, ou responsabilidade civil, havidos como verdadeiros os fatos narrados na inicial, se falsos forem, invariavelmente o processo levará à realização de uma injustiça, porque pouca margem de defesa restará ao revel. Isto quando o revel ainda conseguir, antes da sentença, manifestar-se, pois, no mais das vezes, findo o prazo de resposta, vão os autos à conclusão e só baixam em cartório com sentença de mérito, fundada no artigo 330, II. E é assim que - para citar uma das hipóteses mais terríveis - em 15 dias vão-se anos de posse, e por vezes posse justa.

A dureza do nosso Código para com o revel do processo de conhecimento levou Calmon de Passos a afirmar que *"o revel, no direito brasileiro, deixou de ser um ausente para se tornar um delinqüente"*[230], e que *"o Código catou aqui e ali o que de mais rigoroso havia com relação ao revel. Somou tudo e disciplinou a revelia. Buscou nos sistemas alemão e austríaco a imposição da verdade dos fatos do autor, pelo só motivo da contumácia, mas teve o cuidado de não atribuir ao revel um recurso especial, como*

---

[230] *Comentários ao Código de Processo Civil*, vol. III, p. 398.

decorrência da revelia. Prevê o julgamento imediato do mérito, em virtude da revelia, mas silencia quanto à intimação pessoal da sentença ao revel, como exigido nos sistemas germânicos"[231].

Some-se a isto alguns outros detalhes da lei ou peculiaridades do nosso país e teremos o quadro preciso do quão duro foi o legislador para o réu do processo de conhecimento. Assim, de um lado, temos previsto na lei o prazo de quinze dias para o réu ofertar defesa, no processo de conhecimento de rito ordinário, ou, no rito sumário, assegura-se a ele um mínimo de dez dias de antecedência da audiência para elaborar sua resposta. Se pensarmos na extensão territorial do nosso país, o prazo de quinze dias não soa razoável. Se levarmos em conta a grande parcela da população que, por não dispor de recursos, ou poderá demorar para encontrar um advogado compatível com suas possibilidades, ou só mesmo pela assistência judiciária será atendida, não sem antes enfrentar dificuldades para isso[232], ainda mais insuficiente se torna a dilação concedida pelo Código, para prática de ato tão essencial, cuja omissão acarreta, por vezes, irreparável gravame. Ou, ainda mais injusto, o atraso de alguns minutos em comparecer à audiência inicial no procedimento sumário também pode culminar com a revelia do réu.

Neste aspecto, mostra-se interessante uma breve comparação com o direito italiano, visto que a recente reforma por que passou modificou o prazo mínimo que deve anteceder a realização da audiência, o que influi no prazo em que o réu haverá de elaborar sua defesa. Mesmo assim, de acordo com a nova redação da lei italiana, *"tra il giorno della notificazione della citazione e quello dell'udienza di comparizione debbono intercorrere termini liberi non minori di sessanta giorni se il luogo della notificazione si trova in Italia e di centoventi giorni se si trova all'estero"*[233]. Como o réu deve *constituir-se* em juízo, apresentando defesa, no mínimo vinte dias antes da data da audiência[234], são pelo menos quarenta dias de

---

231 Ibidem, p. 403.
232 V., neste sentido, meu trabalho *Assistência Jurídica, Assistência Judiciária e Justiça Gratuita*, p. 76.
233 Artigo 163bis, do Código italiano. Antes da reforma, havia cinco prazos diversos previstos na lei, entre trinta, o menor, e cento e oitenta dias, conforme a proximidade do lugar em que o réu fosse encontrado para a notificação.
234 Conforme artigo 166, do *Codice di Procedura Civile*.

prazo para defender-se, se residente na Itália, e cem dias, se no estrangeiro. Nunca é demais lembrar que o "estrangeiro", ali, pode significar poucas centenas de quilômetros, ou menos, dos maiores centros, percorridos por veloz auto-estrada, ou eficiente sistema de trens; mostra-se, assim, nada comparável em termos de facilidade de acesso ao que encontramos no nosso imenso país. E, ainda assim, não se tem lá os mesmos - e rigorosos - efeitos da revelia que temos cá...

Por paradoxal que seja, o rigor da lei brasileira é amenizado pelas vicissitudes do Judiciário: a demora em proceder-se a juntada do mandado, ou na devolução da precatória e juntada desta nos autos principais sempre colaboraram para dar ao réu um pouco mais de tempo para oferecer sua defesa. Nesta segunda situação, em que o réu reside noutra Comarca, a Reforma rompe com este inusitado "equilíbrio" provocado pela morosidade, ao permitir que a citação postal seja feita para qualquer Comarca do país. Agora, a depender da eficiência dos correios, pode o réu ver-se com poucos dias de prazo para encontrar, noutras paragens, distantes do seu domicílio, advogado que o defenda. Convenhamos, para o litigante não-habitual, mesmo com recursos, não será tarefa fácil; se sem recursos, quase impossível.

Enfim, para um processo que tem por finalidade solucionar com justiça a lide de pretensão resistida, em que não se tem qualquer certeza prévia acerca de quem tem razão, em que fatos inúmeros podem ser relevantes, o efeito da revelia, aliado aos demais componentes que acima expus, apresenta extremo rigor para com a pessoa do réu ausente. O acesso à justiça, no seu mais raso significado de mero ingresso em juízo, é francamente afrontado pelo extremo rigor da lei em exigir do réu que esteja, a todo tempo, pronto para oferecer resposta às citações que porventura receber, em qualquer rincão do país.

Estes são os contornos da inatividade do réu no processo de conhecimento. De um sistema tão severo para com o réu inerte, quando se trata de litígios em que o direito em disputa é controvertido, o que esperar, então, quando o direito fosse certo, ou presumivelmente certo, *prima facie*? Fosse estabelecer proporcionalidade aos rigores do processo de conhecimento, o executado inerte haveria de ser objeto de atrocidades que, evidentemente, não proponho! Analisemos o que temos no sistema:

Há, sem dúvida, um aparente rigor da lei para com o executado no que toca ao exíguo prazo de 24 horas que se lhe concede, em execução por quantia certa, para efetuar o pagamento, sob pena de penhora de bens. Entretanto, trata-se de prazo tão excessivamente curto, que na prática nem mesmo o devedor que queira pagar o débito irá se dar ao trabalho de, às pressas, atender à determinação judicial. Se não pagar em 24 horas, mas em cinco, dez, vinte dias, ou a qualquer tempo no curso da execução, antes ou depois da penhora, mas desde que antes da arrematação, não há qualquer diferença para o devedor, à exceção da incidência de juros e correção monetária, que não são exatamente conseqüências processuais da inércia da parte, mas sim do próprio inadimplemento.

O mesmo prazo de 24 horas é dado ao executado também para oferecer bens à penhora, se não efetuar o pagamento da dívida. O não atendimento ao prazo, aqui, gera uma preclusão a afastar a preferência que tem o executado na indicação dos bens sobre os quais irá recair a execução. Entretanto, o direito que tem o executado de indicar bens é bastante relativizado pelas regras acerca da penhora, como a ordem de preferência do artigo 655 e os limites que o artigo 656 estabelece. De outro lado, a preclusão pelo não oferecimento de bens à penhora também não irá conferir ao exeqüente um poder absoluto de indicar quaisquer bens do devedor, porque não se afasta o princípio de que a execução tende apenas à satisfação do direito do credor, penhorando-se apenas "tantos bens quantos bastem para o pagamento do principal, juros, custas e honorários advocatícios" (art. 659), bem como o princípio que dispõe que *"quando por vários meios o credor puder promover a execução, o juiz mandará que se faça pelo modo menos gravoso para o devedor"* (art. 620)[235].

---

235 V. neste sentido, JTJ 164/206:

"*EXECUÇÃO FISCAL - Penhora - Excesso - Ocorrência - Valor superior ao débito exigido - Garantia que não deve transcender ao necessário - Executada devedora relapsa - Irrelevância - Redução determinada - Recurso provido.*

Quando por vários meios o credor puder promover a execução, o Juiz mandará que se faça pelo modo menos gravoso para o devedor, competindo-lhe mandar reduzir a penhora aos bens suficientes, ou

Há, na lei de falências, norma que impõe sério gravame ao devedor, comerciante, que *"executado, não paga, não deposita a importância, ou não nomeia bens a penhora, dentro do prazo legal"*: diz esta lei que tal fato caracteriza a sua falência. Mas, seria esta norma algum tipo de sanção processual pela contumácia do executado? Creio que não. A situação descrita na lei falimentar gera uma presunção de insolvência, diante da inércia do executado, mas a presunção pode ser afastada pela demonstração de que existem bens para fazer frente ao passivo, negando-se a decretação da falência. A norma é de direito material, extraindo, de um fato ocorrido no processo, conseqüências materiais - a presunção de insolvência - que podem ou não ser aplicadas conforme a situação concreta se apresente[236].

Enfim, as conseqüências processuais da desatenção ao prazo para nomeação de bens pelo executado irão se restringir à perda do poder de escolher, entre bens de valor e liquidez equivalentes, situados no mesmo local, qual oferecer à execução. Por outro lado, se processualmente pouco melhora a posição do exeqüente, a quem se transfere o direito, com restrições, de indicar bens do executado, do ponto de vista prático não raro o exeqüente irá se deparar com inúmeras dificuldades para a localização do patrimônio penhorável do devedor. No mais das vezes, salvo tenha ele alguma relação pessoal com o executado, que lhe permita saber da existência e localização de seu patrimônio, a execução irá ser

---

transferi-la para outros, que bastem à execução, se o valor dos penhorados for consideravelmente superior ao crédito do exeqüente e acessórios".

236 Em JTJ 179/46, decidiu o Tribunal de Justiça de São Paulo:

"Falência - Pedido formulado por entidade financeira credora com base no artigo 2º, inciso I, da Lei de Falências - Extinção decretada por falta de interesse de agir - Hipótese em que a nomeação de bens à penhora, no curso da ação de execução por ela intentada, não foi aceita - Fato que não pressupõe a impossibilidade de pagamento do débito exeqüendo - Necessidade do exaurimento de todos os meios de satisfação do crédito - Decisão mantida".

Já em JTJ 193/77, embora o executado não houvesse por si ofertado bens, houve penhora de ofício pelo Oficial de Justiça, afastando-se, igualmente, o pedido de falência:

"FALÊNCIA - Fundamento - Execução frustrada - Inadmissibilidade - Penhora de bens suficientes para garantir o Juízo da referida Execução - Insolvência do devedor não caracterizada - Pedido indeferido - Recurso não provido".

paralisada até que bens penhoráveis sejam encontrados. Some-se a isso a vacilante interpretação acerca da possibilidade de se utilizar de ordens judiciais para localização de bens penhoráveis, e se verá que muito poucos ônus ou sanções sofre o executado em razão de sua inércia em indicar bens penhoráveis[237] ou em colaborar com a execução.

Penhorados bens, abre-se prazo preclusivo de dez dias para o executado ingressar com embargos, a fim de opor-se à execução. Não resta dúvida que, escoado o prazo, impedido está o devedor de opor os embargos. Entretanto, sendo os embargos ação autônoma, e não propriamente uma defesa, e não havendo qualquer disposição legal expressa em contrário, José Rogério Cruz e Tucci nega haver, na falta de embargos tempestivamente opostos, qualquer conseqüência que extravase os limites do próprio processo de execução, a impedir a rediscussão da dívida em ação distinta. E, apoiado em idêntica posição de Humberto Theodoro Junior, conclui aquele processualista:

> "Com efeito, se o executado somente depois do 'encerramento da execução veio a descobrir a prova da injustiça da expropriação sofrida; se não houve julgamento algum, por falta de tempestivos embargos; se inexiste coisa julgada, por que estaria ele impedido de demandar, em ação de procedimento ordinário, a restituição do pagamento indevido, obtido pelo pretenso credor através de execução injusta à toda luz?'

> "Ora, quem é constrangido a pagar, com o seu patrimônio, no âmbito da execução não embargada, o suposto débito, sendo aquela reputada injusta, por inexistência de direito material do exeqüente, tem o direito de receber o que pagou, mediante o ajuizamento da 'ação de repetição de indébito do art. 964 do Código Civil, da ação de indenização do art. 159, também do Código Civil, ou da ação de ressarcimento do art. 574 do Código de Processo Civil, representando, nesse particular, as três ações uma única e mesma demanda', quanto ao escopo, não obstante com fundamentos jurídicos distintos.

---

237 No Capítulo IX, adiante, voltarei à questão, ao propor melhorias para o processo executivo.

"Araken de Assis, em razão da ação de repetição de indébito pressupor pagamento voluntário, prefere aceitar, na hipótese vertente, o cabimento de ação fundada no enriquecimento sem causa"[238].

E, prosseguindo, Cruz e Tucci ainda acrescenta existir a possibilidade de, no curso da própria execução, ingressar com ação autônoma:

"Como já ressaltado, a doutrina italiana não se ateve ao exame dessa questão, porquanto a ação incidental denominada opposizione all'esecuzione *não se sujeita a termo processual peremptório, podendo ser incoada até antes de findo o processo de execução.*

"Contudo, à luz do processo civil brasileiro, nada obsta ao devedor, que não tenha bens penhoráveis (art. 737, I) ou que não embargou a execução após estar seguro o juízo, almejar a anulação do título, com a conseqüente declaração de inexistência do crédito excutido, mediante o ajuizamento de demanda autônoma.

"Em tal hipótese também não há se falar em qualquer preclusão, projetada para fora da órbita executiva, advinda da atitude passiva do executado, a despeito de ter ele optado por um caminho certamente mais tortuoso. Absurdo seria, com toda certeza, subordinar-se o exercício do direito à jurisdição, concretizado na propositura de demanda autônoma, ao exíguo prazo de dez dias!"[239]

De fato, inexiste na execução qualquer regra expressa que impeça o executado de demandar autonomamente o exeqüente, questionando a dívida, seja durante, seja após findo o processo executivo, neste caso, obviamente, postulando a repetição do valor pago e talvez indenização por eventuais prejuízos.

Um outro ponto que ainda merece ser confrontado diz respeito à intimação da parte revel. Presente ou não no feito executivo, representado ou não por advogado, a lei assegura ao

---

238 "Tutela processual do direito do executado", *in Processo Civil, realidade e justiça: 20 anos de vigência do CPC*, pp. 41-42.

239 Idem, ibidem, p. 42.

executado ao menos mais duas intimações dirigidas diretamente à sua pessoa: a intimação da penhora e a intimação da data da praça.

Feitas estas considerações, creio que, independentemente de qualquer juízo de valor que se faça acerca do maior ou menor rigor com que a lei processual pode tratar a parte inerte, o nosso sistema processual impõe gravames ao contumaz em proporção inversa ao grau de probabilidade que cerca o direito levado a juízo pela outra parte.

Ora, no processo de conhecimento, basta o decurso de meros quinze dias, para que, salvo as exceções legais, os fatos sejam havidos por incontroversos. E se, no caso, o cerne da controvérsia residir na matéria de fato, a impossibilidade de opor defesas desta ordem conduzirá inevitavelmente a um julgamento desfavorável ao réu. Noutras palavras, uma situação nem minimamente demonstrada, mas apenas narrada na petição inicial, poderá ser havida como verdadeira e serão produzidas as conseqüências jurídicas dela decorrentes, diante do silêncio do réu, findo o lapso de quinze dias. De outro lado, a relação fundada num título executivo, que por lei confere uma presunção de existência do direito nele representado, jamais será havida como verdadeira, conquanto o réu da execução tenha sido igualmente inerte.

E, recentemente, com a introdução do procedimento monitório pela Reforma, um outro desequilíbrio de rigores se fez inserir na lei: a não interposição dos embargos a tempo transforma, *"de pleno direito"* e independentemente de qualquer decisão judicial, um documento, que sequer era título executivo, em título *judicial*. É realmente curiosa a desproporção: o título executivo extrajudicial, presumivelmente portador de maior fé do que os demais documentos não tipificados como tal, aconteça o que acontecer, jamais se converte em título judicial. Ao menos pode-se dizer que o procedimento monitório mantém alguma coerência com o processo de conhecimento comum, na medida em que existe alguma proporção entre os efeitos da inatividade do réu cá e lá: aqui, os efeitos da revelia foram potencializados ao seu extremo, de modo que a ausência do réu gera conseqüências próximas, quero crer, da *res judicata*. É, por absurdo, a formação de "coisa julgada" sem que haja julgado! Se no processo de conhecimento, os fatos são havidos por verdadeiros, no procedimento monitório, bastando alguma prova documental, o próprio direito é havido como verdadeiro, diante da revelia. E *"de pleno direito"*, para poupar-nos todos de uma decisão judicial que pudesse gerar a interposição de recurso, direito a que o revel do procedimento comum, se aparecesse a tempo, ainda teria. Enfim, temos aqui os efeitos da revelia levados às suas mais extremas conseqüências.

J. E. Carreira Alvim, após considerações sobre a revelia no processo de conhecimento, destaca que:

> *"Diversamente acontece no procedimento monitório, em que a revelia tem maior intensidade, pois a simples ausência de embargos tem força de transformar, de pleno direito, o mandado inicial em título executivo, habilitando o credor a promover desde logo a sua execução. A ausência de embargos não gera apenas a confissão quanto à matéria de fato, mas reconhecimento tácito do próprio direito material do credor"*[240].

José Rogério Cruz e Tucci, entretanto, após apresentar o posicionamento de recente doutrina italiana, conclui:

> *"Forçoso reconhecer, pois, que a não-oposição à decisão liminar que encerra a primeira fase do* procedimento monitório *produziria apenas e tão-somente uma preclusão endoprocessual, impossibilitando que o réu deduza qualquer argumentação no âmbito daquele aludido procedimento.*
>
> *"Por outro lado, ao devedor restaria assegurado o direito de ajuizar ação de conhecimento autônoma, isto é, fora das fronteiras reservadas ao processo de natureza monitória, ou mesmo se insurgir contra o título executivo em sede apropriada, na seara do processo de execução..."*[241].

---

240 *Procedimento Monitório*, p. 128.

241 *Ação Monitória*, p. 45. Mas mesmo na Itália, vê-se que a questão não é pacífica: cf. Piero Pajardi, *Il Procedimento Monitorio*, que cita decisões da Corte de Cassação no sentido de atribuir eficácia de coisa julgada à declaração de executividade emanada pelo juiz, nos termos do art. 647 (em caso de falta de oposição ou de contumácia do oponente). Mas, no mínimo, é de ser dito que a lei italiana pelo menos estabelece a existência de ato judicial declaratório após a inércia do réu (art. 647). E não é tão dura quanto a nossa: concede ao réu o prazo de 40 dias (art. 641), e não os 15 dias da lei brasileira.

Roga-se que, mesmo *contra legem*, e contra a intenção da Reforma, este entendimento persista. Ademais, é de se duvidar que a atribuição de coisa julgada a um não-julgado possa estar de acordo com o devido processo legal.

Assim, para conferir maior efetividade ao processo, conveniente seria estabelecer efeitos para a inatividade que sejam mais proporcionais às diferentes situações fáticas trazidas a juízo. Para o processo de conhecimento, em que a efetividade se traduz muito mais pela justiça das decisões do que pela rapidez com que o feito deve terminar, o rigor com que se trata o réu haveria de ser amenizado, dilatando-se prazos para resposta, quiçá estabelecendo prazos diversos segundo a distância entre a localidade de seu domicílio e a sede do juízo, criando mecanismos que permitam a apresentação da defesa em seu próprio domicílio, ou mesmo relativizando os duros efeitos da revelia. Demonstrado com clareza o direito postulado no processo de conhecimento, a antecipação de tutela estaria disponível. Para o procedimento monitório, após conferido prazo igualmente razoável ao citado, pode-se permitir o início da execução diante de sua ausência, mas jamais conferindo-se ao autor título executivo judicial. Para a execução, uma vez instaurada - e já que fundada em elevada presunção da existência do direito pretendido, conforme proposto no item anterior -, poder-se-ia pensar em impor ônus mais severos ao executado e um procedimento mais fluente, sobre o que discorrerá o Capítulo IX.

VIII. O ESTÍMULO AOS MEIOS ALTERNATIVOS DE SOLUÇÃO DOS CONFLITOS, À LEALDADE PROCESSUAL E AO CUMPRIMENTO DAS DECISÕES, NA BUSCA DA EFETIVIDADE PROCESSUAL.

1. Considerações iniciais.

Que relação pode haver entre as formas extraprocessuais de solução de conflitos, a repressão à litigância de má-fé e a busca de cumprimento espontâneo das decisões judiciais? Embora cada qual possa ser objeto de um estudo isolado, o que será tratado, neste Capítulo, é uma tentativa de sistematizar princípios e regras no sentido de estimular soluções espontâneas para os conflitos, ou, ao menos, não sendo estas possíveis de obter, uma atuação processual eticamente desejável, no que se inclui o cumprimento, também espontâneo, das decisões.

O processualista moderno não descuida de conceber sua ciência como inserida num contexto mais amplo, encontrando no processo apenas *mais um* meio de solução dos conflitos. A legislação vem dando cada vez maior importância a estes meios de solução dos conflitos: a tentativa de conciliação ganhou, nos procedimentos ordinário e sumário, uma audiência exclusiva para este fim; a arbitragem passou a ser regida em diploma legal próprio, com visíveis modificações, na tentativa de torná-la aceita pela sociedade, após décadas em que não passou de letra morta nos Códigos Civil e Processual.

Entretanto, ainda é duvidoso que tais medidas legais sejam bastantes para estimular as conciliações e as arbitragens. Enquanto as partes puderem ver no processo um meio de postergar o fim do conflito (isto, muitas vezes, é economicamente vantajoso para *uma* das partes), de nada adiantarão mudanças nas roupagens dos meios alternativos de solução dos conflitos. Algumas modificações, aqui e ali, podem ser feitas, como, por exemplo, a atribuição de força executiva ao laudo arbitral, pela recente Lei 9.307/96, já que a necessidade de homologação judicial para dar-lhe executividade podia ser considerada uma das razões para a pouca utilização da arbitragem entre nós.

É que o pouco sucesso dos "meios alternativos" pode ser creditado, também, às fraquezas do processo. Enquanto as possibilidades de derrota judicial forem vistas como distantes e pouco desvantajosas, a velha frase "então vá procurar seus direitos" continuará sendo dita com o costumeiro desdém, no lugar de, primeiramente, tentar-se solução consensual que seja razoável e justa para ambas as partes.

Assim, se não estamos culturalmente habituados a solucionar nossas pendências por outras vias, não será com um processo ineficiente e tolerante a abusos que iremos modificar estes costumes.

Por isso, na busca de uma participação processual responsável, é possível estabelecer uma relação entre os temas propostos neste capítulo.

De um lado, a repressão à litigância de má-fé representa uma barreira àquele que, tendo tão pouca ou nenhuma chance de vitória, a ponto de sequer poder deduzir alegações razoáveis, passe a valer-se do processo de modo abusivo para postergar a entrega da prestação jurisdicional, ou até mesmo para tentar negociar um acordo mais vantajoso para si.

Assim, para aquele que, sabendo-se sem razão, sinta-se tentado a abusar dos meios processuais, a repressão à litigância de má-fé consistir-se-ia num freio.

De outro lado, para aquele que se julga com poucas chances de vitória, mas que nem por isso abusa dos meios processuais, deve haver algum estímulo à autocomposição, no processo, ou à busca de outras formas de solução do conflito. Na medida em que o litigante veja na derrota futura e distante algo menos oneroso do que a realização de uma transação no presente, dificilmente haverá uma "conciliação justa". O processo longo e moroso aparece como fator a estimular a disposição de interesses por parte daquele que se julga com razão - e que potencialmente tenha razão -, e não o inverso. A conciliação que tanto é festejada não pode ser vista como algo sempre positivo, sem quaisquer reservas. Deve-se repudiar a conciliação inspirada num conformismo diante do estado das coisas. Os fatores que devem levar as partes à conciliação devem ser tanto o ideal de pacificação, o fim da angústia e da incerteza, como o prévio julgamento que cada parte faz acerca das suas chances. A insersão da demora processual como "moeda de troca" na conciliação faz com que nos afastemos destes fatores ideais, transformando a conciliação em um espúrio meio a propiciar não a pacificação social, mas o sentimento de impotência e conformismo; não o fim consensual do conflito, mas a perda de direitos, às vezes básicos. Esta constatação se mostra ainda mais perversa, quando nos lembramos que é justamente o litigante não-habitual, dotado de poucos recursos financeiros, o que mais se mostra tendente a abrir mão dos seus direitos em troca de uma solução mais rápida, enquanto que o litigante habitual não sofre com a demora na mesma proporção. À parte a maior aptidão para atuar no processo, normalmente o litigante habitual não necessita do objeto do litígio com a mesma intensidade que o litigante não-habitual; aquilo não lhe faz tanta falta quanto a este; daí, a espera lhe ser menos tormentosa, estando menos propenso a dispor largamente de seus interesses em troca da solução mais rápida.

O processo, então, deve servir como uma espécie de "âncora" das demais formas de solução dos conflitos. Estas serão mais ou menos utilizadas na proporção em que o processo for havido pelos litigantes como meio rápido e eficaz de realização da justiça. Um processo frágil serve como estímulo à litigância e desestímulo à composição do conflito.

Em que medida poderíamos neutralizar o "custo-processo", a fim de que este custo influencie o menos possível na decisão das partes em celebrar um acordo? Na busca desta neutralização, estímulos em contrário devem ser estabelecidos.

Nisto encontramos a relação entre os tópicos abordados neste capítulo. A repressão à litigância de má-fé e os estímulos que iremos propor à conciliação e ao cumprimento das decisões judiciais são instrumentos direcionados a um mesmo fim, qual seja, o de buscar um final mais breve para o processo. Estes instrumentos, bem sistematizados, induziriam a parte que se julga sem razão a dispor do uso de todos os meios e recursos processuais, abreviando o curso do feito. Atenuamos, com isso, a pressão causada pela perspectiva de demora, que incide sobre aquele que julgue ter razão, transferindo-a em parte àquele que se considere com poucas chances de sucesso na demanda.

Por outro lado, ressaltemos as possíveis vantagens da adoção de um sistema como este, na busca da celeridade. Uma evidente vantagem está no seu grau de generalização. Enquanto mecanismos como as formas de tutela antecipada, a criação de juizados especiais, a instituição de procedimentos especiais ou do procedimento monitório, a ampliação de títulos executivos extrajudiciais, têm aplicação restrita, significando, quando muito, um processo mais rápido para algumas causas, normalmente de cunho obrigacional, a adoção de normas que estimulem uma participação processual responsável aplica-se a toda e qualquer causa.

Além disso, esta é uma forma razoavelmente justa de acelerar o processo. As sanções por litigância de má-fé, pela forma como seriam aplicadas, e por estarem sujeitas ao reexame propiciado pelo duplo grau de jurisdição, estariam, em tese, menos sujeitas a equívocos do juiz do que medidas mais drásticas como a antecipação de tutela que, entre nós, pode ter como causa *"o abuso de direito de defesa ou o manifesto propósito protelatório do réu"*, segundo o inciso II, do artigo 273. Encargos processuais progressivos podem servir como estímulo à aceitação das decisões, sem, entretanto, obstar a livre participação das partes e o estabelecimento de contraditório regular.

Por fim, mas não de menor importância, um sistema que propugna por uma "participação processual responsável" está certamente respaldado pelo indiscutível apelo ético que contém, ao buscar transformar o processo em instrumento digno, sereno, respeitoso, repudiando sua utilização maliciosa, livrando-o da pecha de ser considerado um palco de armadilhas e chicanas.

2. Estímulos à solução consensual dos litígios e encargos processuais progressivos.

Ao lado da jurisdição, que compõe a lide mediante a imposição do poder estatal, a solução dos litígios pode ser também obtida com sucesso por vias consensuais, entendidas estas como os meios não coativos, cuja instauração dependa, em maior ou menor grau, da vontade das partes envolvidas. Estão neste grupo as soluções autocompositivas (renúncia, reconhecimento e transação), aquelas obtidas por meio da "justiça privada" (conciliação, mediação e arbitragem), ou pela conciliação conduzida em juízo. Tais meios podem obter solução tanto para os conflitos ainda não levados a juízo - e antes que o sejam -, como também podem servir para extinguir o processo já instaurado, mediante homologação judicial do resultado encontrado.

A solução do conflito encontrada pelas próprias partes encontra-se bastante prestigiada em nossos dias, afinada que está com o propósito de pacificação a que o direito e o processo se propõem. É que a solução encontrada pelos próprios litigantes normalmente traz consigo um maior grau de aceitação por parte deles mesmos. Além disso, contribui para evitar ou, ao menos, para abreviar o processo e, com isso, diminuir a demanda pelos serviços judiciários.

Entretanto, conquanto se mostre conveniente estimular estas formas consensuais de composição da lide, alguma atenção mereceria ser dispensada para avaliar o quanto o sistema verdadeiramente estimula a conciliação entre as partes. Que tipo de vantagens vislumbra o litigante, em assim solucionar suas pendências? O que o estimularia à solução consensual? Em que medida o sistema propicia vantagens - ou menores desvantagens - para aquele que dispensa o uso, total ou parcial, da jurisdição estatal?

A conciliação, que já era tentada ao início de toda audiência, ganhou, com a reforma processual de 1994, momento exclusivo. Assim, prevê o artigo 331 a realização de audiência própria para a tentativa de conciliação. Com a aprovação do novo procedimento sumário, em 1995, observamos a mesma tendência: a lei cindiu a audiência em dois momentos, ficando, para a primeira data, a tentativa de conciliação; não sendo esta obtida, nova data será designada para a continuação da audiência, prosseguindo-se com a instrução. Além disso, também em 1994, foi acrescentado o inciso IV ao artigo 125, incluindo entre os deveres do juiz o de tentar, a qualquer tempo, conciliar as partes, e foi modificado o inciso III, do artigo 584, para deixar claro que pode o juiz homologar transação, por sentença, mesmo que verse sobre pontos diversos do que está sendo pedido em juízo. Este último dispositivo, infelizmente, por descuido do legislador, acabou "perdendo" o trecho recém-acrescentado, quando novamente modificado pela Lei nº 9.307/96, que disciplinou a arbitragem.

Conquanto a conciliação seja uma via vantajosa, algumas restrições hão de ser feitas à iniciativa do legislador de inserir no procedimento a audiência exclusivamente conciliatória. Creio que a regra prevista no novo inciso IV do artigo 125 já seria bastante adequada, no sentido de estabelecer mecanismos processuais para se buscar a conciliação. Aliás, o acréscimo deste inciso apenas tornou regra expressa uma possibilidade que, na praxe cotidiana, já ocorria; de fato, não eram poucos os juízes que se valiam da regra do artigo 342 para convocar as partes em juízo e tentar uma conciliação. O inciso acrescentado no artigo 125 apenas torna inquestionável o poder que tem o juiz para convocar as partes para uma mera tentativa de conciliação, o que talvez sirva para vencer resistências fundadas em uma visão excessivamente rígida do procedimento.

Assim, o inciso IV do artigo 125 dá ao juiz a possibilidade de convocar as partes para tentar a conciliação e, creio eu, esta *faculdade* de convocação é muito mais saudável para o sistema do que a aparente obrigatoriedade definida no artigo 331. É extremamente conveniente dar ao juiz a *faculdade* de convocar as partes para tentativa de conciliação, faculdade esta que será exercida a partir da valoração de algumas variáveis encontradas no caso concreto. Assim, o juiz, valendo-se de sua experiência, poderá convocar as partes para tentativa de conciliação apenas naqueles processos em que a conciliação parecer mais facilmente atingível. Em litígios entre litigantes habituais, envolvendo valores elevados, ou causas homogêneas repetidas, é muito menos provável que as partes encontrem o acordo nas palavras que o juiz lhes dirigirá na audiência de conciliação. Não que a conciliação não seja possível nestes casos, mas as partes normalmente têm limites dentro dos quais estão dispostas a transigir, e a carga emocional envolvida no conflito é praticamente nenhuma. As possibilidades de acordo decorrerão de fatores racionalmente estabelecidos e, se estes fatores estiverem presentes, o acordo muitas vezes acaba sendo realizado nos escritórios dos advogados, independentemente dos esforços do juiz. Diversamente, o litigante não-habitual, o homem comum, este é mais suscetível de ser "apaziguado" pela atividade conciliatória do juiz. Litígios envolvendo relações de família, ou entre pessoas que convivem cotidianamente, como vizinhos ou colegas de escola ou trabalho, têm maior probabilidade de serem resolvidos por vias consensuais, como salienta Mauro Cappelletti:

> *"Uma área em que a justiça conciliatória há muito se estabeleceu mesmo em países ocidentais e se vem expandindo nos últimos anos é a dos conflitos em matéria de família.. . . . .*
>
> *"Outros campos em que a justiça conciliatória tem potencial para constituir uma escolha 'melhor' abrangem: conflitos de vizinhança, e mais genericamente, conflitos entre pessoas que vivem naquilo a que os sociólogos chamam 'instituições totais', isto é, em instituições como escolas, escritórios, hospitais, bairros urbanos, aldeias, onde as pessoas são forçadas a viver em contato diário com vizinhos, colegas, etc., entre os quais pode haver queixas de muitas espécies. Aí, é por demais difícil a* avoidance, *ou seja, a fuga da instituição, porque implicaria mudança de trabalho, de escola, de residência. Uma solução contenciosa de conflitos dentro de tais instituições poderia conduzir à respectiva exacerbação, ao passo que uma solução conciliatória ou coexistencial seria vantajosa para todos. Isso pode explicar a preferência tradicional por soluções conciliatórias em sociedades primitivas, onde a* avoidance *poderia significar a perda daquele tipo de família, tribo, solidariedade local que, nessas sociedades, é freqüentemente condição* sine qua non *de sobrevivência. Quanto às sociedades modernas, isso pode explicar a tendência a instituir toda sorte de* ombudspersons *em universidades, fábricas, hospitais, até prisões, bem como* neighbourhood justice centers *em bairros urbanos e em áreas rurais"[242].*

Enfim, em determinados tipos de situação, como as acima descritas, a solução consensual mostra-se tanto aconselhável para a continuidade dos laços sociais, como também, dado que as partes

---

242 "Os métodos alternativos de solução de conflitos no quadro do movimento universal de acesso à justiça", trad. de J. C. Barbosa Moreira, *in Revista Forense*, nº 326, pp. 126-127.

têm interesse nesta continuidade, mais provável de ser alcançada. Mas há conflitos outros em que tais variáveis não estarão presentes ou, pior, em que se pode identificar intenção - real ou potencial - de um dos contendores em postergar o quanto puder a solução do conflito.

Apenas estes fatores já me soam suficientes para que a designação de audiência específica para tentativa de conciliação seja considerada uma *faculdade* do juiz da causa. Como assinala Vicente Greco Filho, a audiência de conciliação obrigatória é medida que poderá levar à burocratização, contradizendo os próprios objetivos da reforma[243]. Na medida em que a sobrecarga das pautas de audiência é um dos fatores de retardamento do procedimento em nosso país, a realização obrigatória de audiências conciliatórias em todos os processos só serviria para aumentar o volume de trabalho forense, não compensado pela diminuição obtida com as conciliações efetivamente celebradas que, no mais das vezes, poderiam ser alcançadas do mesmo modo, sendo facultativa a audiência.

Não quero crer, por outro lado, que os motivos pelos quais se incluiu no sistema uma audiência de conciliação obrigatória sejam fundados em alguma desconfiança, por parte do legislador, de que alguns juízes não a designariam, ou de que as partes frustrariam a sua realização, se facultativa fosse. À parte a sua visão quanto à necessidade de pacificação por meio da conciliação, a só preocupação quanto ao próprio volume de serviço já seria razão bastante a estimular o juiz a designar estas audiências nos casos em que, de antemão, elas aparentem propiciar bons resultados. Ademais, se houver alguma resistência por parte do juiz ao agendamento de audiências conciliatórias, torná-las obrigatórias não será o melhor caminho para superá-la, pois de nada adianta a celebração deste ato de modo puramente formal, perante um juiz que se sinta contrariado pelo texto legal. Igualmente, as partes devem ver na conciliação algo que sirva a seus interesses, de modo que nada soa mais impróprio do que obrigá-las a comparecer para se conciliar.

Para incentivar a obtenção de soluções consensuais, muito mais do que reformas legislativas, melhor seria investir na

---

243 "Litigância de má-fé", in *Reforma do Código de Processo Civil*, p. 578.

formação de mediadores, ou dar esta formação aos juízes, enquanto o sistema lhes atribuir esta função conciliatória. Diz Calmon de Passos que: *"Poucos juízes sabem conduzir uma conciliação. Isso menos por falta de capacidade que pela quase intransponível dificuldade de ser o juiz que tenta conciliar e o juiz que julgará a disputa, se conciliação não houver. Para conciliar bem, tem o conciliador de se envolver. Para julgar bem, tem o julgador de se preservar"[244]*. Da experiência que colhi em minha vida profissional, como advogado, são mesmo poucos os juízes que participam ativamente da "sessão" de conciliação, enquanto os demais se resumem a propor a conciliação, apenas perguntando às partes: "existe possibilidade para um acordo?"; e os deixa conversar, partes e patronos, por si. Não é com ar de crítica que faço estas observações, eis que não tenho para mim que um mau conciliador não possa ser um bom juiz. Na medida em que não se investe no aperfeiçoamento dos juízes, ensinando-lhes técnicas de mediação, no mais das vezes a capacidade de conciliar do juiz decorre de aspectos de sua própria personalidade: juízes mais expansivos, mais falantes, tendem a obter acordos, em oposição ao juiz que, mais tímido, se limita a perguntar às partes em voz baixa se existe possibilidade de acordo, ou que, sentindo incompatibilidade entre as duas funções, pouco atua na conciliação para preservar-se como julgador; exigir que estes últimos, sem qualquer treinamento específico para a tarefa, designem audiências obrigatórias nas quais deverão conduzir a conciliação, pode propiciar, não só perda de precioso tempo dos atores processuais, como desprestígio para o próprio instituto da conciliação. Desejável também seria que não fosse conciliador o próprio juiz da causa.

Outro ponto negativo da obrigatoriedade de realização da audiência de tentativa de conciliação é que tal obrigatoriedade concorre para estimular posição tendente a considerar nulo o processo em que ela não se realiza:

> *"A orientação jurisprudencial trabalhista terminou confirmando que a omissão da proposta conciliatória gera a nulidade do processo, tanto após a contestação, como*

---

244 *Inovações no Código de Processo Civil*, p. 98.

antes do julgamento, o que me parece orientação adequada também para o processo civil"[245].

Ora, isto é dar preponderância à forma sobre os fins do processo. Que sentido há em se anular processo, sentenciado e já em grau de recurso, para investir-se numa mera tentativa de conciliação, que não se sabe se será frutífera? A falta da audiência de tentativa de conciliação não impediu as partes de se conciliarem por si, paralelamente ao processo, e formalizarem a avença por escrito, solicitando sua homologação ao órgão judicial. A conciliação tem suas vantagens enquanto seja concretamente atingida, daí a conveniência de *tentar* realizá-la. Mas daí a anular-se feito em estágio adiantado, porque não se a realizou a audiência, vai distância muito grande, contrariando os princípios da instrumentalidade das formas e da economia processual. Não é estranho ao sistema processual que mesmo a violação de formas indisponíveis não acarretem nulidade do processo se o prejuízo daí resultante for ainda maior. É o que ocorre, por exemplo, quando o feito toma rito ordinário, ao invés de sumário, apesar do procedimento ser indisponível e tratar-se de matéria de ordem pública[246].

Quando muito, verificada a ausência de tentativa de conciliação, que se designe data para tal fim, em qualquer estágio que se encontrar o processo; jamais se deveria anular o feito por isso, prorrogando as angústias dos litigantes. Aliás, por falar nos litigantes, o que pensariam eles diante da decretação de nulidade, após anos de trâmite processual? O que pensaria aquele que, ao menos no julgamento mais recente, está-se saindo vencedor? Esta ótica do consumidor da justiça, salvo melhor juízo, não é considerada por quem defende a nulidade do processo nestes casos.

Ademais, se o ambiente não proporciona condições favoráveis para que a conciliação se realize, a designação

---

245 Walter Ceneviva, "Conciliação no processo civil brasileiro", *in Reforma do Código de Processo Civil*, p. 378. Cândido Rangel Dinamarco, *in A Reforma do Código de Processo Civil*, p. 124, também vê *"nulidade do processo em que se omitir a audiência preliminar. Trata-se de nulidade absoluta, porque se resolve na violação de norma destinada ao bom e correto exercício da jurisdição, função estatal".*

246 Cf. Vicente Greco Filho, *Direito Processual Civil Brasileiro*, 2º vol., p. 95.

obrigatória da audiência acaba se tornando em mero ato burocrático. E, creio eu, não será obrigando a realização desta audiência que se permitirá, por si só, a melhora deste ambiente, pois, para isso, seria necessário investir na pessoa do conciliador, ter-se tempo disponível em pauta e instituir mecanismos que estimulem a solução consensual.

Como salienta Cláudio Lembo, *"a oralidade exige atores dispostos a se alongarem em exposições e com vontade de ouvir"* [247]. Mas, na nossa realidade, em primeiro lugar, o tempo dos juízes anda escasso e a prática da oralidade ainda não se encontra muito arraigada entre nós todos, operadores do direito.

E não posso deixar de anotar que vejo como algo curioso o quanto a experiência da Justiça Trabalhista tem servido de inspiração para fundamentar as inovações do processo civil comum, no que tange à conciliação. O novo procedimento sumário, aliás, não esconde certa similitude com o rito utilizado, pela praxe e à revelia da lei[248], nas reclamações trabalhistas. Se a intenção é boa, a realidade da Justiça do Trabalho não pode, de modo algum, inspirar a transposição de sua praxe para as normas processuais civis. O que se vê ali, dado o volume de audiências que se tem de realizar, são conciliações designadas, na maioria das vezes, com intervalos de cinco minutos, podendo ser encontrados casos extremos em que meros três minutos separam uma audiência de outra. Nada que possa ser considerado, verdadeiramente, uma conciliação, com o tempo necessário para que as partes possam conversar, como seria de se esperar. E, mesmo neste ritmo, a superlotação da pauta leva a designar-se a audiência seguinte para, não raro, dali a um ano.

Se a tentativa de conciliação perante o juiz fosse algo de tal modo inafastável, a ponto de sua falta gerar nulidade do processo, seria o caso, então, de designá-la igualmente nos casos em que

---

247 "Conciliação e tradições jurídicas", *in Reforma do Código de Processo Civil*, p. 389.

248 Os artigos 843 e seguintes, da CLT, prescrevem a realização de audiência em uma única data, para conciliação, instrução e julgamento, atendendo ao ideal de simplicidade, concentração e celeridade. O artigo 849, ainda, é categórico ao afirmar que *"a audiência de julgamento será contínua"*, excetuado motivo de força maior. Na prática, muitos juízes designam data para que se realize apenas a conciliação e, não sendo esta obtida, designa-se data futura para a instrução, e outra, ainda, para o julgamento.

fosse possível o julgamento antecipado (e antes deste, evidentemente). Nem seria o caso de restringi-la às causas versando sobre direitos disponíveis, pois, como nos lembra Sérgio Bermudes, é *"sabido que a conciliação também pode recair sobre direitos indisponíveis (v.g., irrenunciáveis embora os alimentos, podem as partes acordar quanto ao valor da prestação; o investigado pode reconhecer, espontaneamente, a paternidade, no curso do processo de investigação)"*[249]. Se o sistema jurídico não se importa de não tentar a conciliação quando o feito comporta julgamento antecipado - o ponto diferencial, como se vê, não mantém qualquer relação com a causa em discussão, ou com a necessidade de pacificá-la - não posso ver com ares imperativos a designação da audiência em questão.

No dia em que tivermos pautas livres e, principalmente, estrutura material e humana que permita realizar verdadeiramente uma tentativa de conciliação, sem que as partes sintam que perderam seu tempo em comparecer, talvez possa a lei estabelecer rigidez na designação desta audiência. Por ora, a *faculdade* de se realizar a conciliação dá ao juiz a possibilidade de fazer uma prévia avaliação das chances de que seja bem sucedida: sentindo que estão presentes algumas variáveis - que a sua experiência permite identificar quais são - favoráveis à conciliação, a audiência seria designada; ou, ainda, se se deparar com pautas congestionadas, melhor será sacrificar a conciliação em favor da entrega da prestação jurisdicional em tempo razoável, pois, do contrário, a audiência poderá representar apenas aquela indesejável delonga que, invertendo os valores, privilegia a posição daquele que não tem razão.

Enfim, a nossa realidade acaba desmentindo que o sistema tenha prestigiado a pacificação pelo caminho da conciliação. A lei criou formalmente um momento para tentar realizá-la... e nada mais. *"Inovamos sem preparar recursos humanos para as inovações e inovamos sem considerar o terreno sócio-político-econômico-cultural em que pretendemos semear"*[250]. De todo modo, dois dos problemas que dificultam a conciliação - refiro-me à falta de tempo disponível e à inexistência de conciliadores formados para este mister - não podem mesmo ser solucionados

---

249 *A Reforma do Código de Processo Civil*, p. 57.
250 J. J. Calmon de Passos, *Inovações no Código de Processo Civil*, p. 114.

por meras reformas legislativas. Sobra para a lei, entretanto, a possibilidade de criar estímulos à conciliação, que façam com que as partes procurem envidar esforços para sua obtenção, independentemente das possibilidades práticas que tem o Estado em promovê-la.

No âmbito das modificações legislativas, estas poderiam servir, sim, para criar "estímulos" artificiais para que as partes busquem a conciliação. Creio que o modo de ser do processo pode produzir alguns destes "estímulos".

Seria, sem dúvida, um forte apelo à solução consensual, mesmo pré-processual, a crença no processo como um instrumento efetivo, que conduza à plena realização do Direito. Na medida em que a sociedade encontrar no processo uma certeza de que o direito será realizado, isto em si já se constituirá num estímulo para que o litigante, que perceber não ter razão, ou poucas chances de sucesso, procure a conciliação. Seria de todo desejável que o impulso que motivasse as partes a realizar a conciliação partisse desta crença na efetividade do processo. Embora a espera possa ser longa, deve haver certo grau de confiança na reparação, o mais completa possível, que a providência jurisdicional propiciará. A hipótese contrária, a ineficiência do processo, também provoca estímulos à conciliação, mas com conseqüências perversas. A morosidade e a incerteza do processo criam mais estímulos àquele que, tendo razão, ou crendo nela, prefira abrir mão de uma parcela considerável de seu direito. Ao invés de estimular aquele que teria menos chances de vitória, a morosidade do processo leva o seu contendor a aceitar uma barganha desvantajosa. Na situação inversa, a crença na efetividade do processo estimularia a buscar o acordo aquele que, no seu íntimo, se julgue sem razão.

Como, porém, o processo necessariamente demanda algum tempo para chegar ao seu término, por mais que se tenha certeza na realização da justiça, ao final, e por mais que o processo transcorra em tempo razoável - avanço que entre nós ainda não parece estar próximo de se verificar -, este prazo de duração já pode significar, para o litigante que tem razão, prejuízo significativo; e, para o outro litigante, um estímulo a se valer de todos os meios processuais e o desestímulo pela solução consensual. Uma maneira de inverter-se os males causados pelo transcurso tempo, transferindo-os ao litigante que não tem razão, pode ser estabelecida com a instituição de encargos processuais progressivos.

Apesar de os incisos II e V, do artigo 269, do CPC, fixarem como causa da extinção do processo com julgamento de mérito, respectivamente, o reconhecimento jurídico do pedido, pelo réu, ou a renúncia ao direito pretendido, por parte do autor, estas figuras são verdadeiros entes mitológicos da vida forense. Somente autores ou réus dotados de virtudes morais elevadíssimas admitiriam não ter razão, assim, sem nada receber em contrapartida. No mais das vezes, ainda que seja para tentar obter um acordo mais vantajoso que o ato de disposição puro e simples, pode valer a pena prosseguir no litígio até os seus mais ulteriores termos. Afinal, se o "preço" é o mesmo, por que não utilizar os serviços judiciais até a última gota?

Por que não, ao revés, criar mecanismos que se traduzam em alguma vantagem para o autor ou réu que reconhece unilateralmente não ter razão, antes do esgotamento de todos os atos do procedimento legalmente previsto? Ou melhor, que lhes aumente gradativamente as desvantagens da derrota. Como não é razoável dar, a quem tem razão, menos do que merece, pelo simples fato de que a parte contrária cedeu antes do último ato possível, mecanismos assim só podem ser instituídos no sentido de aumentar progressivamente os encargos que decorrem da sucumbência.

Esta progressividade de encargos processuais existe de modo esparso em nosso direito processual, embora não sistematizada, nem definida como princípio geral aplicável ao sistema, como passo a demonstrar. Na atual lei de locações (Lei nº 8.245/91), dispõe o artigo 61 que:

"Art. 61 -   Nas ações fundadas no § 2º do art. 46 e nos incisos III e IV do art. 47, se o locatário, no prazo da contestação, manifestar sua concordância com a desocupação do imóvel, o juiz acolherá o pedido fixando prazo de seis meses para a desocupação, contados da citação, impondo ao vencido a responsabilidade pelas custas e honorários advocatícios de vinte por cento sobre o valor dado à causa. Se a desocupação ocorrer dentro do

prazo fixado, o réu ficará isento dessa responsabilidade; caso contrário, será expedido mandado de despejo".

O benefício concedido atinge os pedidos de despejo fundados em denúncia vazia residencial (art. 46, § 2°), para uso próprio, do cônjuge, de ascendente ou descendente (art. 47, III), ou motivado por demolição ou realização de obras no imóvel (art. 47, IV). O réu que concordar desocupar em seis meses, e o fizer, fica isento do pagamento dos ônus decorrentes da sucumbência. Regra semelhante constava também da lei anterior[251].

Na Lei n° 9.099/95, que rege o procedimento perante os Juizados Especiais Cíveis e Criminais, encontramos, nos artigos 55 e 56, as seguintes disposições:

"Art. 54 -   O acesso ao Juizado Especial independerá, em primeiro grau de jurisdição, do pagamento de custas, taxas ou despesas.

"Parágrafo único -   O preparo do recurso, na forma do § 1° do artigo 42 desta Lei, compreenderá todas as despesas processuais, inclusive aquelas dispensadas em primeiro grau de jurisdição, ressalvada a hipótese de assistência judiciária gratuita.

"Art. 55 -   A sentença de primeiro grau não condenará o vencido em custas e honorários de advogado ressalvados os casos de litigância de má-fé. Em segundo grau, o recorrente, vencido, pagará as custas e honorários de advogado, que serão fixados entre 10% (dez por cento) e 20% (vinte por cento) do valor de condenação ou, não havendo condenação, do valor corrigido da causa.

"Parágrafo único -   Na execução não serão contadas custas, salvo quando:

"I -   reconhecida a litigância de má-fe;

"II -   improcedentes os embargos do devedor;

"III -   tratar-se de execução de sentença que tenha sido objeto de recurso improvido do devedor".

---

251 Art. 53, §4° da Lei 6.649/79.

Vê-se, aqui, aumento das despesas com o processo, tanto para o autor, como para o réu, que, vencido, recorrer da sentença. Conformando-se com a derrota no primeiro julgamento, o custo com o processo é nenhum; mas, havendo recurso, o recorrente passa a arcar com as custas do recurso somadas às que foram dispensadas e, ao final, se vencido, responderá também pelos honorários advocatícios da parte vencedora, a serem fixados. Custas pela execução são também cobradas do vencido, de acordo com os incisos II e III supra transcritos, se prosseguir oferecendo resistência: seja interpondo embargos havidos por improcedentes, seja pelo simples fato de não cumprir a decisão espontaneamente, suscitando a execução, se antes houvera interposto recurso julgado improvido. Igualmente, o aumento progressivo dos encargos processuais já se encontrava presente também na Lei nº 7.244/84, que primeiro instituiu os Juizados Especiais em nosso país.

Mais recentemente, a Reforma inseriu no Código preceito que sugere a adoção desta progressividade. Diz o atual §4º, do artigo 20, com redação atribuída pela Lei nº 8.952/94, que:

> *"§ 4º. Nas causas de pequeno valor, nas de valor inestimável, naquelas em que não houver condenação ou for vencida a Fazenda Pública, e nas Execuções, embargadas ou não, os honorários serão fixados consoante apreciação eqüitativa do juiz, atendidas as normas das alíneas 'a', 'b' e 'c' do parágrafo anterior".*

No caso, a Reforma acresceu ao texto original a expressão *"e nas Execuções, embargadas ou não"*. Não havendo qualquer restrição, é de se entender como intenção do texto acrescer honorários tantos nas execuções por títulos judiciais como extrajudiciais, induzindo o vencido a cumprir espontaneamente a sentença, antes de iniciada a execução, para não ver aumentada sua dívida com mais esta verba. E, se ainda interpuser embargos e for vencido, pode experimentar acréscimo nestes valores a pagar[252]; mas se neles for vencedor, o juiz fixará honorários em seu favor, o que serve para inibir o exeqüente em promover execução em desacordo com o título que a fundamenta.

---

252 V., neste sentido, Dinamarco, *A reforma do Código de Processo Civil*; Calmon de Passos, *Inovações no Código de Processo Civil*; Nery Jr, *Atualidades sobre o Processo Civil*; e Bermudes, *A reforma do Código de Processo Civil*.

Outro momento em que a lei fixa verbas sucumbenciais crescentes pode ser encontrado nas recentes disposições sobre o procedimento monitório. O §1º do artigo 1.102c estabelece que *"cumprindo o réu o mandado, ficará isento de custas e honorários advocatícios"*, estabelecendo "estímulos" ao cumprimento espontâneo da obrigação cobrada judicialmente.

Em última análise, a própria imposição do pagamento, pelo vencido, das verbas de sucumbência, ao par de representar uma proteção completa ao litigante que tem razão, constitui-se num aumento progressivo das despesas, se confrontado o processo com a possibilidade de prévia solução extraprocessual do litígio, não onerada com estes acréscimos[253].

Não é estranho ao sistema, portanto, o aumento progressivo de encargos processuais, como forma de estimular o fim mais rápido da contenda, mediante a não utilização, pelo vencido, de todos os meios processuais disponíveis. Não seria difícil generalizar tais aumentos de encargos, transpondo-os como preceito para todo o sistema processual.

Imagino, então, um sistema em que, ao despachar a petição inicial, fixe o juiz eqüitativamente o valor dos honorários para o caso de solução espontânea. Tal valor, já estabelecido *initio litis* e, portanto, conhecido pelas partes, valeria, até antes da sentença de primeiro grau, no processo de conhecimento, para o caso de reconhecimento do pedido por parte do réu, ou, por parte do autor, pela renúncia ou desistência (neste segundo caso, com a concordância do réu, evidentemente). Aqui, o magistrado deveria fixar valor compatível para remunerar o advogado pelo ingresso em juízo (já que a dispensa total iria onerar injustamente a parte vencedora), mas que ao mesmo tempo sirva de convite à parte que se sentir na iminência de perder a demanda, evitando suportar as verbas que serão fixadas em sentença, necessariamente mais

---

253 Em nosso sistema, a generalização da imposição da verba honorária ao vencido só adveio com a Lei nº 4.632/65, que alterou o artigo 64 do Código de 1939. Até então, prescrevia o Código anterior que somente nos casos de má-fé, dolo ou culpa do vencido, ou quando da *"absolvição da instância"*, tal verba seria fixada pelo juiz. Também o beneficiário de justiça gratuita, quando vencedor, faria jus ao recebimento da verba honorária, a ser paga pela parte contrária, preceito que viria a ser repetido na Lei nº 1.060/50.

elevadas. Em se tratando de litígios patrimoniais, com valor conhecido, os honorários finais podem ser estimados pelos litigantes, permitindo-lhes aferir as vantagens da solução unilateral espontânea. Não se tratando de litígios patrimoniais, poderíamos pensar ou em preestabelecer que as verbas finais seriam o dobro, ou triplo, da verba inicialmente fixada, ou, então, em valor ou proporção - ou intervalo destes - também estabelecidos desde logo pelo juiz.

Sentenciado o feito, os honorários seriam fixados na sentença, mas a margem, neste primeiro momento, seria inferior àquela estabelecida atualmente na lei. Digamos, para as causas de valor patrimonial, ao invés de 10% a 20% do seu conteúdo econômico, algo como 5% a 15%. Entretanto, em havendo recurso, e sendo este improvido, a verba honorária seria elevada por ato *ex officio* do órgão julgador, e assim sucessivamente, em todas as instâncias.

Não havendo cumprimento espontâneo da decisão final, mais acréscimos seriam devidos se iniciada a execução e, nesta, podemos pensar na fixação inicial, pelo juiz, de dois valores: o primeiro, para o caso de cumprimento da obrigação em prazo razoável (i.e., algo mais realista do que as 24 horas, previstas no artigo 652), sem a necessidade dos atos de expropriação forçada; o segundo, este que na praxe os juízes normalmente têm fixado, para o caso de não haver embargos. Interpostos embargos, se improcedentes, mais acréscimos, e assim por diante, se improvidos os recursos contra sua decisão.

Se não a aceitação total do direito do oponente, o sistema de encargos progressivos pode estimular, ao menos, incontrovérsias parciais[254], na medida em que o aumento da verba honorária recairia apenas sobre o que foi impugnado.

Não é minha intenção, com a presente proposta, que os honorários advocatícios sejam elevados às alturas, em gritante desproporção com o objeto do litígio. O máximo imposto, por tal sistema, haveria de ser o mesmo valor que suportaria o litigante vencido, somados os honorários para a ação, execução e embargos - ou somente para a ação, quando não se segue execução -, nos

---

254 Que, por sua vez, poderiam ser objeto de antecipação de tutela, conforme analisado no Capítulo VI.

moldes que hoje se costuma impor. Ressalte-se que, na exposição feita acima, não ouso propor valores ou proporções, nem o fator de aumento a cada grau de jurisdição, sendo alguns números eventualmente mencionados apenas para melhor ilustrar; talvez, só a prática reiterada possa permitir o estabelecimento de critérios mais precisos sobre o quanto aumentar, ao longo do processo, de modo a se atingir esta finalidade dissuasória. A idéia consiste simplesmente em diluir a imposição destas verbas ao longo do procedimento e fixar seu automático aumento, por decisão de ofício, diante de cada recurso improvido que tenha sido interposto pelo vencido. Afinal, se a sentença de primeiro grau estabelece desde logo honorários advocatícios em 20% (ou mesmo outro percentual ou valor, já que raramente tal verba é alterada, mesmo diante de recurso específico do vencedor para esse fim), é indiferente para o vencido curvar-se à decisão ou recorrer sucessivamente até o último grau de jurisdição. Nada mais tendo a perder, como pode o sistema esperar que o vencido não relute até o último estágio que puder?

As vantagens da aplicação de encargos progressivos, sobre outras maneiras de redução do procedimento, são várias. A criação de óbices à interposição de recursos foi anteriormente criticada[255], principalmente por se constituir em fator de exclusão e em nada simplificar o processo, caso o litigante insista, com outros recursos, a questionar a admissibilidade do recurso denegado. A supressão de efeito suspensivo de recursos, ao par de desequilibrar a posição dos litigantes, ou favorecer apenas alguns "tipos sociais", pode ser inócua nos muitos casos em que o direito disputado não comportar antecipação. O mecanismo aqui proposto não é excludente, nem sequer onera as partes em mais do que hoje já se poderia esperar; ao contrário, pode até baratear a causa para os que se conformarem mais cedo com a derrota. Atinge igualmente todos os litigantes (excluído, evidentemente, o beneficiário da justiça gratuita), em todos os tipos de litígio. Não multiplica incidentes processuais, podendo até eliminar alguns, como os recursos adesivos interpostos exclusivamente para majorar honorários, já que a questão da elevação desta verba passa automaticamente a ser objeto do recurso interposto pelo próprio vencido. Por isso, parece-

---

255 V. Capítulo V.

me ser esta a melhor via para se tentar impedir a utilização exaustiva dos meios processuais previstos na lei.

E, ainda, vejo um reflexo indireto da adoção deste sistema, a recair positivamente sobre a advocacia. Advogar no contencioso, hoje, consiste em interpor sistemática e irrefletidamente todos os recursos e incidentes encontrados na lei. O único momento de reflexão sobre a viabilidade dos argumentos a alinhar se dá ao decidir pelo ingresso em juízo. Apenas aqui o advogado exerce o importante papel de filtrar as causas viáveis e descartar as aventuras judiciais, orientando e educando os seus clientes, poupando-lhes de maiores perdas. Daí para frente, nenhuma avaliação crítica da viabilidade das razões apresentadas merece consideração, pelo profissional, para definir o rumo a tomar, senão para informar de antemão o cliente sobre as chances de vitória ou derrota. Estabelecidos encargos processuais progressivos, passa a ser função do advogado, durante todo o processo, avaliar e transmitir ao cliente as chances de sucesso, a fim de auxiliá-lo a decidir se avança até os ulteriores termos do procedimento, ou se aceita a derrota enquanto menos onerosa. Ou, se não há defesa plausível para parte do pedido formulado, passa a ser função do advogado aconselhar o cliente a reconhecê-lo.

Outro aspecto positivo para a advocacia consiste na proporcionalidade da remuneração recebida frente ao labor desenvolvido.

Variantes podem ser desenhadas, de modo a propiciar não só um desestímulo ao confronto, para a parte vencida, ou que se vê com poucas chances, mas também alguma compensação ao vencedor pela longa espera. Mecanismos outros podem ser pensados, com este mesmo direcionamento, ou seja, constituir um incentivo a que o processo termine pela aceitação das partes; como, por exemplo, este, utilizado no Canadá, e apresentado por Mauro Cappelletti:

> *"As* Rules of Civil Procedure *e normas agora 'comuns à maioria das províncias de* common law *encorajam as partes a negociar o resultado do processo. Se o autor ou o réu faz proposta de acordo, recusada pela outra parte, é 'punida' se o resultado do processo não iguala ou supera o que lhe adviria da aceitação da proposta. A 'punição'*

consiste no aumento das custas a serem pagas ao adversário. Em conseqüência, nota o Professor Watson, 'agora é muito comum que ambas as partes formulem propostas de acordo' e é 'raro chegarem causas a julgamento sem que nenhuma proposta haja sido feita'" [256].

3. Lealdade processual e litigância de má-fé. O poder de polícia do juiz.

a) Lealdade processual e efetividade.

Ao par de criar "estímulos" à composição voluntária dos conflitos, por meio de encargos processuais progressivos, é necessário reprimir com severidade a litigância de má-fé. Não que o mau litigante seja o único culpado pela morosidade do processo, mas, sem sombra de dúvida, a tolerância com a deslealdade é fator que contribui para a falta de efetividade do processo e para o prolongamento excessivo de algumas demandas [257].

O processo contraditório sempre permitirá, em tese, a prática de inúmeros atos tendentes à ampla defesa. Mas, como salienta Dalmo Dallari, *"a garantia da plenitude do direito de defesa é hoje reconhecida como um direito humano fundamental e característica necessária de uma ordem jurídica democrática"* [258], de modo que limitações legais a esta garantia - sob a invocação de criar-se "procedimentos especiais" - sempre deixam no ar o cheiro e sabor da injustiça e da inconstitucionalidade. E, de acordo com a nossa Constituição Federal, a ampla defesa é assegurada, *"com os meios e recursos a ela inerentes"* [259]. Daí, o arcabouço processual colocar à disposição dos litigantes não só ampla oportunidade de manifestação, mas também o direito de recorrer das decisões a outro órgão, hierarquicamente superior ou não (como ocorre nos Juizados Especiais).

Se o litigante ímprobo não se sentir inibido em utilizar abusivamente de todos os *"meios e recursos"* em tese admitidos

---

256 "Os métodos alternativos de solução de conflitos no quadro do movimento universal de acesso à justiça", *in Revista Forense*, n° 326, p. 127.

257 Cf. Adroaldo Leão, *O Litigante de Má-fé*, pp. 3-6.

258 *O Poder dos Juízes*, p. 100.

259 Art. 5°, LV, da Constituição Federal.

pelo sistema processual, será impossível evitar que o processo se arraste desnecessariamente por anos e anos a fio. Assim, se o contraditório é princípio fundamental do Direito Processual, nem por isso está dissociado de uma finalidade, que pode ser resumida no ideal de realização de um processo justo. Por isso, o abuso na utilização destes *"meios e recursos"* disponíveis merece ser reprimido, porque desvirtua a finalidade do princípio, gerando, ao invés, injustiça.

Deste modo, ao se procurar tornar o processo mais efetivo, não se pode deixar de considerar como ponto relevante a repressão à litigância de má-fé. Afinal, o mais perfeito dos sistemas processuais não resistiria ao mau uso dos mecanismos nele delineados. De nada adiantaria um processo justo, simples e acessível, célere e eficaz, se não for possível coibir o abuso por parte de litigantes que deliberadamente se valham da malícia, fazendo cair por terra todos aqueles valores. Antes, é ponto de honra para o Estado-juiz não permitir que uma das partes, por sua vontade, valendo-se de comportamento reprovável, consiga se esquivar de sujeitar-se ao seu poder jurisdicional. Pois, segundo o princípio da inevitabilidade da jurisdição, *"a autoridade dos órgãos jurisdicionais, sendo uma emanação do próprio poder estatal soberano, impõe-se por si mesma, independentemente da vontade das partes ou de eventual pacto para aceitarem os resultados dos processo; a situação de ambas as partes perante o Estado-juiz (e particularmente a do réu) é de* sujeição, *que independe de sua vontade e consiste na impossibilidade de evitar que sobre elas e sobre esfera de direitos se exerça a autoridade estatal"[260].*

Mais uma vez, desconheço a existência de estatísticas relativas à aplicação das sanções por litigar de má-fé. Todavia, percebe-se, entre os que abordam a questão, a uniforme sensação de que a litigância de má-fé é pouco reprimida[261]. Compartilho, igualmente, desta visão.

---

260 Cintra, Grinover e Dinamarco, *Teoria Geral do Processo*, p. 133.

261 V., p.ex., Adroaldo Leão, ob. cit.; Vicente Greco Filho, "Litigância de má-fé", *in Reforma do Código de Processo Civil*; Clito Fornaciari Jr., "Atos atentatórios à dignidade da justiça", *in Reforma do Código de Processo Civil*; Luiz R. N. Padilha, "Litigância de má-fé no CPC reformado", *in Revista de Processo*, nº 78.

b) A repressão à litigância de má-fé.

A repressão à litigância de má-fé pode ser promovida em três níveis distintos. Pode-se, de um lado, tipificar penalmente algumas condutas mais graves, como o faz nosso Código Penal, ao definir *"crimes contra a Administração Pública"* e, entre estes, *"crimes contra a Administração da Justiça"*. Dos crimes previstos neste título do Código Penal, são tendentes a reprimir a litigância de má-fé - e aplicáveis no processo civil - os crimes definidos nos artigos 329, 342, 343, 344, 346, 347, 356, 358 e 359[262].

---

262 Resistência
Art. 329 -   Opor-se à execução de ato legal, mediante violência ou ameaça a funcionário competente para executá-lo ou a quem lhe esteja prestando auxílio:
Pena - detenção, de 2 (dois) meses a 2 (dois) anos.
§ 1º -   Se o ato, em razão da resistência, não se executa:
Pena - reclusão, de 1 (um) a 3 (três) anos.
§ 2º -   As penas deste artigo são aplicáveis sem prejuízo das correspondentes à violência.
Falso testemunho ou falsa perícia
Art. 342 -   Fazer afirmação falsa, ou negar ou calar a verdade, como testemunha, perito, tradutor ou intérprete em processo judicial, policial ou administrativo, ou em juízo arbitral:
Pena - reclusão, de 1 (um) a 3 (três) anos, e multa.
§ 1º -   Se o crime é cometido com o fim de obter prova destinada a produzir efeito em processo penal:
Pena - reclusão, de 2 (dois) a 6 (seis) anos, e multa.
§ 2º -   As penas aumentam-se de um terço, se o crime é praticado mediante suborno.
§ 3º -   O fato deixa de ser punível, se, antes da sentença, o agente se retrata ou declara a verdade.
Art. 343 -   Dar, oferecer ou prometer dinheiro ou qualquer outra vantagem a testemunha, perito, tradutor ou intérprete, para fazer afirmação falsa, negar ou calar a verdade em depoimento, perícia, tradução ou interpretação, ainda que a oferta ou promessa não seja aceita:
Pena - reclusão, de 1(um) a 3(três) anos, e multa.
Parágrafo único.   Se o crime é cometido com o fim de obter prova destinada a produzir efeito em processo penal, aplica-se a pena em dobro.
Coação no curso do processo
Art. 344 -   Usar de violência ou grave ameaça, com o fim de favorecer interesse próprio ou alheio, contra autoridade, parte, ou qualquer outra pessoa que funciona ou é chamada a intervir em processo judicial, policial ou administrativo, ou em juízo arbitral:
Pena - reclusão, de 1 (um) a 4 (quatro) anos, e multa, além da pena correspondente à violência.
Art. 346 -   Tirar, suprimir, destruir ou danificar coisa própria, que se acha

Na esfera civil, encontra-se a possibilidade de imposição, ao mau litigante, do pagamento de indenização pelos prejuízos sofridos pela parte contrária em razão do comportamento processual malicioso. Trata-se, no caso, de mero desdobramento da responsabilidade civil.

Por último, pode-se também reprimir a litigância de má-fé com sanções de índole administrativa, ou, mais precisamente, processual-administrativa. Além dos poderes jurisdicionais, exerce o juiz, igualmente, poderes de polícia, enquanto autoridade judiciária[263], e é com base nestes poderes que lhe é dado coibir atos atentatórios à dignidade da justiça, independentemente das sanções civis e penais porventura incidentes à espécie.

Maior atenção merece a repressão na esfera processual-administrativa, pois, além de estar experimentando um maior desenvolvimento em nosso país, é esta a forma mais eficaz de repressão ao abuso processual. A repressão penal, embora relevante, só pode servir para punir situações extremamente

em poder de terceiro por determinação judicial ou convenção:
Pena - detenção, de 6(seis) meses a 2(dois) anos, e multa.
Fraude processual
Art. 347 - Inovar artificiosamente, na pendência de processo civil ou administrativo, o estado de lugar, de coisa ou de pessoa, com o fim de induzir a erro o juiz ou o perito:
Pena - detenção, de 3 (três) meses a 2 (dois) anos, e multa.
Parágrafo único.   Se a inovação se destina a produzir efeito em processo penal, ainda que não iniciado, as penas aplicam-se em dobro.
Sonegação de papel ou objeto de valor probatório
Art. 356 - Inutilizar, total ou parcialmente, ou deixar de restituir autos, documento ou objeto de valor probatório, que recebeu na qualidade de advogado ou procurador:
Pena - detenção, de 6 (seis) meses a 3 (três) anos, e multa.
Violência ou fraude em arrematação judicial
Art. 358 - Impedir, perturbar ou fraudar arrematação judicial; afastar ou procurar afastar concorrente ou licitante, por meio de violência, grave ameaça, fraude ou oferecimento de vantagem:
Pena - detenção, de 2 (dois) meses a 1 (um) ano, ou multa, além da pena correspondente à violência.
Desobediência a decisão judicial sobre perda ou suspensão de direito
Art. 359 - Exercer função, atividade, direito, autoridade ou múnus, de que foi suspenso ou privado por decisão judicial:
Pena - detenção, de 3 (três) meses a 2 (dois) anos, ou multa.
263 Cf. Moacyr Amaral Santos, *Primeiras Linhas de Direito Processual Civil*, vol. 1, p. 331.

graves, como as definidas nos tipos penais anteriormente mencionados. Ademais, a pena evidentemente só pode ser aplicada após a instauração de processo penal próprio, assegurada a ampla defesa ao acusado, o que torna a punição mais distante e, por isso, menos efetiva. Daí, só se mostra adequado estabelecer-se sanções na esfera penal quando o fato praticado for de maior gravidade, e para se impor sanções também mais rigorosas, como as que prescreve a lei penal, que podem importar em prisão. As conseqüências na esfera civil também não podem ser postas de lado, eis que, se uma parte sofreu perdas e danos em razão do comportamento indevido do outro litigante, o sistema jurídico deve apontar para a recomposição dos prejuízos sofridos. Entretanto, a responsabilidade civil pressupõe a existência de danos efetivamente experimentados e devidamente apurados na sua extensão. Nem sempre é fácil mensurar o valor dos danos causados pela demora do feito, além dos juros e correção monetária que hoje já são aplicáveis a todos os débitos judiciais. Ademais, em causas de cunho não-patrimonial simplesmente não há dano apurável. A delonga em terminar-se um processo de separação, divórcio, modificação de guarda de filhos, não produzirá qualquer prejuízo patrimonial indenizável. Mesmo a indenizabilidade do dano moral - em tese admissível nestes casos -, exigiria a demonstração do dano, a dor psíquica, o sofrimento, a angústia, além de nos depararmos com problemas de fixação equitativa de seu valor. E, em qualquer caso, uma verdadeira sanção, pelo prejuízo causado à boa administração da justiça, não seria suscetível de ser incluída no cálculo da indenização.

Já a repressão processual-administrativa permite, de um lado, maiores meios de coibir-se os abusos, dado que a aplicação de sanção independe de processo próprio, sendo apenas uma questão a mais a ser apreciada e decidida pelo juiz no curso do próprio processo. E independe, também, da apuração de efetivo dano patrimonial - ou moral -, suportado pela parte adversa. A repressão processual-administrativa consiste, pois, na aplicação de *multas* à parte que age com dolo, até mesmo por ato *ex officio* do juiz.

No Código de 1939, a repressão à má-fé, em termos gerais, era prevista nos artigos 3º e 63. O artigo 3º dispunha que *"responderá por perdas e danos a parte que intentar demanda por espírito de emulação, mero capricho, ou erro grosseiro"*, constando do parágrafo único que *"o abuso de direito verificar-se-á, por igual, no exercício dos meios de defesa, quando o réu opuser, maliciosamente, resistência injustificada ao andamento do processo"*. A sanção prevista nestes casos, como se vê, esgotava-se na órbita da responsabilidade civil. O artigo 63, por sua vez, rezava que *"sem prejuízo do disposto no artigo 3º, a parte vencida, que tiver alterado, intencionalmente, a verdade, ou se houver conduzido de modo temerário no curso da lide, provocando incidentes manifestamente infundados, será condenada a reembolsar à vencedora as custas do processo e honorários do advogado"*. Para a época, em que não se reconhecia o dever objetivo do vencido de arcar com a verba honorária, esta era imposta como sanção ao mau litigante. Não deixa de ser, entretanto, uma reparação pelos gastos tidos com a contratação do advogado.

Contudo, não era estranha ao Código anterior a existência de sanções de cunho puramente processual-administrativo, aplicáveis às partes[264] em razão de comportamento irregular. Assim, o artigo 17 impunha multas entre cinqüenta e cem mil réis a quem lançasse nos autos cotas marginais ou interlineares; o artigo 36 cominava multa, de cem a quinhentos mil réis, pela retenção de autos além do prazo concedido em vista, caso não fossem devolvidos em 24 horas após a intimação; no artigo 179, era prevista *"multa de um a dois contos de réis"* ao autor, que falsamente afirmasse ser *"desconhecido ou incerto o citando, ou ignorado, incerto ou inacessível o lugar em que se encontre"* (art. 177, I); o artigo 817 prescrevia multa de trezentos mil réis ao vencido que não recolhesse, dentro de cinco dias, as custas necessárias à baixa dos autos ao órgão inferior. E, de certo modo, não deixam de ter caráter sancionador as disposições que determinavam o pagamento de custas multiplicadas, como o parágrafo 2º, do artigo 63, que dizia: *"quando a parte, vencedora ou vencida, tiver procedido, com dolo, fraude, violência ou simulação, será condenada a pagar o décuplo das custas"*, valor este que, segundo o entendimento de Jorge Americano, deveria reverter *"em favor do Estado, não só em virtude do sistema*

---

264 Várias outras disposições impunham multas aos auxiliares da justiça em geral (serventuários, perito, depositário) às testemunhas, ao arrematante, o que deixo de mencionar no texto, por não se referir ao tema analisado.

publicístico, como porque, em relação à parte, está assistida pelo art. 3º e não deve ter aqui um enriquecimento indevido"[265]. As multas previstas na lei, em geral, revertiam aos cofres do Estado; dispunha o artigo 66 que *"as multas impostas às partes em conseqüência de má fé serão contadas como custas; as impostas aos procuradores e aos serventuários serão cobradas em selos inutilizados nos autos pelo juiz"*.

Além das sanções pecuniárias, o artigo 712 estabelecia uma pena pela prática de atentado, proibindo-se a *"audiência"* da parte que tivesse lesado o adversário por *"inovação contra direito"*. Ensinava Jorge Americano que *"atentado é a violação pelo litigante, do estado da cousa sobre que recai a lide, ou a penhora, arresto, seqüestro, imissão de posse ou embargo"* e que *"anteriormente ao atual Código, o atentado era, em regra, suspensivo do feito, porém a atual medida, de impedir que seu autor fale no feito enquanto não pugnar a violação, parece mais satisfatória"[266]*.

O novo Código não afastou o poder do juiz para impor às partes sanções de caráter processual-administrativo, sendo encontradas, nos artigos 161, 196 e 233, sanções pecuniárias para, respectivamente, o lançamento de cotas marginais ou interlineares, pela retenção de autos além do prazo ou pela falsa afirmação dos requisitos da citação por edital, como já era previsto no diploma anterior. E, como novidade, admitiu-se reverter a multa em favor do citando, no caso do artigo 233 (parágrafo único). Também em favor da parte contrária, foi estabelecida multa, de até 1% do valor da causa, pela interposição de embargos de declaração *"manifestamente protelatórios"* (art. 538, § único), bem como o pagamento do décuplo das custas, no caso de interposição de agravo fora do prazo legal (art. 529)[267], hipóteses que não constavam da lei anterior.

---

265 *Comentários ao Código de Processo Civil do Brasil*, 1º vol., p. 86.
266 Ob. cit., 3º vol., pp. 94 e 97.
267 Segundo redação original do CPC: *"Art. 528. O juiz não poderá negar seguimento ao agravo, ainda que interposto fora do prazo legal". "Art. 529. Se o agravo de instrumento não for conhecido, porque interposto fora do prazo legal, o tribunal imporá ao agravante a condenação, em benefício do agravado, no pagamento do décuplo do valor das custas respectivas".*

Todavia, embora o legislador tenha procurado definir melhor o dever de lealdade processual - impondo deveres no artigo 14 e definindo os contornos da litigância de má-fé no artigo 17 - as sanções inicialmente previstas se restringiam à indenização reparatória dos danos causados. Assim, dispõe o artigo 16, em redação até então inalterada, que *"responde por perdas e danos aquele que pleitear de má-fé como autor, réu ou interveniente"*. E, segundo redação original do artigo 18, *"o litigante de má-fé indenizará à parte contrária os prejuízos que esta sofreu, mais os honorários advocatícios e todas as despesas que efetuou"*. O parágrafo 2°, também da redação original, dispunha que *"não tendo elementos para declarar, desde logo, o valor da indenização, o juiz mandará liquidá-la por arbitramento na execução"*. Ou seja, era dado ao juiz, se presentes *"elementos"* suficientes - isto é, a prova do valor do dano -, impor desde logo a condenação em valor líquido; do contrário, o valor seria apurado em liquidação posterior. *"É necessário que essas perdas tenham efetivamente acontecido, pois não se indenizam danos meramente imagináveis. É mister, portanto, sejam elas comprovadas quanto à sua existência, mesmo que não determinado desde logo o seu valor"*[268]. Excluiu-se, como se vê, condenações de caráter sancionador pela litigância de má-fé em geral, como se encontrava no Código anterior (art. 63, §2°), impondo-se *multas* apenas nos casos tipificados na lei.

Ainda no sentido de coibir a litigância de má-fé, a "pena de silêncio" pela prática do atentado foi mantida pelo novo Código. Agora, além da imposição da pena mediante processo próprio, como ocorria na vigência da lei anterior, a prática de *"ato atentatório à dignidade da justiça"* pode levar à sua aplicação nos próprios autos da execução, conforme a redação original do artigo 601.

A não previsão de sanção de caráter punitivo pela litigância de má-fé, como havia no artigo 63, §2° da lei de 39, foi, sem dúvida, um retrocesso[269]. Entretanto, o novo Código trouxe, neste

---

268 Celso Agrícola Barbi, *Comentários ao Código de Processo Civil*, vol. I, p. 105.

269 *"A litigância de má-fé pode acarretar a obrigação da parte infratora de ressarcir os prejuízos, pagar os honorários advocatícios e todas as despesas suportadas pela vítima. Não prevê a lei processual multa."* (RSTJ 68/265 - no mesmo sentido, RSTJ 31/462).

campo, mais avanços do que recuos. A indenização, durante a vigência do Código de 1939, e segundo entendimento do STF, deveria ser pleiteada em reconvenção ou em ação própria[270]. Agora, ainda que a liquidação pudesse ser diferida para o futuro, mediante arbitramento, a condenação passava a ser dada nos próprios autos, independentemente de ação própria, autônoma ou reconvencional. Mas, por outro lado, pairou controvérsia, tanto na doutrina como na jurisprudência, acerca da necessidade ou não de pedido da parte, ainda que sem natureza de ação, para que a condenação às perdas e danos pudesse ser imposta[271], o que infelizmente em muito contribuiu para inibir a penalização do litigante de má-fé por nossos tribunais. De todo modo, já houve um avanço em relação ao sistema anterior, que exigia ação própria para pedir-se as perdas e danos sofridos. Outro avanço foi o reconhecimento de que as multas poderiam reverter em favor da parte contrária, pondo-se de lado a aplicação do princípio que veda o enriquecimento sem causa. Afinal, o velho preceito não pode mesmo ser invocado quando se estabelecem punições pecuniárias pela prática de atos que se quer coibir. Nem no âmbito do direito privado se questiona, sob este argumento, a incidência de multas contratuais puramente punitivas. Por outro lado, mesmo considerando o caráter público do processo e o desprezo pela jurisdição estatal que a má-fé representa, quem sem dúvida mais perde com a demora processual é o outro litigante, pouco representando ao Estado receber estas quantias. E o Estado tinha, para com aquele, o dever de prestar Justiça, rápida e eficiente, por isso, muito mais justo se me afigura reverter estas multas, ou ao menos parte delas, em prol da parte contrária.

E, por fim, apesar de ter-se retirado do texto a multa pela litigância de má-fé, o emprego, pela lei, da expressão *"ato atentatório à dignidade da justiça"* acenava a intenção de tratar a litigância de má-fé como atividade nociva à administração da

---

270 Cf. julgados colacionados por Adroaldo Leão, ob. cit., pp. 55-56.

271 No STJ, a controvérsia perdurou praticamente até a promulgação da Lei nº 8.952/94. Acórdãos da 1ª Turma (RSTJ 59/215) e da 3ª Turma (RSTJ 37/548) entendiam necessária a iniciativa da parte contrária, vedada a imposição da sanção por ato de ofício. Diverso era o entendimento da 2ª e da 4ª Turma (RSTJ 75/235 e REsp 17.608/SP). Em embargos de divergência, pouco antes da reforma de 1994, a Segunda Seção entendeu, por maioria de votos, dispensável o requerimento da parte adversa (EREsp 36.718-0/RS).

justiça, e não apenas como um ilícito civil que causou dano ao adversário. Aproximamo-nos, então, da idéia de *contempt of court* do direito anglo-saxão.

Com a Reforma, mudou-se o tratamento para a litigância de má-fé e, se tenho minhas restrições a alguns dos dispositivos modificados, penso que, no geral, as melhorias neste campo se sobressaíram. Dois dos grandes entraves à punição da má-fé foram objeto de atenção do legislador: a dificuldade de fixação do dano e a dúvida quanto à possibilidade de imposição da sanção *ex officio*.

Assim é que a Lei nº 8.952/94 alterou o artigo 18 e seu parágrafo 2º, consignando que a condenação do litigante de má-fé será imposta pelo juiz *"de ofício ou a requerimento"*, e determinando que o valor seja *"desde logo fixado pelo juiz, em quantia não superior a 20% (vinte por cento) sobre o valor da causa, ou liquidado por arbitramento"*. Sobre a fixação deste valor, comenta Cândido Rangel Dinamarco:

> *"A primeira hipótese (arbitramento desde logo) é a resposta adequada às dificuldades que desde logo sente o juiz para investigar os danos suportados pela parte inocente. Uma* condenação *a ressarcir, ainda que genérica, precisa sempre apoiar-se na certeza jurídica do* an debeatur*, que nem sempre se atinge no processo em que a malícia teve lugar - e para convencer-se do* an debeatur *nessa matéria seria necessário investigar fatos que nem sempre se mostram suficientemente palpáveis ou suscetíveis de identificação. Além de desaconselhável e tecnicamente incorreta uma condenação genérica fundada somente na conduta ilícita (art. 17) e sem comprovação ou mesmo sequer indicação dos danos sofridos, sua natureza, etc., em muitos casos é fácil prever que também na liqüidação essas dificuldades irão perdurar.*

> *"Para contornar essas dificuldades e evitar as frustrações decorrentes, os juízes já vinham arbitrando desde logo o valor de uma* 'indenização' *assim à forfait e que, justamente, por não ser o resultado de algum juízo de equivalência a uma diminuição patrimonial suportada pelo inocente, mais se caracteriza como verdadeira* multa. O

dispositivo em exame oficializa essa conduta judicial e deixa sua legitimidade acima de dúvida"[272].

No mesmo sentido, ao interpretar o novo parágrafo 2º, do artigo 18, Calmon de Passsos assinala:

"Subsistirá uma dúvida. É faculdade do magistrado optar entre a fixação de logo e o arbitramento? Se for, o caput *do art. 18 perde todo sentido, pois ele fala em indenizar a parte dos prejuízos que ela sofreu e esses prejuízos são concretos, verificáveis, identificáveis. E se a indenização é do prejuízo efetivamente sofrido, não pode o juiz ter a faculdade de reduzi-los ou ampliá-los, considerando o valor da causa. Conciliando, ou melhor, compatibilizando, que é essa a tarefa da boa hermenêutica, parece-me que o pretendido foi impor-se sempre a sanção, independente de prejuízo efetivo sofrido pela parte, para o que o juiz tem o referencial do valor da causa, um prejuízo 'tarifado' e que se presume sempre existente. Se prejuízos reais decorreram e são apuráveis, essa apuração se dará por arbitramento, apontando o interessado o que tem como representativo de seu prejuízo real, no qual não podem ser computados honorários advocatícios e despesas judiciais, que estes serão necessariamente imputados ao que litigou de má-fé, com inversão do ônus da sucumbência"[273].*

Apoiado em tão valorosas lições, quero mesmo crer que uma "indenização" arbitrada pelo juiz, independentemente da quantificação dos prejuízos, ou mesmo da verificação da ocorrência de dano, deveria ser mesmo interpretada como uma *multa* de cunho processual-administrativo. À vítima, se dano algum ainda lhe foi causado, resta-lhe a liquidação por arbitramento para determiná-lo e posteriormente executá-lo. A conduta anti-ética do litigante de má-fé, contudo, não pode deixar de ser reprimida com a sanção desde logo fixada. Faltou apenas, ao legislador de 1994, a clareza de dizê-lo expressamente.

No correr do ano de 1998, todavia, somos todos surpreendidos com nova alteração do *caput* do artigo 18, que passou a ter a seguinte redação:

---

272 *A Reforma do Código de Processo Civil*, p. 63.
273 *Inovações no Código de Processo Civil*, p. 93.

"O juiz ou tribunal, de ofício ou a requerimento, condenará o litigante de má-fé a pagar multa não excedente a 1% (um por cento) sobre o valor da causa e a indenizar a parte contrária dos prejuízos que esta sofreu, mais os honorários advocatícios e todas as despesas que efetuou"[274].

E manteve-se idêntico o teor do parágrafo 2°, que previa a fixação desde logo da indenização, em até 20% do valor da causa.

A nova emenda não merece aplauso, pois, ao invés de esclarecer, criou tumulto; sem nada melhorar, barateou o ilícito. Se doutrina respeitável[275] já dava ares de multa à sanção prevista no parágrafo 2°, por que outra estaria sendo imposta pelo *caput*? Ademais, o montante de 1% do valor da causa é absolutamente ridículo como meio dissuasivo do dolo processual. Tratando-se de causas de conteúdo econômico, a multa máxima corresponde ao que rende o valor disputado em dois meses de aplicação na popular caderneta de poupança. E se a causa não versar sobre direitos patrimoniais, ou se o valor processual da causa estiver subestimado, a sanção pela má-fé poderá ser paga com um punhado de moedas. Críticas já havia contra o uso do valor da causa como parâmetro rígido para a sanção, dado que, por vezes, poderia redundar em valor insignificante[276]; o que dizer de limitá-la a tão-só 1% daquele?

Ainda em 1994, a Lei n° 8.953 modificou o artigo 601, dando-lhe contornos totalmente diversos. Substituiu-se, ao menos aqui (não se alterou a ação "cautelar" dos artigos 879/881), a velha pena de atentado - considerada inconstitucional[277], ou de pouca utilidade[278] - por *"multa fixada pelo juiz, em montante não*

---

274 Redação atribuída pela Lei n° 9.668/98.

275 Além dos autores já citados, também defendem a aplicação, desde logo, da sanção, sem necessidade de apuração ou verificação dos danos efetivamente sofridos: Nelson Nery Jr., *Atualidades sobre o Processo Civil*, p. 32 e Humberto Theodoro Jr., *As inovações no Código de Processo Civil*, p. 4.

276 Cf. Dinamarco, ob. cit., p. 63; Antônio Cláudio da Costa Machado, *A Reforma do Processo Civil Interpretada*, p. 3.

277 Cf. Clito Fornaciari Jr., "Atos atentatórios à dignidade da justiça"; Sérgio Bermudes, *A reforma do Código de Processo Civil*.

278 Cf. Alcides de Mendonça Lima, *Comentários ao Código de Processo Civil*, vol. VI, tomo II, p. 555; Antonio Cláudio da Costa Machado, ob.

superior a 20% (vinte por cento) do valor atualizado do débito em execução, sem prejuízo de outras sanções de natureza processual ou material, multa essa que reverterá em proveito do credor, exigível na própria execução ". Nesta alteração, o legislador cuidou de deixar claro que está impondo *multa* ao litigante improbo, e não apenas o dever de indenizar, possibilidade que a norma em questão não exclui.

Não vejo razão, agora que tudo se resolve em sanções pecuniárias, para distinguir a litigância de má-fé da prática de atos atentatórios à dignidade da justiça: tanto há desprezo pela justiça, naquela, como má-fé, nesta. Conveniente seria, portanto, que se reunisse e sistematizasse a matéria sob rubrica única, estabelecendo num único dispositivo a imposição de multa pecuniária para todos os casos de atuação ilícita. Deveria a multa ser fixada pelo juiz, proporcionalmente à gravidade do comportamento, em até 20% do valor da causa, ou em até um certo número de salários mínimos - deixo em aberto o *quantum* do teto a ser fixado na lei -, quando evidenciado que o balizamento pelo valor da causa não puder propiciar uma punição satisfatória, nos casos em que o valor atribuído é meramente estimativo. Evidentemente, estes seriam valores máximos, que não deveriam ser aplicados desde logo, a menos que a gravidade do ilícito o justifique. Mas, por outro lado, a persistência em agir maliciosamente certamente há de permitir nova imposição da sanção pela reincidência, porque do contrário, havendo um "teto" fixo para todo o processo, atingido este valor máximo estaria o litigante com salvo-conduto para abusar o quanto puder e, com isso, postergar tanto a entrega da prestação jurisdicional como o pagamento da própria sanção.

Como a intenção não é punir, mas coibir o mau comportamento no processo, conveniente seria estabelecer também uma pena de advertência, a ser aplicada quando ficasse nítido que a parte está tentando tumultuar o feito - e antes que pratique atos mais graves. Assim, por exemplo, quando a parte começa a peticionar seguidamente, para forçar a ida dos autos à conclusão, uma primeira advertência de que seu comportamento pode ser considerado malicioso pode inibir a continuidade desta prática, já que, normalmente, é considerada insuficiente para considerar a

cit., p. 82.

parte litigante de má-fé e apená-la diretamente com a sanção pecuniária. Prosseguindo nesta linha de conduta, mais fundamentos teria o juiz para impor a condenação à parte já advertida.

c) A caracterização da má-fé.

Ponto que provoca dificuldades na imposição das sanções por litigância de má-fé reside na definição dos precisos limites entre o direito de atuar no processo e o abuso deste direito. Somente com a visão publicística do Direito Processual é que se poderia pensar em definir limites éticos de atuação das partes, a limitar sua atuação.

> "Como uma decorrência da colocação definitiva do processo no campo do Direito Público, e tendo sido abandonada pela generalidade dos autores, a idéia de que o processo era uma liça ou luta, tendo-se particularmente por base a evolução legislativa do sistema continental europeu, construiu-se toda uma teoria a respeito do problema da lealdade processual, decorrente dessa posição assumida, de que resultou a concepção do processo como um campo dialético, mas onde se devem observar princípios éticos"[279].

Sob a concepção individualista do liberalismo, a liberdade de defesa não encontraria limites, não havendo ambiente para impor-se aos litigantes a observância a padrões éticos de conduta.

> "Uma falsa concepção 'liberal', de marca individualística, em certa fase - talvez não de todo superada - da evolução histórica do direito processual, ofereceu resistência à consagração normativa de imposições que contenham os litigantes nas raias da lealdade e da probidade, bem como à adoção de expedientes idôneos a assegurar, tanto quanto possível, a efetividade do cumprimento desses deveres. Tal resistência vai declinando, e tende a desaparecer, na medida em que se firma e se acentua o caráter publicístico do processo (inclusive do processo civil), e correlatamente se reforçam e ampliam os poderes do órgão judicial na

---

279 Arruda Alvim, "Deveres das partes e dos procuradores, no Direito Processual Civil brasileiro", in Revista de Processo n° 69, p. 7.

respectiva condução. Já não se pretende do juiz que assista, como espectador frio e distante, ao 'duelo' das partes, ao contrário, dele se espera atividade eficiente no sentido de que a justiça seja feita. Para tanto, procura a lei ministrar-lhe, entre outros, meios enérgicos de combate à má-fé, à improbidade, à chicana, em suas multiformes manifestações"[280].

De todo modo, conquanto se tenha superado esta visão marcadamente individualista do processo, prevendo a lei sanções pela litigância de má-fé, não é tarefa simples definir a precisa caracterização dos limites desta. O nosso Código define, no artigo 14, deveres a serem observados pelas partes, enquanto que, no artigo 17, apresenta incisos de conteúdo oposto, definindo o comportamento que se quer reprimir.

Barbosa Moreira classifica as condutas indevidas da parte conforme se refiram ao *conteúdo* de suas manifestações, ou sobre a *forma* de sua atuação. *"O primeiro aspecto relaciona-se de modo fundamental com o reconhecimento de um 'dever de veracidade' (a parte deve declarar* somente *a verdade, ou quando menos deixar de declarar o que* saiba *não ser verdade), ao qual acede o 'dever de completitude' (a parte deve declarar* toda *a verdade, isto é, abster-se de* omitir *fatos relevantes que conheça, por suscetíveis de favorecer o adversário). O segundo concerne à obrigação de respeitar as chamadas 'regras do jogo', e comporta numerosos desdobramentos, que se traduzem em outros tantos preceitos, dificilmente redutíveis a uma enumeração exaustiva, mas cujo denominador comum talvez se possa identificar no respeito aos direitos processuais da parte contrária e na abstenção de embaraçar, perturbar ou frustrar a atividade do órgão judicial, ordenada à apuração da verdade e à realização concreta da justiça"[281].*

Conforme dispõe o Código, parece-me lícito incluir, entre as disposições relativas ao conteúdo das manifestações, a razoabilidade das questões de direito sustentadas, o que pode ser extraído do inciso III, do artigo 14, e incisos I e VI, do artigo 17.

---

280 José Carlos Barbosa Moreira, "A responsabilidade das partes por dano processual no direito brasileiro", *Temas de Direito Processual*, primeira série, p. 16.
281 Ibidem, p. 17.

No tocante à verdade dos fatos, apesar do texto do Código nada mencionar a respeito, considera-se que se refere à *verdade subjetiva*, isto é, à verdade tal como conhecida pelas partes, e não a verdade absoluta. Tem a parte o dever de não fazer afirmações que saiba serem inverídicas, distorcendo a realidade por ela conhecida. Esta interpretação tem lugar entre nós, ainda que tenha sido suprimida, do inciso II, do artigo 17, a palavra "intencionalmente", pela Lei nº 6.771/80. Não pode a parte responder pela litigância de má-fé se os fatos que traz ao processo não foram por ela presenciados diretamente, narrando versão que chegou ao seu conhecimento por outras vias. Nem por simplesmente impugnar os fatos narrados na inicial, duvidando de sua existência, quando deles não participou.

Uma coisa, porém, é a parte ter alterado a verdade dos fatos; outra, é ter o juiz a convicção de que a parte assim o fez. E aqui esbarramos mais uma vez na dificuldade de se conhecer a verdade real, ou de poder-se certificar de que é mesmo ela que está diante de nós. Pois *"nel processo non esiste la verità in senso assoluto"*, e *"quando all'interno del processo si dice che un fatto è vero, si vuol solo sottolineare che quel fatto è stato dimostrato come vero in base a determinate regole"*[282]. Assim, afirmar um fato e não conseguir prová-lo, fará com que seja, no processo, assumido como inexistente. Mas não se pode dizê-lo com absoluta convicção. Ou mesmo quando as provas apontem para a existência ou inexistência de um fato, mas não permitam concluir que a versão contrária narrada pela parte era por ela sabidamente mentirosa.

Em resumo, pode a parte ser considerada litigante de má-fé, por faltar com o dever de veracidade, se, por primeiro, afirmar ou negar fato por ela presenciado - ou pelos representantes, quando são estes que atuam em juízo -, e, em segundo lugar, se a inverdade de suas alegações aparecer como evidente e inafastável ao final do processo.

No tocante ao "dever de completitude", era ele expresso no inciso III, do artigo 17, cuja redação original dizia: *"omitir intencionalmente fatos essenciais ao julgamento da causa"*. A Lei nº 6.771/98, entretanto, revogou o antigo inciso III, sendo que seu

---

282 Giuliano Scarselli, *Le spese giudiziali civili*, p. 332.

texto atual corresponde ao do anterior inciso IV, com modificação de redação dada por esta mesma lei. De todo modo, Pontes de Miranda extraía a existência deste dever a partir do inciso I, do artigo 14: *"Não se precisa, no direito brasileiro, fazer-se diferença entre dever de verdade (expor os fatos em juízo conforme a verdade) e o dever de não omitir (*Vollständigkeitspflicht*). No art. 14, I, o dever de expor os fatos conforme a verdade: tanto ofende a verdade dizer-se que ocorreu* a, *se a não ocorreu, ou, em vez de* a, *aconteceu* b, *como deixar de expor o fato* c, *que foi o que se deu, ou que se deu junto a* ou a b *"[283].*

Todavia, a revogação do primitivo inciso III, do artigo 17, põe sérias dúvidas sobre a existência entre nós, do dever de não omitir a verdade. Celso Agrícola Barbi afirma que *"o acerto deste dispositivo era discutível"*, apoiando-se nas lições de Liebman: *"se ciascun litigante può contare per vincere soltanto sulla propria capacità di far valere gli elementi e gli argomenti favorevoli, non si può pretendere che fornisca anche quelli che gli sono sfavorevoli e potrebbero giovare all'avversario"[284].* Já para Vicente Greco Filho, a supressão do antigo inciso III implicou revogação da caracterização da omissão como litigância de má-fé [285]. E esta talvez seja mesmo a melhor interpretação, até porque, como observava Liebman, *"un obbligo in tal caso non avrebbe alcuna probabilità di essere osservato ed avrebbe l'unico risultato di porre in difficoltà ed in imbarazzo la parte più onesta"[286].* Realmente, se uma parte não afirmou o fato que lhe interessava, soa um tanto quanto injusto que se imponha ao adversário o dever de trazê-lo ao processo; e se a parte a quem o fato interessava sequer sabia de sua existência, a dificuldade estaria em se saber, no processo, que o fato fora intencionalmente omitido pelo outro litigante.

Já quanto ao dever de argüir apenas questões de direito razoáveis, este também não pode ser identificado com a vitória no julgamento final. Nem pode o inciso I (*"deduzir pretensão ou defesa contra texto expresso de lei"*) ser interpretado na sua

---

283 *Comentários ao Código de Processo Civil*, tomo I, p. 339.

284 *Manuale di Diritto Processuale Civile*, vol. I, p. 114.

285 *Direito Processual Civil Brasileiro*, 1º vol., p. 108.

286 Ob. cit., pp. 114-115.

literalidade. Não se pode considerar maliciosa a alegação de tese vencida, minoritária, ou mesmo contrária às súmulas dos tribunais superiores. O Direito é essencialmente mutável e é da invocação de teses contrárias que se alimenta a sua evolução. A norma jurídica, por sua vez, nem sempre prevalece como está escrita na lei, mas deve ser compreendida dentro do sistema jurídico como um todo, e interpretada em consonância dos princípios e normas superiores. A voracidade legiferante que impera em nosso país tem produzido ao longo dos anos inúmeras leis inconstitucionais, principalmente em matéria fiscal, de modo que advogar-se contra seu texto literal não pode caracterizar a litigância de má-fé. O que se deve coibir, então, é a dedução de argumentos absurdos, impossíveis, sofismas sem qualquer coerência que por vezes são utilizados como meio de ganhar-se algum tempo, prolongando o curso do processo. Plausível o argumento, ainda que vencido, descabido falar-se em violação do dever de lealdade.

Outro aspecto a ser considerado refere-se ao respeito às "regras do jogo". Aqui, afastamo-nos das manifestações, dos fatos e fundamentos deduzidos pelas partes com o intuito de vencer a demanda, para observar o comportamento delas. Caracteriza litigância de má-fé a prática de atos cuja finalidade seja, manifestamente, tumultuar o processo, impedir seu curso, ou embaraçar a atuação do adversário. Esconder-se a si próprio, para não ser citado ou intimado; ou, noutro extremo, peticionar em excesso para impedir o curso normal do feito; provocar incidentes processuais manifestamente infundados; pedir intimação, como testemunhas, de pessoas sabidamente inexistentes; praticar os chamados "atos atentatórios à dignidade da justiça", definidos no artigo 600; são estes alguns exemplos de litigância de má-fé relacionados à forma como as partes atuam no processo.

Por último, resta analisar um certo grupo de regras que, tendo se originado em 1973, tem gozado da simpatia de nosso legislador. Como mencionado anteriormente, o novo Código estabeleceu uma multa de até 1% do valor da causa pela interposição de embargos de declaração *"manifestamente protelatórios"* (art. 538, § único). A reforma de 1994 inseriu, no mesmo dispositivo, a previsão de que *"na reiteração de embargos protelatórios, a multa é elevada a até 10% (dez por cento), ficando condicionada a interposição de qualquer outro recurso ao depósito do valor respectivo"*. E, mais recentemente, a Lei n° 9.756/98, ao modificar o artigo 557, além de ampliar os poderes do relator para singularmente acolher ou rejeitar todo e qualquer recurso, estabeleceu a seguinte redação para o seu §2°: *"quando manifestamente inadmissível ou infundado o agravo, o tribunal condenará o agravante a pagar ao agravado multa entre um e dez por cento do valor corrigido da causa, ficando a interposição de qualquer outro recurso condicionada ao depósito do respectivo valor"*. A disposição também se aplica ao agravo previsto no artigo 545, conforme nova redação a ele atribuída por aquela mesma Lei.

Para dizer o mínimo, tal opção legislativa provoca certa falta de sistematização entre as normas tendentes a reprimir a deslealdade processual. Se o recurso é manifestamente infundado - adjetivo que me parece melhor do que "protelatório" -, a conduta da parte já seria de algum modo tipificável nos incisos do artigo 17; e, em 1998, acrescentou-se neste artigo o inciso VII, que considera litigante de má-fé aquele que *"interpuser recurso com intuito manifestamente protelatório"*. Não vejo razão para a criação de normas diversas, destinadas a tabelar aqui e ali os possíveis desvios de conduta da parte em cada momento processual.

Por outro lado, a criação de normas tipificadoras de má conduta processual voltadas para coibir apenas os recursos causa a sensação de que o legislador está considerando que há muitos recursos protelatórios e resolveu enviar uma espécie de recado aos juízes, para que sejam mais rigorosos em aplicar-se sanções aos recorrentes.

Mas, a pior parte destes dispositivos é, sem dúvida, a imposição de prévio recolhimento da multa para poder interpor outro recurso. Resgata o legislador a "pena de silêncio" prevista no texto revogado do artigo 601, cerceando a parte da possibilidade de interpor recurso para questionar a própria aplicação da multa, quando indevida. Vicente Greco Filho opõe-se à regra, com estas palavras:

> *"Cabe observar, porém, quanto ao parágrafo único do art. 538, que a condicionante final do dispositivo ('ficando condicionada a interposição de qualquer outro recurso ao*

depósito do valor respectivo') não tem base constitucional se inviabilizar o direito ao duplo grau de jurisdição, quando a multa (especialmente a de 10%) for aplicada pelo juiz de primeiro grau. Poderá ser aplicada, sem dúvida, mas não poderá ser obstativa do acesso ao segundo grau de jurisdição"[287].

Se não inconstitucional, a regra é pelo menos inoportuna e discriminatória, podendo, de um lado, gerar decisões arbitrárias tendentes a obstar o recurso ao órgão superior, e de outro causar odiosa distinção entre litigantes que tenham ou não condições econômicas de depositar a multa para continuar atuando na causa. As propostas por mim sugeridas acima, saliente-se, apontam no sentido de impor com rigor a sanção por litigância de má-fé, mas sem inibir o comportamento do litigante ao longo do feito, cobrando-se seu valor apenas em posterior execução.

4. Algumas considerações complementares.

Algumas condições mostram-se desde logo essenciais para que um sistema assim, como o proposto neste Capítulo, funcione a contento. Um deles, é a manutenção do valor real destas sanções por litigância de má-fé, dos encargos progressivos, ou da condenação principal, se a causa versar sobre quantias em dinheiro. Se a desvalorização da moeda, ou o ganho financeiro no mercado puderem compensar os acréscimos provocados pelo aumento das verbas processuais, a utilização destes mecanismos de dissuasão pode não propiciar os resultados esperados, embora, de todo modo, isto seja algo mais benéfico do que o sistema atual.

Outra condição é a delimitação, o mais perfeita possível, e desde logo, dos limites do litígio. O reconhecimento, pelo réu, só é possível se souber exatamente o que o autor quer. Idem, para a fixação dos limites do incontroverso, se houver, e, ainda neste caso, para a renúncia do autor à diferença controvertida. A existência de incontrovérsia parcial, mesmo no atual sistema, mereceria ser considerada no momento de se fixar honorários de sucumbência. Nos casos de ambas as partes serem parcialmente vencidas e vencedoras, somente se bem definidos os limites do conflito será possível fixar verba honorária que reflita com justiça

---

287 "Litigância de má-fé", *in Reforma do Código de Processo Civil*, p. 580.

as proporções em que se foi vencedor ou vencido. Daí, com maior rigor teriam que ser vistos os pedidos ilíquidos formulados em situações nas quais o autor tem todas as condições de determinar o que pretende. E ao réu, se não negar toda a extensão do direito pretendido pelo autor, que seja claro ao destacar a porção do pedido que admite ser procedente.

Sem, por fim, uma execução eficiente, em especial, a execução por quantia, de nada valeria a tentativa de impor-se encargos progressivos ou sanções processuais ao mau litigante, se a perspectiva real de pagá-los soar para o seu devedor como algo remoto.

IX. AVANÇOS PARA O PROCESSO DE EXECUÇÃO.

1. Considerações gerais

Dentre todas as possíveis melhorias a serem incorporadas ao sistema processual, certamente a mais necessária há de incidir sobre o processo de execução. Confrontando-se com o nível de organização e teorização que já se atingiu no processo de conhecimento, vê-se que a execução não alcançou o mesmo grau de evolução. Para o litigante comum, é inexplicável o porquê da sua demora e do seu custo, uma vez que se presta a realizar direitos havidos como existentes, por vezes até reconhecidos por sentença obtida após longo processo de conhecimento. Como salienta José Roberto Bedaque:

> *"Dúvida não há sobre a necessidade de ser repensado todo o processo de execução, incluindo nas reflexões a necessidade de sua manutenção como processo autônomo.*
>
> ....
>
> *"O que não parece mais possível é a oferta de tantas oportunidades ao devedor inadimplente, que, mesmo após reconhecida esta situação pelo órgão jurisdicional, encontra no sistema processual inúmeras formas de se furtar ao pagamento. Nenhum profissional do Direito consegue convencer um leigo da necessidade de, após a sentença que condena o devedor, efetuar-se nova citação deste, com todas as circunstâncias que envolvem esse ato processual. Muito menos explicar-lhe que o executado poderá embargar e suspender a execução, na grande maioria das vezes com intuito nitidamente protelatório"*[288].

A Lei nº 8.954/94 cuidou especificamente de introduzir modificações no processo de execução. Todavia, como salienta Araken de Assis, *"nada obstante o mérito inegável dessas*

---

288 *Direito e Processo*, p. 102.

mudanças, pois ninguém se atreverá a impugnar reformas, mesmo que modestas, de nosso sistema processual, convém não apostar numa alteração radical na presteza da atividade jurisdicional no campo da atuação coercitiva de direitos"[289]. Realmente, algumas das reformas da lei processual criaram novos mecanismos para a execução de obrigações de fazer, tentando privilegiar o cumprimento da obrigação específica; umas poucas simplificações foram feitas; no mais, as alterações apenas deslocaram litígios para o processo de execução, ou o anteciparam. Entretanto, muito ainda resta fazer pela execução por quantia, a que mais sente a falta de "efetividade".

Devemos, desde logo, reconhecer a importância que a execução por quantia tem para todo o sistema processual. Embora a execução específica das demais modalidades de obrigação tenha ganho destaque em nossos dias, é sabido que ela nem sempre se mostra faticamente possível, ou viável para o credor. Se o sistema processual deve, sem sombra de dúvida, contar com mecanismos que permitam ao credor obter precisamente aquilo a que tem direito, nem por isso a execução por quantia diminui em importância. Afinal, não bastasse o volume de obrigações desta ordem, todas as demais podem acabar convertidas em obrigação de pagamento em dinheiro, seja por opção do credor, seja por inviabilidade de seu cumprimento específico. Ou, ainda, o mecanismo de execução indireta mediante pena cominatória, recentemente modificado, pressupõe um processo de execução por quantia que funcione a contento.

A relevância da execução por quantia se faz presente também quando se pensa que será por seu intermédio que se fará cumprir o pagamento das verbas impostas pelo processo: os encargos de sucumbência e as sanções pela litigância de má-fé. No capítulo anterior, foi sugerida a criação de estímulos à lealdade processual e à solução espontânea do conflito. Estes estímulos dependem de um processo executivo forte e eficaz. De nada adianta coibir a litigância de má-fé mediante a aplicação de sanções pecuniárias que, ao final, deverão ser cobradas por meio de um processo executivo cheio de delongas. A repressão à litigância de má-fé só será possível se houver a certeza de que as sanções impostas serão adimplidas. O mesmo se diga quanto aos

---

289 "Reforma do Processo Executivo", *in Revista do Advogado*, nº 46, p. 48.

encargos processuais progressivos. Se o adimplemento destas verbas for algo distante, senão duvidoso, os seus efeitos dissuasórios não se farão sentir.

De fato, a estabilidade do sistema processual como um todo está diretamente relacionada com a eficiência desta modalidade de processo executivo. Sem ela, pouco impacto causarão boa parte das decisões judiciais, sujeitas a esta forma de execução. Bem se vê que os processos que têm como pedido a entrega de coisa, e dotados de natureza *"executiva lato sensu"*, são bem mais eficazes. A execução por quantia, morosa e desajustada à realidade, não estimula o devedor ao cumprimento espontâneo da obrigação, enfraquecendo o caráter imperativo de decisões judiciais que não possam ser cumpridas "por mandado".

Por isso, podemos falar no processo executivo por quantia certa como a "âncora" última do sistema processual. Se não houver composição extraprocessual, se a parte não agir no processo com lealdade, ou se o vencido recorrer até o esgotamento dos meios de impugnação e ainda não cumprir espontaneamente a decisão, temos ao menos de ter a certeza de que o processo de execução virá com eficiência, para impor a obrigação principal e o cumprimento das verbas processuais acrescidas.

2. O "ponto de equilíbrio" do processo de execução.

Como salienta Vicente Greco Filho, *"há de se reconhecer que a teoria geral do processo civil foi desenvolvida a partir de um processo modelo: o da ação condenatória simples de cobrança ou de indenização, entrando a teoria geral em crise diante de temas como os procedimentos especiais, a própria execução, o processo em que se aplicam direitos de ordem pública ou outros, cuja peculiaridade repercute no processo de modo a exigir reestudo de seus temas fundamentais, aparentemente consagrados"*[290].

Talvez uma das grandes dificuldades do processo de execução resida justamente no fato de não se colocar com clareza a sua finalidade e, conseqüentemente, o "ponto de equilíbrio" entre os direitos e faculdades a serem atribuídos aos litigantes.

---

290 *Direito Processual Civil Brasileiro*, 1º vol. p. 5.

A própria finalidade do processo, de *"pacificar com justiça"*, é normalmente explicada sob a ótica da atividade decisória, identificando-se o processo justo com aquele em que se produzirão *decisões* justas. O que seria, então, o *justo processo* de execução?

Realmente, quando se pensa no processo de conhecimento, tudo se mostra muito mais fácil. Aplicar o princípio da isonomia ao processo de conhecimento consiste em conceder aos litigantes as mesmas oportunidades, a princípio, mediante o mesmo tratamento formal e, para nivelar algumas desigualdades eventualmente existentes, vantagens são atribuídas à parte mais fraca (como, p. ex., o benefício da justiça gratuita, a inversão do ônus da prova em favor do consumidor, dilatação de prazos). Assim, se a uma parte for concedida a oportunidade, em prazos e formas dados, de manifestação, de produção de provas, ou de recorrer das decisões, à outra também será. Afinal, não poderia ser outro o modo de ser de um processo, que parte da incerteza quanto a quem tem razão, e que tende ao descobrimento da verdade.

Na execução, todavia, parte-se de prévia desigualdade das partes, já que uma delas presumivelmente é titular de um direito e o processo deverá servir para propiciar a sua satisfação, e não o descobrimento da verdade. Diante de tal quadro, mostra-se evidente que o eixo do processo de execução é diverso daquele definido para o processo de conhecimento e, para bem fixá-lo, devemos procurar identificar o que cada uma das partes pode legitimamente pretender do processo. Na tentativa de imprimir maior efetividade ao processo de execução, este deve ser o ponto de partida, a fim de que se possa estabelecer quais são os direitos de cunho processual que se deve atribuir a exeqüente e executado, para, só após, pensar-se nas formas que o procedimento deve prever. Não se procurando identificar com clareza os direitos das partes no processo de execução, dificilmente o seu procedimento deixará de ser um amontoado de atos cuja finalidade, muitas vezes, ou é simplesmente duvidosa, ou não é atingida pela forma prevista.

Pensemos, então, na estrita atividade de execução - a que Celso Neves[291] chama de *jurissatisfação* -, desconsiderando-se eventual possibilidade de discussão acerca da existência ou

---

291 Cf. *Estrutura fundamental do processo civil.*

extensão da obrigação. Presente esta possibilidade, qualquer que seja a *forma* pela qual se decidirá a questão, a *atividade* judicial será *declaratória* (ou *jurisdicional*, no sentido estrito que Celso Neves atribui ao vocábulo) e não *de execução*. Tomo como objeto de estudo, então, a execução em que inexista controvérsia alguma acerca da obrigação exigida, para indagar: que direitos de cunho processual devem ter os litigantes?

O direito material, aqui, é sabidamente pertencente a uma das partes, que veio a juízo para vê-lo satisfeito. Processualmente, ao autor deve-se atribuir o direito à tutela jurisdicional satisfativa e à prática de atos que permitam a realização desta satisfação. Contudo, apesar de não ter razão no plano do direito material, tem o executado direitos de natureza processual, sendo só a partir desta constatação que se pode falar num *processo de execução*, ou no caráter *jurisdicional* da execução. Ao executado é reservado o direito a que a execução não ultrapasse certos limites, que foram evoluindo ao longo dos tempos, desde a passagem da execução pessoal para a execução patrimonial, vindo depois a sujeição apenas dos bens bastantes para o pagamento da dívida e, mais adiante, a restrição à penhora de alguns bens. O benefício da impenhorabilidade, conquanto já tenha sido privilégio de alguns[292], é hoje o reconhecimento de que a existência digna do ser humano depende da posse de alguns bens mínimos, que não responderão pelas suas dívidas, imunes que são à execução. A definição precisa do rol de bens impenhoráveis e dos créditos que possam se sobrepor a estas impenhorabilidades irá variar, a juízo do legislador, conforme se atribua relevância a uns e a outros. O que importa, para prosseguimento do tema, é apenas a verificação de que limites existem à satisfação do crédito exeqüendo, não importando, por ora, qual o contorno preciso destes limites. Para finalizar, resta acrescentar que entre os limites à execução encontra-se a impossibilidade de alienar-se o patrimônio do devedor a *preço vil*.

---

292 Assim, por exemplo: *"Porém não se penhorarão os Fidalgos, e Cavalleiros, e nossos Desembargadores nos cavallos, armas, livros vestidos de seus corpos, nem as mulheres dos sobreditos, nem mulheres Fidalgas nos vestidos de seus corpos e, camas de suas pessoas; havendo respeito ao que à cada hum he necessário para seu serviço e uso, conforme a qualidade de suas pessoas, posto que outros bens não tenham"* (Ord. Filipinas, III,86,23).

Delineado este quadro, temos que o processo de execução se presta, de um lado, a permitir o uso da *força*, mediante atos de apreensão e expropriação, e, de outro, a resguardar a dignidade do executado enquanto ser humano, exercendo esta força dentro dos limites estabelecidos pelo sistema. Assim, o processo se desenvolve por meio de uma série de atos tendentes a invadir a esfera de direitos do executado, enquanto observa se o está fazendo legitimamente.

A questão que se coloca, em primeiro lugar, reside em saber em que medida estes atos todos do processo são adequados aos seus fins e se são, igualmente, razoáveis e coerentes com o sistema processual. Ou, em que medida a forma passa a valer por si mesma, embora nenhuma finalidade útil dela se extraia? Não perdendo de vista a relação de direito material, seria possível estabelecer o que o sistema jurídico desejaria, diante de diferentes situações fáticas? Com isso, talvez possamos visualizar melhor o que esperar do processo executivo.

Por primeiro, diz o sistema que aquele que não tem patrimônio penhorável simplesmente não será atingido pela execução forçada. Sendo esta a situação, o processo de execução será infrutífero e nada mais se pode fazer. É de se ressaltar que grande parte dos direitos que o sistema atribui ao executado são aqui atendidos, pela só negativa de penhora e de outros atos de força sobre sua pessoa ou patrimônio.

Em segundo lugar, tendo o devedor patrimônio penhorável, de que tipo de proteção é ele merecedor e que tipo de comportamento seu seria socialmente desejado? Ora, a este executado assiste o direito, apenas, de não ver seus bens penhorados alienados a preço vil. No fundo, todos os atos de execução que se realizam em resguardo do interesse do devedor têm por finalidade resguardar este direito. No item 3, a seguir, as formas do processo de execução serão examinadas sob este prisma, para definir-se até que ponto atingem os fins esperados.

Quero crer, por outro lado, que o comportamento socialmente desejável de um devedor solvente seria o pagamento espontâneo da dívida. Não é estranho, na sociedade, que alguns devedores vendam por si bens de seu patrimônio para pagamento de suas dívidas. Assim, ao devedor solvente, quando executado, não é lícito fazer com que o processo de execução se constitua em vantagem em relação ao comportamento socialmente desejável, que seria o de movimentar-se espontaneamente para levantar dinheiro para saldar suas obrigações. A partir do momento em que aguardar a execução e seus ulteriores termos se mostre praticamente mais vantajoso do que pagar, não só não haverá meio de tornar efetivo o processo de execução, como também será instaurado o caos social, com sistemático inadimplemento de todas as obrigações, ressalvadas aquelas que serão cumpridas meramente por razões morais.

Não havendo pagamento nos primeiros momentos da execução (não nas 24 horas previstas em lei, mas ao menos nas primeiras semanas...), o que vejo ocorrer no cotidiano forense pode ser classificado em quatro grupos: a) execuções paralisadas por não haver bens; b) ou, paralisadas por não se encontrarem bens; c) execuções que, após a prática de vários atos processuais, terminam antes da alienação judicial, diante de pagamento do devedor; d) execuções que, após longa espera, chegam aos seus ulteriores termos, alienando-se os bens por valor sempre inferior ao de mercado. Tenho para mim que são todos resultados insatisfatórios.

Na hipótese descrita na letra "a", considero profundamente injusto para com o devedor que não haja um mecanismo mais simples do que a insolvência civil para impedir que continue a dever até o final de seus dias[293]. Penso que a instauração de processo de insolvência só faz sentido para o devedor que tenha alguns bens - insuficientes, é verdade - e mais de um credor, já que sua utilidade maior consiste na instauração do procedimento concursal e rompimento da preferência da primeira penhora. Para quem não tem bens, ou estes já foram expropriados para pagamento parcial da sua única dívida, poderíamos pensar em instituir algum mecanismo de extinção das obrigações semelhante ao do artigo 778, do CPC, talvez com prazo mais dilatado, já que os cinco anos ali previstos se somam ao tempo necessário para a realização do complexo procedimento da insolvência civil. Assim

---

293 Afinal, a execução fica apenas suspensa, por prazo indefinido, conforme art. 791, III, do CPC. Negando a ocorrência de prescrição intercorrente: RSTJ 92/288. Nos executivos fiscais, o art. 40, da Lei nº 6.830/80 dispõe sobre a suspensão do processo, mas sem que corra a prescrição. Apesar disso, a 1ª Turma do STJ acolheu prescrição intercorrente, em função da aplicação do artigo 174 do CTN (RSTJ 106/75).

procedendo, não estaríamos conferindo ao devedor insolvente direito que já não tenha, mas apenas facilitando o seu exercício, quando a situação fática se mostrar mais simples.

No caso da letra "b", se verdadeiramente não houver bens, teria o devedor interesse em alegá-lo desde logo, e demonstrá-lo como puder, para valer-se dos benefícios propostos no parágrafo acima. Mas se bens existirem, não os encontrar para submetê-los à execução é razão de desprestígio para a função jurisdicional do Estado. Afinal, a execução é expressão deste poder e não um mero convite ao devedor para que pague a dívida ou indique bens. Não pode a execução ficar sujeita à vontade e ao capricho do devedor, pois a jurisdição é *poder* e tem como característica a sua *substitutividade*. Conseqüentemente, não só é legítimo exigir do devedor que indique bens, como também o é a substituição desta indicação espontânea pela atividade judicial de busca pelo patrimônio penhorável do executado.

Destas afirmações, resulta ser possível, de um lado, estabelecer para o executado o dever de colaborar com a execução, impondo-se-lhe sanção pelo descumprimento. O artigo 600, IV, do CPC, diz ser atentatório à dignidade da justiça o ato do devedor que não indica ao juiz onde se encontram os bens sujeitos à execução, sendo-lhe aplicável multa de até 20% do valor do débito, segundo o artigo 601. A regra, infelizmente, tem sido pouco aplicada. A transformação da sanção para multa pecuniária, dada pela Reforma, contribuiu, de todo modo, para permitir a utilização do dispositivo: além de suspeitar-se de sua inconstitucionalidade, a antiga "pena de silêncio" estabelecida na lei era inútil para coibir um comportamento omissivo, pois para quem quisesse esconder bens - ou praticar os outros atos descritos no artigo 600 - o que menos importava era falar nos autos do processo. O que se faz necessário é o estabelecimento mais preciso deste dever de colaboração, em prazo determinado, e deixando-se claro que devem ser obedecidas as regras dos artigos 655 e 656[294]. Tanto a

---

294 O Anteprojeto nº 13, da Escola Nacional da Magistratura propõe as seguintes alterações: no artigo 599, II, define o poder do juiz de *"determinar que o devedor relacione os bens sujeitos à execução, indicando onde se encontram"*; e no artigo 600, IV, define como atentatório o ato do devedor que *"não relaciona corretamente os seus bens sujeitos à execução (art. 655, §1º), ou não indica ao juiz onde se encontram e quais os respectivos valores"*.

falta de indicação, a falsa declaração de inexistência de bens, como a nomeação de bens de difícil execução, ou menos líquidos do que outros de seu patrimônio, sujeitariam o devedor à pena pecuniária, na medida em que isto viesse a ser descoberto futuramente. Nem seria exagero exigir do devedor que declarasse em juízo quais são seus bens penhoráveis.

De outro lado, inerte o devedor, é possível ao Judiciário requisitar a entes públicos e privados informações sobre o seu patrimônio. Uma questão sobre a qual se vê decisões vacilantes diz respeito ao poder do juiz de requisitar informações fiscais e bancárias do devedor executado, sendo a pretensão às vezes negada com fundamento no sigilo fiscal e bancário. Ora, estas duas formas de sigilo não são absolutas e não podem se sobrepor ao interesse da Justiça em prestar a tutela jurisdicional, especialmente a executiva[295]. Mesmo porque, ao devedor que tenha bens, é possível evitar ser vasculhado indicando bem que cubra satisfatoriamente o débito e seja suficientemente líquido; ou, então, pagando a dívida, que era o que deveria ter sido feito antes mesmo de iniciado o processo executivo. E quem não tem bens não tem o

---

295 Assim decidiu a 4ª Turma do STJ: *"EMENTA: Processo civil. Execução. Penhora. Requisição ao Imposto de Renda. Admissibilidade. Recurso conhecido e provido. Em face do interesse da Justiça na realização da penhora, ato que dá início à expropriação forçada, admite-se a requisição à repartição competente do imposto de renda para fins da localização de bens do devedor, quando frustrados os esforços desenvolvidos nesse sentido. Cada vez mais se toma consciência do caráter público do processo, que, como cediço, é instrumento da jurisdição"* (RSTJ 21/298).

A mesma 4ª Turma, entretanto, negou a expedição do ofício à Receita por entender que deveria haver o prévio *"exaurimento das providências à obtenção das informações"* (RSTJ 36/313), o que é ilógico pois muito pouco pode fazer o exeqüente neste sentido, razão pela qual sou levado a concordar com o voto vencido proferido neste acórdão pelo Min. Barros Monteiro.

Já a 2ª Turma demonstrou outro entendimento, quanto ao sigilo bancário: *"EMENTA: Processo Civil. Execução fiscal. Quebra de sigilo bancário para a localização de bens. Inviabilidade. Lei nº 4.595/64, art. 38. O sigilo bancário não teria qualquer consistência se, para aparelhar a execução, o credor pudesse desvelar os saldos depositados pelo devedor em instituições financeiras; o artigo 38 da Lei nº 4.595, de 1964, se refere a informações e esclarecimentos necessários ao julgamento da causa, a que não se assimila a execução paralisada por falta de bens penhoráveis. Recurso especial não conhecido"* (RSTJ 94/101).

que esconder... Ressalto que todas as sugestões feitas neste Capítulo - estas principalmente - pressupõem que a execução seja fundada em título executivo com alto grau de probabilidade da existência do direito, questão que foi tratada no Capítulo VII. Infelizmente, na medida em que o nosso sistema admite o início da execução a partir de títulos pouco certos, ou sujeitos à discussão quanto à matéria de fato, isto é fator que inibe uma maior invasão na esfera de direitos do executado, em especial, à sua privacidade.

Os casos enquadrados na letra "c" são, por vezes, significativos exemplos do quanto a execução é ineficiente e desprezada por alguns devedores. Deixa-se de pagar a dívida no momento devido, aguardando-se o truncado processo de execução, que passa a ser transformado numa espécie informal de moratória. Antes que o devedor experimente prejuízo significativo, com a alienação de bens, ou mesmo com o acréscimo de custos representados pela avaliação e editais, deposita-se o valor da dívida. Antes disso, até ser citado, até encontrar-se bens penhoráveis, até ser intimado da penhora, e até serem resolvidas eventuais questões processuais que podem ser levantadas sem embargos (questões, por exemplo, de preferência da penhora), passam-se vários meses, senão alguns anos. Não raro, devedores amplamente solventes assim procedem, retardando o possível o cumprimento da prestação.

O que me parece, aqui, é que a simplificação da execução somada à imposição de encargos progressivos faria com que o devedor fosse mais prestativo em realizar o adimplemento. Por que não, até, estabelecer-se a imposição de multa cominatória também para a execução por quantia, quando esta ultrapassasse certo prazo máximo - digamos, algo entre noventa e cento e oitenta dias - sem motivo justificado. Seriam somados os dias desde o início da execução, suspendendo-se a contagem se houver atraso imputável ao credor, ou se houver apresentação de embargos fundados na *inexistência* da dívida, ou, ainda, algum motivo relevante, de força maior. O significado disto é: não se negando a dívida, seria este prazo suficiente e razoável para que o devedor satisfizesse a obrigação, ainda que seja para, por si, encontrar alguém que venha a juízo para adquirir o bem penhorado. Seria este um meio de fazer com que o respeito pelas formas processuais não se desvirtuasse, transformando-se em via para protelar a entrega da prestação jurisdicional: se a venda judicial deve ser precedida de algumas cautelas, isso não significa que tenha o devedor o direito ao prazo que se perde com elas, nem que seu dever de pagar a dívida, por sua própria atividade, tenha sido suspenso com o ajuizamento da execução. A imposição destas penas serviria para tornar o devedor solvente interessado em colaborar com a execução.

Por fim, a situação apontada na letra "d" é a que corresponde à entrega da prestação jurisdicional por total atividade do Estado. É o que resta quando o devedor não colabora de forma alguma com a execução. Quero crer que só atingem estes limites as execuções em que ou o devedor realmente se encontrava em dificuldades financeiras, ou foi revel ou mal representado no processo executivo. Parece-me evidente que, afora estes casos, ninguém deixaria seus bens serem levados ao leilão judicial, onde, salvo situações muito peculiares, jamais atingirão o valor de mercado.

De fato, António Santos Abrantes Geraldes aponta como um dos obstáculos à realização dos direitos dos exeqüentes, em Portugal, *"o funcionamento nem sempre imaculado ou transparente das vendas judiciais, propiciando a actuação do chamado* 'cambão', *em prejuízo do exequente e do próprio executado, mas, acima de tudo, com degradação da imagem de seriedade que deve rodear os tribunais"*. E, em nota de rodapé, acrescenta o mesmo autor que *"o sistema de vendas de bens em praça permite o funcionamento de um conjunto de negócios paralelos ao processo, o que vem a conduzir à existência, em todos os Tribunais, de um grupo de pessoas (sempre os mesmos)* 'clientes habituais' *das praças, que conseguem arrematar os bens em venda judicial a preços muito baixos"*[296].

Mas, se refletirmos bem sobre o tema, à parte a hipótese de leiloar-se algum bem único, algo como uma obra de arte ou antigüidade catalogada e valiosa, por que pessoas comuns do povo iriam à hasta pública para adquirir bens idênticos ou semelhantes aos que se encontra no mercado, e pelo preço de mercado? Por que arrematar, por exemplo, um automóvel que não vi, nem experimentei, depositar primeiro o dinheiro para recebê-lo depois (e se não houver nenhuma impugnação e o bem ainda estiver com

---

296 *Temas da reforma do processo civil*, vol. 1., p. 25/26.

o depositário...), se pelo mesmo valor posso comprá-lo no mercado? É óbvio que, dadas as condições do leilão judicial, não é economicamente viável adquirir-se bens pelo seu real valor. Não quero, com isso, defender a versão nacional do *"cambão"*, que deve de algum modo ser reprimido, vedando-se vendas a preço vil; entretanto, certa desproporção do valor obtido nestes leilões será inevitável e tudo que se pode esperar é que seja ela mantida a níveis toleráveis.

A conclusão que quero tirar destas linhas é que, com tudo que se faz para tentar assegurar um bom preço final, não é o que se vem obtendo e, mais, não se conseguirá em condições normais atingir o preço de mercado dos bens alienados judicialmente. Ou seja, as formas processuais voltadas para esta finalidade - notadamente os editais - não atingem sua finalidade, merecendo alguma revisão. O processo executivo se torna apenas moroso e caro, sem qualquer vantagem real decorrente destas formalidades.

Estes são os pontos que considero pertinentes para a definição do *justo processo de execução*. Assegurados alguns direitos do executado, não se pode permitir que a execução se transforme em longa discussão sobre a sua própria forma, devendo esta ser mais enxuta e expedita. Talvez, apenas, para contrabalancear este maior rigor, em alguns casos que se mostrem relevantes, devesse ser possível estabelecer um meio termo entre a total impenhorabilidade e a execução sem restrições. Assim, nos casos em que é possível penhora do imóvel residencial do executado, poder-se-ia estabelecer prazos mais dilatados, ou prazos mínimos para que a execução atinja seus ulteriores termos, na tentativa de que possa ele saldar o débito.

No mais, espera-se uma execução simples e vigorosa, com alguns dos contornos estabelecidos acima e nos itens seguintes.

3. Simplificação das formas e redução dos custos da execução.

a) Liquidação.

A extinção da liquidação por cálculo do contador, com a transferência ao executado do ônus de apresentar a conta, foi motivo de calorosa discussão. Em minha opinião, andou bem a

Reforma, neste trecho da lei. Realmente, a instauração de procedimento, terminado por decisão judicial recorrível, para aprovar-se um cálculo matemático, exigia muita atividade processual para pouco resultado.

De outro lado, penso que a indicação do valor não só deva mesmo ser ônus do exeqüente como, sendo elemento integrante do pedido, é ato privativo seu. Compete à parte formular o pedido de prestação jurisdicional, e a delimitação precisa do quanto se quer, tanto no processo de conhecimento (ressalvadas as poucas hipóteses de impossibilidade momentânea de apuração no valor) como no de execução, integra esta atividade postulatória. Não compete ao Estado dizer o quanto o autor deve pedir, mas somente a este.

Ademais, a simples remessa dos autos à Contadoria judicial, por vezes, provoca a demora de algumas semanas. Melhor, assim, que o exeqüente providencie o cálculo. Se o vencido, antes de iniciada a execução, viesse até o exeqüente para saldar a dívida, teria ele feito a conta por si, para poder receber...

Os problemas que a nova regra trouxe residem basicamente na dificuldade de aplicação dos diversos índices de correção monetária, ou na utilização de outro índice, que não o oficial. Mas, são justamente estes os aspectos que devem demandar provocação do exeqüente. Se a sentença for omissa na determinação sobre como efetuar a correção, ou se fatos econômicos posteriores à sentença suscitaram dúvidas sobre a aplicação de índices, esta é uma questão muito mais jurídica do que técnica, devendo a parte requerer o que entender de direito, decidindo o juiz após oitiva do adversário. É justamente nesta hipótese que vejo com mais clareza a existência de atividade privativa da parte.

Um segundo problema afeta os beneficiários da gratuidade processual, defendidos pela assistência judiciária. Os prestadores deste serviço, normalmente sobrecarregados, por vezes não contam com tempo, pessoal e estrutura suficientes para realizar a tarefa. Nestes casos, tem sido comum autorizar-se a elaboração da conta pelo contador judicial[297]. Entendo, apenas, que a utilização dos

---

297 O Anteprojeto n° 13, da Escola Nacional da Magistratura, propõe acrescer dois parágrafos ao artigo 604, um dos quais, o §2°, prevê a elaboração de cálculo pelo serviço de contadoria judicial, quando *"nos*

serviços da contadoria se restringe ao apoio técnico, isto é, apenas ao aspecto aritmético da feitura dos cálculos, que deverão seguir os critérios pedidos pelo exeqüente, por ser ato privativo seu.

Lembro, por fim, para ilustrar, que apesar de haver o STJ definido e consolidado a aplicação de índice de correção em torno de 45%, para o tormentoso mês de janeiro de 1989, durante muito tempo as contadorias da Justiça Estadual ainda se utilizaram do percentual de 70,28%, e era este o indicador que corrigia a tabela divulgada pelo Tribunal de Justiça. Ora, se a causa chegasse ao STJ, quem experimentaria más conseqüências seria o exeqüente que, valendo-se dos serviços oficiais, iniciasse execução com cálculo efetuado a maior. Vencido em eventuais embargos, a ele seriam impostas as verbas decorrentes da sucumbência.

b) Intimações pessoais ao executado.

Conforme já mencionado anteriormente no Capítulo VII, há enorme desproporção entre as formas do processo de conhecimento e de execução. Naquele, o revel, embora possa ter razão, sofre a pesada conseqüência da confissão ficta e nunca mais é intimado de qualquer ato processual; aqui em execução, o executado ainda receberá as intimações pessoais da realização da penhora e da data da realização da venda judicial.

Não vejo razão para a realização destas intimações. Conquanto graves as conseqüências do processo executivo, não menos graves podem ser os resultados do processo de conhecimento; no entanto, neste, as partes são sempre intimadas na pessoa de seus defensores, exceto quanto aos atos que devam praticar por si (comparecimento para depor, p. ex.). Compete ao advogado manter o cliente informado do rumo da execução, e a este interessar-se em saber o estágio em que ela se encontra. A citação inicial (ou intimação pessoal para cumprimento da sentença, caso se admita fusão entre os processos de conhecimento e execução) deveria ser suficiente para todos os subseqüentes termos da execução, advertindo-se, desde logo, o citando, de todas as conseqüências que sobrevirão. Enfim, nada garante que a realização destas intimações torne o processo executivo mais justo,

casos de assistência judiciária".

ou evite, por si, a alienação a preço vil de bens do devedor; antes, apenas dilatam o curso do feito.

c) Embargos.

Outro momento da execução que mais parece um dogma do que fruto de um processo moderno e racional reside na prévia necessidade de penhora como pressuposto de recebimento dos embargos do executado. Trata-se de velha fórmula, de não se admitir discussão sem antes estar *seguro o juízo*, vez que a interposição dos embargos suspende a execução.

O que sempre me pareceu, entretanto, é que até para o próprio exeqüente que tem razão interessa que os embargos sejam o quanto antes interpostos, para serem o quanto antes julgados! Por outro lado, ao executado que não tem bens para dar à penhora, imaginam-se artifícios para permitir-lhe infirmar a dívida, como, por exemplo, ingressar com ação de conhecimento autônoma para desconstituir o título; ou, para os casos em que a execução aparente ser desde logo descabida, forjou-se a chamada "exceção de pré-executividade"[298]. São teorias interessantes, que tentam encontrar uma saída justa e adequada para as armadilhas que nosso processo executivo cultiva, mas penso que o problema poderia ser resolvido de modo muitíssimo mais simples, eis que tudo tem origem na exigência da prévia penhora para tornar seguro o juízo.

Ora, bastaria receber os embargos sem suspensão da execução, que prosseguiria autonomamente até a penhora, e aí estancada, se até então não tiverem sido julgados os embargos desde logo apresentados.

Os embargos, que deveriam se restringir a atacar a obrigação exeqüenda, haveriam, neste sistema, de ser interpostos desde logo, em prazo aberto com a citação (ou intimação para cumprimento da sentença). E, com isso, acabaríamos também com o uso de embargos para argüir vícios processuais, alguns até exóticos, como, por exemplo, os apontados no inexplicável inciso VII do artigo 741: afinal, se ocorre incompetência, impedimento

---

298 Duas recentes obras abordam o tema: Marcos Valls Feu Rosa, *Exceção de pré-executividade,* e Alberto Camiña Moreira, *Defesa sem embargos do executado.* A doutrina, em geral, mostra-se favorável a esta possibilidade.

ou suspeição, por que não utilizar as mesmas exceções já previstas na lei, e por que aguardar a penhora para deduzir tais matérias?

Vícios processuais, quaisquer que sejam, devem ser discutidos e decididos no próprio bojo processo em que se encontrem. Soa ilógica a instauração de um processo - o dos embargos - para apontar-se vícios processuais existentes noutro processo ainda em trâmite. Ademais, o que temos quando, passado o prazo dos embargos, surgem vícios processuais? São eles resolvidos na própria execução. Até outras questões, como as atualizações subseqüentes da conta, são depois feitas nos próprios autos do processo executivo. Para que, então, embargos contra o processo?

d) Avaliação.

Uma tentativa de se simplificar a execução, evitando a necessidade de avaliação, foi a inserção do inciso V ao §1º, do artigo 655, do Código. Definiu-se como dever do executado *"atribuir valor aos bens nomeados à penhora"*, substituindo-se com isto a necessidade da avaliação, segundo a nova redação do artigo 680, também dada pela Lei nº 8.953/94.

Faltou, contudo, definir-se sanção pelo descumprimento do preceito[299], ou alguma conseqüência para a indicação de valor exageradamente discrepante. A princípio poder-se-ia pensar como conseqüência, para a falta de indicação de valor, a aplicação de sanção pecuniária, ou considerar-se a omissão como renúncia à avaliação. A avaliação dos bens penhorados tem sua utilidade em dois momentos: primeiro, para aferir-se a suficiência ou excesso dos bens penhorados; segundo, para servir de parâmetro na venda judicial, principalmente no que toca à constatação de que o preço obtido era ou não vil. Ao devedor que não indicasse o valor dos bens seria vedado alegar excesso, ao passo que ao exeqüente seria dado pedir ampliação da penhora, a menos que fosse evidente ao juiz a suficiência desta. Até a praça, o valor do bem, se imóvel, poderia ser fixado de plano pelo juiz, valendo-se, se necessário, do auxílio informal de terceiros.

---

299 O Anteprojeto nº 13, da Escola Nacional da Magistratura, propõe enquadrar a não indicação de valor como ato atentatório, conforme já mencionado em nota de rodapé anterior.

Indicando o executado o valor dos bens, exceto pela questão da suficiência da penhora, nada impediria a sua aceitação, sem delongas. Se adotada uma pena pecuniária para incidir após certo prazo de trâmite do processo de execução, como proposto acima, o leilão negativo passa a não ser interessante ao executado, daí, a indicação de valor muito superior à realidade poderá mostrar-se desvantajoso. Entendendo, o exeqüente, que a penhora não cobre o valor da execução, neste caso a questão do valor dos bens é desde logo relevante: de um lado, o direito do executado de não ter penhorados bens em excesso; de outro, a necessidade de se vincular os bens à execução, para assegurá-la. Neste caso, seria feita uma avaliação e, constatado que o valor dado pelo executado era em muito superior ao apurado, aplicar-se-ia a ele a sanção prevista no artigo 601.

e) Editais.

Com o intuito de reduzir custos com a execução, a Reforma diminuiu o número de publicações do edital de praça. Agora, basta uma publicação *"em jornal de ampla circulação local"* (artigo 687) e pode-se reunir as publicações *"em listas referentes a mais de uma execução"* (§4°).

A simplificação foi salutar, vez que os editais apenas encareciam a execução, sem, contudo, representar alguma garantia de que o preço alcançado na alienação será satisfatório aos interesses de ambas as partes. Em verdade, a finalidade destes editais - dar ampla publicidade à realização da praça e *trazer licitantes* a ela - não passa de mera ficção, vez que, como dito, não são muitos os que se arriscariam a comprar bens no leilão judicial, e, por isso, os que comparecem pretendem realizar negócios rentáveis. Daí, talvez fosse o caso de abolir-se de vez a publicação destes editais nos jornais, fazendo-se a divulgação apenas pela afixação na sede do juízo.

Com a evolução da tecnologia, podemos pensar em dar publicidade aos editais de *praça* - não estenderia a proposta para os de citação - divulgando-os, não nos jornais, mas em páginas da Internet mantidas pelo Judiciário e especialmente destinadas a este fim. O custo individual de publicações eletrônicas de editais seria praticamente nenhum: se o Judiciário admitir veicular suas páginas em provedores gratuitos - que se remuneram pela propaganda compulsoriamente exibida - o custo será verdadeiramente zero; mesmo que contrate espaço, para não exibir publicidade alheia, ainda assim o custo seria ínfimo. Sem contar que seria possível estabelecer mecanismos de busca, por meio dos quais os eventuais interessados na compra de determinado tipo de bem poderiam, em segundos, tomar ciência da data, hora e local de todos os leilões marcados para as próximas semanas, nos diversos órgãos jurisdicionais, da Comarca, do Estado, ou do país, se houver cruzamento das informações.

4. Medidas executivas mais eficientes.

a) Coerção indireta como meio de execução.

Com a Reforma, a utilização de meios indiretos de execução passou por certa remodelagem, embora tenha continuado voltada para as execuções de obrigações de fazer. Determinou-se, assim, no novo artigo 461, a aplicação de multa diária como medida coercitiva a compelir o devedor ao cumprimento da obrigação específica; e a reforma dos artigos 644 e 645 tornou mais ampla a possibilidade de incidência desta pena pecuniária, permitindo sua fixação tanto nas execuções fundadas em título extrajudicial[300] como para as fundadas em título judicial, se omissa a sentença[301].

Como já deixei antever, desde o início deste Capítulo, é minha opinião que medidas coercitivas indiretas devam ser melhor sistematizadas, e aplicadas às demais formas de execução. A tutela executiva, como se sabe, se presta a realizar uma modificação da realidade por meio de atividades substitutivas do Estado. Já, em si, a própria natureza da tutela esconde dificuldades, algumas materiais, outras criadas pelo ordenamento sob a forma de limites ao uso do poder. Por isso, deve o sistema definir, o quanto puder, medidas de coerção indireta que induzam o devedor a cumprir por

---

300 Esta alteração, em verdade, é conseqüência do alargamento da incidência dos títulos extrajudiciais, o que não merece aplauso e foi por mim criticado anteriormente. A modificação do artigo 585, II, tornou possível a existência de títulos executivos extrajudiciais também para obrigações de fazer ou não-fazer.

301 E o Anteprojeto nº 13, da Escola Nacional da Magistratura, sugere estender a incidência de multas coercitivas também para a execução para entrega de coisa, em parágrafo a ser acrescido ao artigo 621.

si a obrigação. Afinal, a execução aparelhada é apenas o último meio possível de se fazer cumprir uma obrigação, e o ideal seria utilizá-la apenas em situações extremas nas quais não se conseguiu o cumprimento por atividade do próprio devedor. Não tem o devedor, evidentemente, direito a só pagar quando executado, nem o ajuizamento da execução suspendeu seu dever de pagar a obrigação.

Por isso, não soa ilegítimo estabelecer-se medidas coercitivas para compelir o executado a colaborar com a execução, nem vejo qualquer razão prática ou filosófica para não estender tais mecanismos a todas as execuções, inclusive a execução por quantia.

O que deve ficar claro desde logo, é que tais medidas só fazem sentido enquanto o devedor puder, materialmente falando, cumprir por si a obrigação. Só neste caso, tais sanções servem de justa coação para conduzir o executado ao cumprimento espontâneo da obrigação. Ou seja, trata-se de sanção decorrente da *desobediência* ao comando judicial, e não da mera existência de obrigação inadimplida. Impor sanções em razão do mero descumprimento, quando impossível agir-se de outro modo, não teria nenhum conteúdo coercitivo, significando apenas o agravamento da situação do devedor, sem qualquer benefício para a execução.

De certo modo, este é o significado da prisão civil do alimentante, tal como definida na nossa Constituição. Diz o inciso LXVII, do artigo 5º, de nossa Carta, que *"não haverá prisão civil por dívida, salvo a do responsável pelo inadimplemento voluntário e inescusável de obrigação alimentícia e a do depositário infiel".* Ora, não é o mero inadimplemento da obrigação alimentar que sujeita o devedor à prisão, mas o inadimplemento *"voluntário e inescusável"*: noutras palavras, prende-se apenas o devedor que tem meios para pagar, mas que não paga porque não quer. No fundo, não se trata propriamente de *prisão civil por dívida* - i.e., em razão apenas da existência e inadimplemento da dívida, o que se constitui em prática odiosa e primitiva - mas resultado de sanção civil pelo descumprimento de dever inescusável.

A imposição de sanções indiretas, portanto, só se mostra adequada e legítima se utilizada para compelir o devedor ao cumprimento de obrigação que seja materialmente possível de ser adimplida. Para as obrigações de fazer, o ato objeto da obrigação deve ser realizável pelo devedor; para as obrigações de dar coisa, a coisa deve existir e estar em seu poder de disposição. Até porque, perecendo o objeto destas obrigações, resolve-se a obrigação, restando à parte inocente haver perdas e danos.

Já no caso da execução por quantia certa, a imposição de pena pecuniária se mostra também possível, mas somente a partir do momento em que o devedor se mostre solvente e detentor de patrimônio penhorável, pois, do contrário, a sanção só serviria para inutilmente aumentar-lhe o estado de insolvência. Seria o caso, então, como já sugeri acima, de estabelecer-se prazo máximo de duração para a execução - estritamente considerada -, prazo este que seja considerado razoável para que o devedor, por sua atividade, salde a execução. Só se presentes estas condições, e após a superveniência do prazo, passaria a correr a multa sancionatória.

b) Mandamentalidade de provimentos jurisdicionais.

Dentro deste contexto de criar-se mecanismos de execução tendentes a compelir o executado a cumprir por si a obrigação, ou a colaborar com a execução, importa em reconhecer que alguns provimentos jurisdicionais possam ser revestidos de caráter mandamental.

> *"A ação mandamental tem por fim obter, como eficácia preponderante, da respectiva sentença de procedência, que o juiz emita uma ordem a ser observada pelo demandado, ao invés de limitar-se a condená-lo a fazer ou não fazer alguma coisa. É da essência, portanto, da ação mandamental que a sentença que lhe reconheça a procedência contenha uma ordem para que se expeça um mandado. Daí a designação de sentença mandamental. Neste tipo de sentença, o juiz ordena e não simplesmente condena"[302].*

Assim, à parte o caráter mandamental de algumas *sentenças*, a lhes permitir o cumprimento mediante mandado judicial, também algumas determinações proferidas em execução podem e devem ser revestidas deste mesmo caráter injuncional.

---

302 Ovídio Baptista da Silva, *Curso de Processo Civil*, vol. 2, p. 334.

Assim é que, diante da prática de atos de resistência à execução, deve o juiz emitir *ordem* ao executado para que se comporte de modo diverso; e, em caso de descumprimento, não só sanções pecuniárias podem ser aplicadas, mas também pode-se considerar esta conduta como *"desprezo pela Justiça"*, sujeitando o infrator às penas da lei, pela incidência nos crimes de resistência, desobediência, ou desobediência a decisão judicial, tipificados no nosso Código Penal, nos artigos 329, 330 e 359[303].

Evidentemente, tal ato de poder por parte do órgão jurisdicional somente se justifica diante da postura de rebeldia do litigante, que resiste de modo injustificado e deliberado ao cumprimento de determinações judiciais. Não confundir com a impossibilidade de cumprimento, nem com a atitude de interposição de recursos contra as decisões judiciais mandamentais, caso em que a legitimidade da ordem passa a ser objeto de apreciação pelo órgão superior.

---

303 O Anteprojeto n° 13, da Escola Nacional da Magistratura, propõe a inserção do um inciso V e dois parágrafos, ao artigo 14, do CPC. Assim, propõe-se como dever da parte *"V - cumprir com exatidão os provimentos mandamentais e não criar embaraços à efetivação de provimentos judiciais, antecipatórios ou finais"*. E, no parágrafo 1°, diz-se: *"A violação no disposto no inciso V deste artigo constitui ato atentatório ao exercício da jurisdição, podendo o juiz, sem prejuízo das sanções criminais, civis e providências processuais cabíveis, aplicar à parte multa em montante a ser fixado de acordo com a gravidade da conduta e não superior a vinte (20) por cento do valor da causa"*.

X. CONCLUSÕES.

Do trabalho ora apresentado, é possível extrair as conclusões seguintes, conforme fundamentos apresentados nos capítulos antecedentes:

1. Os problemas que afetam o processo podem ser classificados em *problemas de ordem interna* e *problemas de ordem externa*. São de *ordem interna* os problemas relacionados com o aparelho judiciário - deficiência de estrutura pessoal e material - e com a legislação processual, enquanto os de *ordem externa* decorrem de fatores outros, como o excesso de litigiosidade e leis materiais multiplicadoras de conflitos. Em grande medida, a lentidão e a pouca efetividade do processo podem ser creditadas a causas estranhas à legislação processual. Não que a lei processual não possa ou não deva ser modificada; entretanto, um plano de reformas processuais deve ter em vista identificar quais são, verdadeiramente, os defeitos da legislação, pois a tentativa de se contornar problemas outros mediante reformas legislativas processuais pode, de um lado, não surtir o efeito desejado, se a própria causa não for tratada; de outro, modificações assim podem gerar desequilíbrios vários, como foi apontado ao longo deste estudo.

2. A "efetividade do processo" consiste na aptidão deste para realizar praticamente os fins a que se propõe. A efetividade do processo consiste na "maior correspondência possível entre os resultados obtidos e os fins esperados de um dado sistema processual". Trata-se de expressão com significado aberto, variando em função dos objetivos propostos. Sendo hoje considerada como sua finalidade a *pacificação com justiça* dos conflitos sociais, será tanto mais efetivo o processo quanto mais próximo chegar deste resultado ideal. Um processo efetivo, para nossos padrões, é o processo onde se equilibrem os fatores *justiça, acesso, estabilidade e celeridade*, elementos esses cujos contornos foram desenvolvidos no Capítulo III.

3. Identifica-se a chamada "terceira onda" do movimento por acesso à justiça com a tentativa de encontrar mecanismos que

melhorem, em âmbito geral, os resultados obtidos por meio do processo. Em nome da "efetividade" do processo, inúmeras reformas legislativas foram implementadas recentemente em nosso país; paralelamente, noutros países também se vêem modificações na lei processual. Entretanto, como apresentado, é difícil determinar com clareza quais são os contornos deste *movimento* tendo em vista que as alterações que se vem implementando na lei processual não são uniformes, de país para país.

4. Reformas na lei processual podem ser implementadas, na medida em que procurem equilibrar os valores *justiça, acesso, celeridade e estabilidade*. E, evidentemente, devem ser repudiadas reformas que provoquem o movimento contrário. Há alguns desequilíbrios em nosso sistema, e a Reforma - embora tenha seus aspectos positivos - também criou outras situações de desigualdade. Encontrar os parâmetros que permitam identificar qual é o *ponto de equilíbrio* do sistema processual, de modo a torná-lo mais *efetivo*, foi a proposta principal deste estudo.

5. A primeira e mais importante diretriz para definir-se o *ponto de equilíbrio* do sistema reside na atenção ao princípio da *isonomia*. Porém, mais do que a igualdade de oportunidades entre duas partes, anônimas e não identificadas, em um processo concretamente instaurado, a *isonomia* a ser buscada deve ser considerada sob a perspectiva de *tipos sociais* identificáveis. As normas processuais devem ser construídas tendo em vista igualar as possibilidades de *litigantes habituais* e *litigantes não-habituais*. Em cada momento processual definido (apenas para citar-se agora alguns exemplos: ao definir-se formas para a citação, prazos para a resposta, admissibilidade de recursos, rol de títulos executivos, medidas e limites para a execução), deve o processualista analisar o reflexo das normas - ou da mudança destas normas - sobre os diferentes *tipos sociais* que podem vir a juízo e sujeitar-se a elas.

6. Como decorrência, e ao mesmo tempo aplicação, desta visão de isonomia processual, faz-se necessário encontrar um *ponto de equilíbrio* entre os tipos de tutela jurisdicional e entre os tipos de procedimento. Constata-se que o sistema processual

não atribui providências jurisdicionais de modo uniforme e proporcional aos direitos que podem vir a ser postulados em juízo; igualmente, há procedimentos que beneficiam os direitos de alguns, sem qualquer razão que permita concluir pela prioridade destes direitos. Uma maneira, portanto, de se promover a isonomia entre os *tipos sociais* consiste em atribuir-se providências jurisdicionais iguais, mediante procedimentos iguais, a direitos que tenham a mesma natureza e relevância social. E, na medida em que sejam os direitos mais ou menos relevantes, deve a lei estabelecer meios processuais que lhes sejam adequados e proporcionais.

7. Um rumo que se abre para os movimentos de reforma processual consiste na *simplificação das formas*. Por *"simplificação da forma"* deve ser entendida a modificação que, sem tocar nos direitos e faculdades assegurados pela forma, faça com que sejam estes atendidos de modo mais simples, menos oneroso. Se houver modificação do conteúdo dos direitos e faculdades envolvidos, o que se faz não pode ser entendido apenas como uma mera *simplificação da forma*, mas sim como o resultado de uma vontade política de aumentá-los ou restringi-los.

8. Por outro lado, *simplificar* - obviamente! - consiste em retirar requisitos e formalidades excessivas. Um caminho que se vê tomado pela Reforma avança no sentido de aumentar requisitos e juízos de admissibilidade dos recursos, a pretexto de acelerar o processo, o que, em verdade, o torna mais formal. A conseqüência mais danosa deste método está nos efeitos desiguais que se produzem, na prática, sobre os vários tipos de litigantes. Os grandes litigantes têm menor dificuldade em superar estes obstáculos, de modo que, com maior esforço próprio e do órgão jurisdicional, continuarão a utilizar-se de todos os meios processuais disponíveis. A "economia" de serviços judiciários - se houver - se fará à custa dos litigantes menores, que não conseguirão vencer os obstáculos que lhe foram colocados. Ademais, duvida-se que tal mecanismo realmente economize esforços do Poder Judiciário e produza o resultado esperado, ainda que puramente utilitarista. O que se vê, ao revés, é um processo no qual mais se discute questões processuais paralelas do que o próprio objeto do litígio.

9. É possível simplificar sem desnivelar, o que, aliás, foi feito por algumas mudanças recentes apontadas nos itens 3 (nem todas!) e 4, do Capítulo V, ou, como o fariam algumas das propostas sugeridas no Capítulo IX, para o processo de execução, especialmente no que toca aos embargos.

10. Normas processuais de interpretação controvertida são um terrível mal à efetividade do processo. Geram discussões intermináveis sobre a forma colocando-se de lado, mais uma vez, a finalidade do processo que é a entrega da prestação jurisdicional.

11. As *antecipações* (aqui entendidas como toda forma de obtenção da tutela antes do termo final do processo) devem ser vistas não como um mero mecanismo de se acelerar o processo e combater a morosidade, mas sim como uma forma de se adequar o processo ao caso concreto trazido a juízo. Assim, torna-se possível obter uma medida rápida e adequada à situação fática, independentemente de previsão legislativa específica, ou da existência de procedimento especial que autorize a concessão de medidas liminares (técnica que tem causado inúmeras distorções ao sistema). Espera-se, por outro lado, que tanto a lei como o juiz só autorizem medidas antecipatórias com base na fórmula *probabilidade e urgência versus onerosidade*, anteriormente definida.

12. A concessão de *antecipações* sem a oitiva da parte contrária, por sua vez, além da avaliação da fórmula *probabilidade e urgência versus onerosidade*, só deve ser admitida quando se verificar uma das duas hipóteses seguintes: a) dada a iminência do dano, não houver tempo disponível para ouvir-se a parte contrária; b) o adversário puder frustrar os efeitos da medida, se dela tomar conhecimento prévio. No mais das vezes, é de rigor ouvir a parte contrária, sempre! E, admitida a citação do réu, deve-se conceder a ele os mesmos meios e recursos que forem dados ao autor; pois, a cognição sumária que se estabelece não é justificativa para não admitir impugnação e contra-prova do réu, na mesma extensão em que se permitir ao autor atuar.

13. A *antecipação* mediante supressão, em caráter geral, do efeito suspensivo do recurso de apelação, subverte os critérios acima

propostos, na medida em que nem sempre esta antecipação será fundada em elevado grau de probabilidade da existência do direito. Admitindo o sistema que sejam concedidas *antecipações*, caso a caso, mediante prudente apreciação do caso concreto, fica sem sentido suprimir genericamente o efeito suspensivo da apelação. Ademais, vejo aqui um outro fator que irá desigualar os litigantes habituais dos litigantes não-habituais, pois os primeiros certamente terão mais meios de pleitear, junto aos tribunais, a concessão da suspensividade.

14. Há, em nosso sistema, enorme desequilíbrio entre os meios tendentes à concessão de *decisão* e os tendentes à concessão de *medidas executivas*. Nosso processo de conhecimento contém preclusões, confissões presumidas e prazos reduzidíssimos frente à extensão territorial do país, que o afastam da sua finalidade maior, que é a de proferir uma decisão justa e de acordo com o direito material das partes. Por outro lado, o processo de execução é lento, moroso, cheio de formalidades e cuidados para com o executado, ainda que este se mostre recalcitrante em cumprir a obrigação ou colaborar com o curso da execução.

15. Há, também, em nosso sistema, muitos títulos executivos extrajudiciais, o que gera algumas distorções. De um lado, permite-se o início da execução sem que exista elevado grau de probabilidade acerca da existência do direito postulado, desvirtuando-se a noção de que o Estado só pode invadir coativamente a esfera de direitos do executado a partir de alguma prévia "certeza". Há, então, um prejuízo de ordem política, por submeter-se a parte à posição de executado sem que exista razão bastante a legitimar esta sujeição. De outro lado, desloca-se para o campo da execução toda a sorte de discussões - por vezes, legítimas -, o que não só alonga demasiadamente o processo, como gera dificuldades políticas para que a lei crie, e o juiz aplique, medidas executivas mais vigorosas.

16. Assim, conquanto óbvia a afirmação, *mais executividade deve decorrer de mais "certeza" quanto à existência do direito*. Só deve a lei, por isso, admitir a tomada de medidas de execução a partir de títulos que, por si e em si, permitam concluir pela existência do direito.

17. Os meios alternativos de solução dos conflitos, notadamente a conciliação e a mediação, em que as partes chegam por si a uma solução, devem ser estimulados. Tais mecanismos não só permitem aliviar o Judiciário de parcela dos conflitos existentes, mas também se mostram bastante adequados à solução de conflitos gerados em relações continuativas (no sentido de relações da vida, e não de *relações jurídicas*), tais como as relações familiares, de vizinhança, ou entre pessoas que convivem em algum grupo social. Entretanto, constata-se que o nosso sistema estimula pouco a tentativa de solução por esses mecanismos. E, por estimulá-los, quero dizer criar fórmulas que os tornem interessantes aos olhos das partes envolvidas, e não torná-los obrigatórios por ato legislativo.

18. Uma maneira de criar "estímulos" processuais à autocomposição consiste em definir encargos processuais progressivos. Ou seja, o custo de participação no processo deve aumentar, para o vencido, na medida em que este litigante recorrer seguidamente da decisão. Afinal, se o vencido nota que o custo final é o mesmo, reconheça ou não o direito do adversário, recorra ou não até o último grau possível, poucas vantagens verá em ceder. E isto acaba fazendo com que o *custo-processo* seja "moeda de troca" utilizada por quem não tem razão, quando se negocia acordos em juízo. A criação de encargos processuais progressivos permitiria, se não totalmente, ao menos em parte, transformar a demora processual em custo para o vencido.

19. Por outro lado, deve-se reprimir a má-fé com severidade. Em um sistema em que as partes se sintam liberadas para utilizar todos os meios processuais admitidos em lei, não haverá como se pretender tornar o processo efetivo. Evidentemente, não se pode considerar que a parte atuou maliciosamente apenas pelo fato de ter sido derrotada. A má-fé decorre da alegação de fatos que o litigante *sabe* (e quando isto fica evidenciado no processo) serem falsos; ou da alegação de matéria jurídica notoriamente absurda ou despropositada, o que não deve ser confundido com a alegação contra o texto da lei, quando plausível o argumento, nem contra súmula ou jurisprudência dominante, pois isto seria cercear o direito da parte (e da sociedade!) de tentar novas interpretações acerca do Direito.

20. As reformas mais imediatas que o sistema necessita se encontram no campo da execução. Deve-se, em primeiro lugar, tentar identificar o que seria o *ponto de equilíbrio* do processo de execução. Como salientado, a execução procura, de um lado, assegurar o cumprimento da obrigação e a satisfação do credor; e de outro lado, fazê-lo dentro de dados limites, em respeito à dignidade do devedor enquanto ser humano. De acordo com o nosso sistema, os direitos do executado consistem, primeiramente, em não permitir que a execução recaia sobre sua pessoa ou sobre um patrimônio mínimo que a lei considere indispensável à sua existência digna. Em segundo lugar, que seu patrimônio penhorável não seja destruído inutilmente, vendido a preço vil.

21. Deve-se repensar a execução, para se verificar o quanto as formas nela previstas realmente asseguram estas suas finalidades. E, por outro lado, não pode a execução constituir-se em vantagem do executado, em relação a um devedor que espontaneamente tenha pago a dívida. Não tem o executado o direito de se furtar à execução, devendo, ao contrário, com ela colaborar. Por isso, medidas de coação que se estabeleçam no sentido de compeli-lo a auxiliar a execução são perfeitamente legítimas e desejáveis. Sanções pecuniárias que se aplicam, hoje, apenas às execuções de obrigação de fazer ou não-fazer, bem podem ser estendidas às demais modalidades. Nem, por fim, pode-se considerar que o sigilo fiscal e bancário constitua impedimento a que o Judiciário oficie junto às instituições públicas e privadas para conhecer o patrimônio penhorável do executado.

22. Muitas simplificações são possíveis, no campo da execução. Conforme apontado, pode-se suprimir as intimações pessoais da penhora e da data da venda judicial, bem como os editais de praça; e, ainda, há razoável campo para se simplificar os embargos e a avaliação.

23. Todas estas medidas de "endurecimento", entretanto, só gozariam de legitimidade na medida em que a execução só se iniciasse a partir de um elevado grau de probabilidade acerca da existência do direito; e, por outro lado, meios de coerção indireta ou provimentos mandamentais também só se justificam se o executado tiver meios para saldar por si a

obrigação, o que, em execução por quantia, significa ter suficientes bens penhoráveis.

XI. BIBLIOGRAFIA

ALVIM, Arruda. "Anotações sobre as perplexidades e os caminhos do processo civil contemporâneo - sua evolução ao lado da do direito material", *in As Garantias do Cidadão na Justiça* (coord: Min. Sálvio de Figueiredo Teixeira), São Paulo, Ed. Saraiva, 1993.

ALVIM, Arruda. "Deveres das partes e dos procuradores, no direito processual civil brasileiro", *in Revista de Processo*, n° 69, Jan/Mar 1993.

ALVIM, Arruda. "O Código de Processo Civil, suas matrizes ideológicas, o ambiente sócio-político em que foi editado e as duas décadas que se lhe seguiram, com suas novas necessidades - a complementação do sistema processual - processo e procedimento, no sistema constitucional de 1988", *in Revista de Processo*, n° 70, Abr/Jun 1993.

ALVIM, Arruda. "O Direito de Defesa e a Efetividade do Processo: 20 Anos após a Vigência do Código", *in Revista de Processo*, n° 79, Jul/Set 1995.

ALVIM, J. E. Carreira. *Novo agravo*, 1ª edição, Belo Horizonte, Del Rey, 1996.

ALVIM, J. E. Carreira. *Procedimento monitório*, 2ª edição, Curitiba, Juruá Ed., 1995.

ALVIM, Thereza. "A responsabilidade por prejuízos causados no processo (consideradas as alterações trazidas pela nova redação dada ao art. 18 do CPC pela Lei n° 8.952/94)", *in Reforma do Código de Processo Civil* (coord: Min. Sálvio de Figueiredo Teixeira), São Paulo, Saraiva, 1996.

ALVIM, Thereza. "A Tutela Específica do Art. 461, do Código de Processo Civil", *in Revista de Processo*, n° 80, Out/Dez 1995.

AMERICANO, Jorge. *Comentários ao Código de Processo Civil do Brasil,* São Paulo, Ed. Saraiva, 1958.

ANDRIGHI, Fátima Nancy. "O Instituto da Conciliação e as Inovações Introduzidas no Código de Processo Civil", *in Revista dos Tribunais*, nº 727, Maio/1996

ARAGÃO, Egas Dirceu Moniz de. "Efetividade do Processo de Execução", *in O Processo de Execução - estudos em homenagem ao Professor Alcides de Mendonça Lima* (org: Araken de Assis e Carlos Alberto Álvaro de Oliveira), Porto Alegre, Sérgio Antonio Fabris Editor, 1995.

ARAÚJO FILHO, Luiz Paulo da Silva. "Considerações sobre algumas das Reformas do Código de Processo Civil", *in Revista dos Tribunais*, nº 717, Julho/1995.

ARMELIN, Donaldo. "A nova disciplina da liquidação de sentença", *in Reforma do Código de Processo Civil* (coord: Min. Sálvio de Figueiredo Teixeira), São Paulo, Saraiva, 1996.

ARMELIN, Donaldo. "O processo de execução e a reforma do Código de Processo Civil", *in Reforma do Código de Processo Civil* (coord: Min. Sálvio de Figueiredo Teixeira), São Paulo, Saraiva, 1996.

ASSIS, Araken de. "Observações sobre o Agravo no Processo de Execução", *in Revista do Advogado*, nº 48, Julho/1996

ASSIS, Araken de. "Reforma do Processo Executivo", "*in*" *Revista do Advogado*, nº 46, Agosto/1995.

ASSIS, Araken de. *Execução civil nos Juizados Especiais,* São Paulo, Ed. Revista dos Tribunais, 1996.

AZEVEDO, Álvaro Villaça. *Prisão Civil por Dívida*, São Paulo, Ed. Revista dos Tribunais, 1993.

AZEVEDO, Luiz Carlos de. *Da Penhora*, Osasco, FIEO/Resenha Tributária, 1994.

AZEVEDO, Luiz Carlos de. *O Direito de Ser Citado*, São Paulo, Ed. Resenha Tributária; Osasco, Fundação Instituto de Ensino para Osasco, 1980.

BAPTISTA, Francisco de Paula. *Compendio de Theoria e Prática do Processo Civil Comparado com o Commercial e de Hermenêutica Jurídica*, 7ª Edição, H. Garnier, Rio de Janeiro, 1907.

BARBI, Celso Agrícola. *Comentários ao Código de Processo Civil*, vol. I, 9ª edição, Rio de Janeiro, Ed. Forense, 1994.

BATOCHIO, José Roberto. "Matar o enfermo para erradicar a doença", *in O Estado de São Paulo*, 12/06/1998.

BAUR, Fritz. *Tutela Jurídica Mediante Medidas Cautelares*, Trad: Armindo Edgar Laux, Porto Alegre, Sergio Antonio Fabris Editor, 1985.

BEDAQUE, José Roberto dos Santos. *Direito e Processo - Influência do Direito Material sobre o Processo*, São Paulo, Malheiros Editores, 1995.

BENETI, Sidnei Agostinho. "A Interpretação das Leis de Simplificação do Código de Processo Civil", *in Revista do Advogado*, n° 46, Agosto/1995

BENETI, Sidnei Agostinho. "A nova ação monitória", *in Reforma do Código de Processo Civil* (coord: Min. Sálvio de Figueiredo Teixeira), São Paulo, Saraiva, 1996.

BENETI, Sidnei Agostinho. "A reforma processual alemã de 1976 e a interpretação da reforma do Código de Processo Civil brasileiro", *in Reforma do Código de Processo Civil* (coord: Min. Sálvio de Figueiredo Teixeira), São Paulo, Saraiva, 1996.

BERIZONCE, Roberto O. "Metodologia y estrategias para la reforma judicial (planteamiento de la cuestion y esbozo de propuestas para una politica judicial), *in Revista de Processo*, n° 53, Jan/Mar 1989.

BERMUDES, Sérgio. *A reforma do Código de Processo Civil*, 2ª edição, São Paulo, Ed. Saraiva, 1996.

BERMUDES, Sérgio. *Introdução ao Processo Civil*, 2ª edição, Rio de Janeiro, Ed. Forense, 1996.

BRASIL. Supremo Tribunal Federal. Voto do Min. Marco Aurélio Ribeiro no Agravo Regimental em Agravo de Instrumento n° 188.914-4-SP, *in Boletim da Associação dos Advogados de São Paulo*, n° 2.048, 1998.

CALAMANDREI, Piero. *Instituciones de Derecho Procesal Civil*, Trad. Santiago Sentís Melendo, Buenos Aires, Depalma, 1943.

CAPPELLETTI, Mauro. "Problemas de reforma do processo civil nas sociedades contemporâneas", *in O Processo Civil Contemporâneo*, Curitiba, Juruá Ed., 1994.

CAPPELLETTI, Mauro. "O acesso dos consumidores à Justiça", *in As Garantias do Cidadão na Justiça* (coord: Min. Sálvio de Figueiredo Teixeira, São Paulo, Ed. Saraiva, 1993.

CAPPELLETTI, Mauro. "Os métodos alternativos de solução de conflitos no quadro do movimento universal de Acesso à Justiça", trad. de José Carlos Barbosa Moreira, *in Revista Forense*, n° 326, Abr/Jun 1994.

CAPPELLETTI, Mauro; GARTH, Bryant. *Acesso à Justiça,* Trad. Ellen Gracie Northfleet, Porto Alegre, Sergio Antonio Fabris Editor, 1988.

CARMONA, Carlos Alberto. "O processo de execução depois da reforma", *in Reforma do Código de Processo Civil* (coord: Min. Sálvio de Figueiredo Teixeira), São Paulo, Saraiva, 1996.

CARMONA, Carlos Alberto. "Em torno do processo de execução", *in Processo Civil - evolução, 20 anos de vigência* (coord: José Rogério Cruz e Tucci), São Paulo, Saraiva, 1995.

CARNEIRO, Athos Gusmão. "Juizado de pequenas causas", *in Participação e Processo* (coord: Ada Pelegrini Grinover, Cândido Rangel Dinamarco e Kazuo Watanabe), São Paulo, Ed. Revista dos Tribunais, 1988.

CARNEIRO, Athos Gusmão. *Do Rito Sumário na Reforma do CPC*, São Paulo, Ed. Saraiva, 1996.

CARNEIRO, Athos Gusmão. *O Novo Recurso de Agravo e Outros Estudos*, Rio de Janeiro, Ed. Forense, 1997.

CARNELUTTI, Francesco. *Diritto e Processo*, Napoli, Morano Editore, 1958.

CARVALHO, Amílton Bueno de. "Direito Alternativo e Processo", *in Lições Alternativas de Direito Processual* (org: Horácio Wanderlei Rodrigues), São Paulo, Editora Acadêmica, 1995.

CARVALHO, Milton Paulo. "Alguns Aspectos Práticos da Reforma do Código de Processo Civil", *in Revista do Advogado*, n° 46, Agosto/1995.

CARVALHO, Milton Paulo. "Efeitos da revelia (Exame comparativo do assunto nas legislações processuais civis alemã, italiana, portuguesa e brasileira), *in Revista de Processo*, nº 69, Jan/Mar 1993.

CENEVIVA, Walter. "A conciliação no processo civil brasileiro", *in* Reforma do Código de Processo Civil (coord: Min. Sálvio de Figueiredo Teixeira), São Paulo, Saraiva, 1996.

CHIARLONI, Sergio. *Formalismi e garanzie - Studi sul Processo Civile*, Torino, G. Giappichelli Editore, 1995.

CHINA, Sergio La. *Diritto Processuale Civile: La Novella del 1990*, Milano, Giuffrè Editore, 1991.

CHIOVENDA, Giuseppe. "Las formas en la defensa judicial del derecho", *in Ensayos de Derecho Procesal Civil*, vol. II, trad. de Santiago Sentís Melendo, Bosch y Cia Editores, 1949.

CHIOVENDA, Giuseppe. "Las reformas procesales y las corrientes del pensamento moderno.", *in Ensayos de Derecho Procesal Civil*, vol. II, trad. de Santiago Sentís Melendo, Bosch y Cia Editores, 1949.

CHIOVENDA, Giuseppe. *Instituições de Direito Processual Civil*, tradução da 2ª edição italiana de J. Guimarães Menegale, São Paulo, Saraiva, 1969.

CINTRA, Antonio Carlos de Araújo; GRINOVER, Ada Pellegrini; DINAMARCO, Cândido Rangel. *Teoria Geral do Processo*, 11ª edição, São Paulo, Malheiros, 1995.

CORREIA, Alexandre; SCIASCIA, Gaetano; CORREIA, Alexandre Augusto de Castro. *Manual de Direito Romano*, 2ª edição, São Paulo, Ed. Saraiva, 1955.

COSTA, Moacyr Lobo da. "O Agravo no Direito Lusitano", *in Estudos de História do Processo - Recursos,* Co-edição: FIEO - Joen Editora, São Paulo, 1996.

CRESCI SOBRINHO. *Dever de veracidade das partes no processo civil*, Porto Alegre, Sérgio Antonio Fabris Editor, 1988.

DALLARI, Dalmo de Abreu. *O poder dos juízes*, São Paulo, Editora Saraiva, 1996.

DANTAS, Francisco Wildo Lacerda. "Os Poderes do Juiz no Processo Civil e a Reforma do Judiciário", *in Revista dos Tribunais* nº 700, Fev/1994.

DELGADO, José Augusto. "A supremacia dos princípios nas garantias processuais do cidadão", *in As Garantias do Cidadão na Justiça* (coord: Min. Sálvio de Figueiredo Teixeira), São Paulo, Ed. Saraiva, 1993.

DINAMARCO, Cândido Rangel. "Nasce um novo processo civil", *in Reforma do Código de Processo Civil* (coord: Min. Sálvio de Figueiredo Teixeira), São Paulo, Saraiva, 1996.

DINAMARCO, Cândido Rangel. "A lei das pequenas causas e a renovação do processo civil", *in Ajuris*, n° 33, Mar/1985.

DINAMARCO, Cândido Rangel. "Aceleração dos procedimentos", *in Tribuna da Magistratura*, Caderno de Doutrina, julho/agosto 1998.

DINAMARCO, Cândido Rangel. "O futuro do Direito Processual Civil", *in Revista Forense*, n° 336, Out/Dez 1996.

DINAMARCO, Cândido Rangel. "O juiz e o processo", *in Fundamentos do Direito Processual Moderno*, 2ª edição, São Paulo, Editora Revista dos Tribunais, 1987.

DINAMARCO, Cândido Rangel. *A Instrumentalidade do Processo*, São Paulo, Editora Revista dos Tribunais, 1987.

DINAMARCO, Cândido Rangel. *A Reforma do Código de Processo Civil*, São Paulo, Malheiros Editores, 2ª edição, 1995.

DINAMARCO, Cândido Rangel. *Execução civil*, 4ª edição, São Paulo, Malheiros Editores, 1993.

DUARTE, Francisco Carlos. "Medidas coercitivas civis e efetividade da tutela jurisdicional", *in Revista de Processo*, n° 70, Abr/Jun 1993.

FABREGA P., Jorge. "Influencias de Jeremias Bentham en el movimiento de reforma procesal", *in Revista de Processo*, n° 29 Jan/Mar 1983.

FABRÍCIO, Adroaldo Furtado. "Sugestão de mudança no processo de execução", *in Revista Jurídica Consulex* n° 6, Brasília, Ed. Consulex, junho/97.

FABRÍCIO, Adroaldo Furtado. "As novas necessidades do processo civil e os poderes do juiz", *in O Judiciário e a Constituição* (coord: Min. Sálvio de Figueiredo Teixeira), São Paulo, Ed. Saraiva, 1994.

FABRÍCIO, Adroaldo Furtado. "Prisão Civil do Depositário Infiel", *in O Processo de Execução - estudos em homenagem ao Professor Alcides de Mendonça Lima* (Org: Araken de Assis e Carlos Alberto Álvaro de Oliveira, Porto Alegre), Sérgio Antonio Fabris Editor, 1995.

FABRÍCIO, Adroaldo Furtado. *Comentários ao Código de Processo Civil,* vol. VIII, tomo II, 7ª edição, Rio de Janeiro, Ed. Forense, 1995.

FARIA, Anacleto de Oliveira. *Do Princípio da Igualdade Jurídica*, São Paulo, Editora Revista dos Tribunais, 1973.

FAZZALARI, Elio. *Il processo ordinario di cognizione e la novella del 1990 - appendice di aggiornamento*, Torino, UTET, 1991.

FIGUEIRA JUNIOR, Joel Dias. "O 'Princípio da Sucumbência' nos Juizados Especiais Cíveis - Análise do artigo 54 da Lei nº 9.099/95", *in Revista do Advogado*, nº 50, Ago/1997.

FIGUEIRA JUNIOR, Joel Dias; LOPES, Maurício Antonio Ribeiro. *Comentários à Lei dos Juizados Especiais Cíveis e Criminais*, São Paulo, Ed. Revista dos Tribunais, 1995.

FORNACIARI JÚNIOR, Clito. "Atos atentatórios à dignidade da justiça", *in Reforma do Código de Processo Civil* (coord: Min. Sálvio de Figueiredo Teixeira), São Paulo, Saraiva, 1996.

FORNACIARI JUNIOR, Clito. "O Novo Agravo: Um Retrocesso", *in Revista do Advogado*, nº 48, Julho/1996.

FORNACIARI JÚNIOR, Clito. "Preocupação do Advogado diante da Reforma do CPC", *in Revista do Advogado*, nº 46, Agosto/1995.

FORNACIARI JÚNIOR, Clito. *A Reforma Processual Civil (Artigo por Artigo)*, São Paulo, Ed. Saraiva, 1996.

FRIEDE, Roy Reis. *Principais inovações no direito processual civil brasileiro*, 1ª edição, Rio de Janeiro, Forense Universitária, 1996.

GERALDES, António Santos Abrantes. *Temas da reforma do processo civil*, Coimbra, Livraria Almedina, 1997.

GIORDANO, Luís Torello. "Principales lineamientos del anteproyecto de codigo procesal civil - modelo para Iberoamerica", *in Revista de Processo*, nº 53, Jan/Mar 1989.

GRECO FILHO, Vicente. "Considerações sobre a Ação Monitória", *in Revista de Processo*, nº 80, Out/Dez 1995.

GRECO FILHO, Vicente. "Litigância de má-fé (art. 18 do CPC com a redação da Lei nº 8.952/94)", *in Reforma do Código de Processo Civil* (coord: Min. Sálvio de Figueiredo Teixeira), São Paulo, Saraiva, 1996.

GRECO FILHO, Vicente. *Comentários ao Procedimento Sumário, ao Agravo e à Ação Monitória*, São Paulo, Ed. Saraiva, 1996.

GRECO FILHO, Vicente. *Direito Processual Civil Brasileiro*, 1º vol. (10ª edição - 1995), 2º vol. (11ª edição - 1996) e 3º vol. (9ª edição - 1995). São Paulo, Ed. Saraiva.

GRINOVER, Ada Pellegrini. *As Garantias Constitucionais do Direito de Ação*, RT, 1973.

GRINOVER, Ada Pellegrini. *Os Princípios Constitucionais e o Código de Processo Civil*, São Paulo, José Bushatsky Editor, 1975.

GUERRA, Marcelo Lima. "As liminares na reforma do CPC", *in Repertório de Jurisprudência e Doutrina sobre Liminares* (coord: Teresa Arruda Alvim Wambier), São Paulo, Ed. Revista dos Tribunais, 1995.

GUERRA, Marcelo Lima. *Execução Indireta*, São Paulo, Revista dos Tribunais, 1998.

GUERRA, Willis Santiago. "Aspectos da Execução Forçada no Sistema Processual Brasileiro", *in Revista de Processo*, nº 83, Jul/Set 1996.

GUERRA, Willis Santiago. "Aspectos da Recente Reforma do Processo Civil Italiano", *in Revista de Processo*, nº 77, Jan/Mar 1995.

HERKENHOFF, João Baptista. *O Direito Processual e o Resgate do Humanismo*, Rio de Janeiro, Thex Ed., 1997.

JOLOWICZ, John-Anthony. "A reforma do processo civil inglês : uma derrogação do adversary system?", *in Revista de Processo*, nº 75, Jul/Set 1994.

KAUFFMANN, Boris Padron. "Os Novos Agravos", *in Revista do Advogado*, nº 48, Jul/1996.

LACERDA, Galeno. "O Juiz e a Justiça no Brasil", *in O Judiciário e a Constituição* (coord: Min. Sálvio de Figueiredo Teixeira), São Paulo, Ed. Saraiva, 1994.

LARA, Betina Rizzato. "A satisfatividade no âmbito das liminares", *in Repertório de Jurisprudência e Doutrina sobre Liminares* (coord: Teresa Arruda Alvim Wambier), São Paulo, Ed. Revista dos Tribunais, 1995.

LASPRO, Oreste Nestor de Souza. "Os Recursos Ordinários na Reforma do Código de Processo Civil", *in Revista do Advogado*, n° 46, Agosto/1995.

LAURIS, Paulo Roberto. "Valioso tento contra a morosidade", *in Tribuna do Direito*, Fev/1996.

LEÃO, Adroaldo. *O Litigante de Má-fé*, 2ª edição, Rio de Janeiro, Ed. Forense, 1986.

LEMBO, Cláudio. "Conciliação e as tradições jurídicas", *in Reforma do Código de Processo Civil* (coord: Min. Sálvio de Figueiredo Teixeira, São Paulo), Saraiva, 1996.

LIEBMAN, Enrico Tullio. *Manuale di Diritto Processuale Civile*, 5ª ed., Milão, Giuffrè Editore, 1995.

LIEBMAN, Enrico Tullio. *Processo de Execução*, 5ª edição, com notas de atualização do Prof. Joaquim Munhoz de Mello, São Paulo, Saraiva, 1986.

LIMA, Alcides de Mendonça. *Comentários ao Código de Processo Civil*, vol. VI, tomos I e II, 1ª edição, Forense, 1974.

LIMA, Alcides Mendonça. "Os Princípios Informativos no Código de Processo Civil", *in Revista de Processo*, n° 34, Abril-Junho/1984.

LIPARI Nicolò. Relatório apresentado à Comissão de Justiça do Senado italiano sobre a reforma do processo civil, *in Rivista trimestrale di diritto processuale civile*, Ano XL, n° 1, Março/1986.

LOPES, João Batista, "Julgamento pode ser acelerado", *in Tribuna do Direito*, Fev/1996.

LOPES, João Batista. "Medidas liminares no direito de família", *in Repertório de Jurisprudência e Doutrina sobre Liminares* (coord: Teresa Arruda Alvim Wambier), São Paulo, Ed. Revista dos Tribunais, 1995.

LUCON, Paulo Henrique dos Santos. "Juizados Especiais Cíveis: Aspectos Polêmicos", *in Revista do Advogado*, nº 50, Ago/1997.

LUCON, Paulo Henrique dos Santos. "Registro da Penhora", *in Revista do Advogado*, nº 46, Ago/1995.

LUCON, Paulo Henrique dos Santos. *Embargos à execução*, São Paulo, Saraiva, 1996.

LUISO, Paolo; SASSANI, Bruno; CONSOLO, Claudio. "La riforma del processo civile *in* Italia", *in Revista de Processo*, nº 66 Abr/Jun 1992.

MACHADO, Antônio Cláudio da Costa. "Observações sobre a natureza cautelar da tutela antecipatória do art. 273, I, do CPC", *in Reforma do Código de Processo Civil* (coord: Min. Sálvio de Figueiredo Teixeira), São Paulo, Saraiva, 1996.

MACHADO, Antônio Cláudio da Costa. "Profissionais sofrerão problemas", *in Tribuna do Direito*, Fev/1996.

MACHADO, Antônio Cláudio da Costa. *A Reforma do Processo Civil Interpretada*, São Paulo, Saraiva, 1995.

MARCACINI, Augusto Tavares Rosa. "O documento eletrônico como meio de prova", *in Revista Electrónica de Derecho Informatico*, nº 7, [online], disponível na *World Wide Web* em <http://derecho.org/redi>, Fev/1999.

MARCACINI, Augusto Tavares Rosa. *Assistência Jurídica, Assistência Judiciária e Justiça Gratuita*, Rio de Janeiro, Ed. Forense, 1996.

MARINONI, Luiz Guilherme. "E a efetividade do direito de ação?", *in Revista Forense*, nº 336, Out/Dez 1996.

MARINONI, Luiz Guilherme. "Medida cautelar, dano e responsabilidade", *in Repertório de Jurisprudência e Doutrina sobre Liminares* (coord: Teresa Arruda Alvim Wambier), São Paulo, Ed. Revista dos Tribunais, 1995.

MARINONI, Luiz Guilherme. *A antecipação da tutela na reforma do Processo Civil*, São Paulo, Malheiros Editores, 1995.

MARINONI, Luiz Guilherme. *Efetividade do processo e tutela de urgência*, Porto Alegre, Sergio Antonio Fabris Editor, 1994.

MARINONI, Luiz Guilherme. *Novas linhas do processo civil: o acesso à justiça e os institutos fundamentais do direito processual*, São Paulo, Ed. Revista dos Tribunais, 1993.

MARINONI, Luiz Guilherme. *Tutela Antecipatória, Julgamento Antecipado e Execução Imediata da Sentença*, São Paulo, Ed. Revista dos Tribunais, 1997.

MIRANDA, Francisco C. Pontes de. *Comentários ao Código de Processo Civil*, Rio de Janeiro, Ed. Forense.

MONTEIRO, João. *Teoria do Processo Civil*, 6ª edição, atualizada por J. M. de Carvalho Santos, Rio de Janeiro, Editor Borsoi, 1956.

MOREIRA, Alberto Camiña. *Defesa sem Embargos do Executado*, São Paulo, Ed. Saraiva, 1998.

MOREIRA, José Carlos Barbosa. "A Antecipação da Tutela Jurisdicional na Reforma do Código de Processo Civil", *in Revista de Processo*, nº 81, Jan/Mar 1996.

MOREIRA, José Carlos Barbosa. "A Constituição e as Provas Ilicitamente Obtidas", *In: Temas de Direito Processual Civil,* sexta série, São Paulo, Saraiva, 1997.

MOREIRA, José Carlos Barbosa. "A Justiça no limiar de novo século", *in Temas de Direito Processual*, quinta série, São Paulo, Editora Saraiva, 1994.

MOREIRA, José Carlos Barbosa. "A responsabilidade das partes por dano processual no direito brasileiro", *in Temas de Direito Processual*, primeira série, 2ª edição, São Paulo, Editora Saraiva, 1988.

MOREIRA, José Carlos Barbosa. "As reformas do Código de Processo Civil: condições para uma avaliação objetiva", *in Temas de Direito Processual*, sexta série, São Paulo, Editora Saraiva, 1997.

MOREIRA, José Carlos Barbosa. "Breve noticia sobre la conciliación en el proceso civil brasileño", *in Temas de Direito Processual*, quinta série, São Paulo, Editora Saraiva, 1994.

MOREIRA, José Carlos Barbosa. "Efetividade do Processo e Técnica Processual", *in Temas de Direito Processual*, sexta série, São Paulo, Editora Saraiva, 1997.

MOREIRA, José Carlos Barbosa. "Il progetto Carnelutti e il codice di procedura civile brasiliano", *in Temas de Direito Processual*, quinta série, São Paulo, Editora Saraiva, 1994.

MOREIRA, José Carlos Barbosa. "Miradas sobre o Processo Civil Contemporâneo", *in Temas de Direito Processual*, sexta série, São Paulo, Editora Saraiva, 1997.

MOREIRA, José Carlos Barbosa. "Notas sobre o problema da 'efetividade' do processo", *in Temas de Direito Processual*, terceira série, São Paulo, Editora Saraiva, 1984.

MOREIRA, José Carlos Barbosa. "O processo civil brasileiro e o procedimento por audiências", *in Temas de Direito Processual*, sexta série, São Paulo, Editora Saraiva, 1997.

MOREIRA, José Carlos Barbosa. "Os Novos Rumos do Processo Civil Brasileiro", *in Temas de Direito Processual*, sexta série, São Paulo, Editora Saraiva, 1997.

MOREIRA, José Carlos Barbosa. "Saneamento do processo e audiência preliminar", *in Temas de Direito Processual*, quarta série, São Paulo, Editora Saraiva, 1989.

MOREIRA, José Carlos Barbosa. "Tendências na execução de sentenças e ordens judiciais", *in Temas de Direito Processual*, quarta série, São Paulo, Editora Saraiva, 1989.

MOREIRA, José Carlos Barbosa. "Tendenze evolutive del processo civile", *in Temas de Direito Processual*, sexta série, São Paulo, Editora Saraiva, 1997.

MOREIRA, José Carlos Barbosa. *Comentários ao Código de Processo Civil*, vol. V, 6ª edição, Rio de Janeiro, Ed. Forense, 1994.

NERY JUNIOR, Nelson. "Reflexões sobre o Sistema dos Recursos Cíveis na Reforma Processual Civil de 1994", *in Revista de Processo*, nº 79, Jul/Set 1995.

NERY JUNIOR, Nelson. *Atualidades sobre o Processo Civil. A reforma do Código de Processo Civil brasileiro de 1994 e de 1995*, 2ª edição, São Paulo, Ed. Revista dos Tribunais, 1996.

NEVES, Celso. *Estrutura fundamental do processo civil*, 1ª Edição, Rio de Janeiro, Ed. Forense, 1995.

NOGUEIRA, Antonio de Pádua Ferraz. "A Competência dos Juizados Especiais Cíveis em face das normas constitucionais e infraconstitucionais", *in Revista do Advogado*, nº 50, Ago/1997.

NORONHA, Carlos Silveira. "Apontamentos históricos da tutela diferenciada", *in Processo Civil: estudo em comemoração aos 20 anos de vigência do Código de Processo Civil* (coord: José Rogério Cruz e Tucci), São Paulo, Ed. Saraiva, 1995.

NORTHFLEET, Ellen Gracie. "A utilização do fax pelo Judiciário", *in Revista Forense*, nº 335, Jul/Set 1996.

NOSETE, José Almagro. "La reforma del proceso espanol : cara al ano 2000", *in Revista de Processo*, nº 53 Jan/Mar 1989.

OEI, Lorijean G. "Digital Signatures", *in Online Law: the SPA's legal guide to doing business on the Internet*, (org: Thomas J. Smedinghoff), The Software Publishers Association, 1996.

OLIVEIRA, Carlos Alberto Alvaro de. "Efetividade e processo cautelar", *in Revista de Processo*, nº 76, Out/Dez 1994.

OLIVEIRA, Carlos Alberto Alvaro de. "Procedimento e ideologia no direito brasileiro atual", *in Ajuris*, nº 33, Mar/1985

OLIVEIRA, Carlos Alberto Alvaro. *Do Formalismo no Processo Civil*, São Paulo, Ed. Saraiva, 1997.

PADILHA, Luiz R. Nuñes. "Litigância de Má-fé no CPC Reformado", *in Revista de Processo*, nº 78, Abr/Jun 1995.

PADILLA, Luiz R. Nunes. "Correção monetária incorreta e as injustiças que provoca: como evitá-las para efetividade do Poder Judiciário", *in Revista de Processo*, nº 61, Jan/Mar 1991.

PAJARDI, Piero. *Il Procedimento Monitorio*, Milano, Pirola Editore, 1991..

PASSOS, J. J. Calmon de. "A Crise do Processo de Execução", *in O Processo de Execução - estudos em homenagem ao Professor Alcides de Mendonça Lima* (org: Araken de Assis e Carlos Alberto Álvaro de Oliveira), Porto Alegre, Sérgio Antonio Fabris Editor, 1995.

PASSOS, José Joaquim Calmon de. "Democracia, participação e processo", *in Participação e Processo* (coord: Ada Pelegrini Grinover, Cândido Rangel Dinamarco e Kazuo Watanabe), São Paulo, Ed. Revista dos Tribunais, 1988.

PASSOS, José Joaquim Calmon de. "Até quando abusarás, ó Catilina...?", *in Revista do Advogado*, nº 40, Jul/1993.

PASSOS, José Joaquim Calmon de. *Comentários ao Código de Processo Civil*, vol. III, 7ª Edição, Rio de Janeiro, Ed. Forense, 1994.

PASSOS, José Joaquim Calmon de. *Inovações no Código de Processo Civil*, Rio de Janeiro, Ed. Forense, 1995.

PASSOS, José Joaqum Calmon de. "Da antecipação da tutela", *in Reforma do Código de Processo Civil* (coord: Min. Sálvio de Figueiredo Teixeira), São Paulo, Saraiva, 1996.

PEYRANO, Jorge W. "El Derecho Procesal Postmoderno", *in Revista de Processo*, nº 81, Jan/Mar 1996.

PINTO, Teresa Celina de Arruda Alvim. "Considerações Acerca de Modificações Convenientes no Código de Processo Civil Brasileiro - Processo de Conhecimento", *in Revista de Processo*, nº 61 Jan/Mar 1991.

PISANI, Andrea Proto. *La nuova disciplina del processo civile*, Napoli, Jovene Editore, 1991.

PORTANOVA, Rui. "Princípio Igualizador", *in Lições Alternativas de Direito Processual* (org: Horácio Wanderlei Rodrigues), São Paulo, Editora Acadêmica, 1995.

PRATA, Edson. *A revelia no direito brasileiro*, São Paulo, Edição Universitária de Direito, 1981.

PRATA, Edson. *História do Processo Civil e sua projeção no direito moderno*, Rio de Janeiro, Ed. Forense, 1987.

ROCHA, José de Moura. "Procedimento Monitório?", *in O Processo de Execução - estudos em homenagem ao Professor Alcides de Mendonça Lima* (org: Araken de Assis e Carlos Alberto Álvaro de Oliveira), Porto Alegre, Sérgio Antonio Fabris Editor, 1995.

RODRIGUES, Horácio Wanderley. *Acesso à justiça no direito processual brasileiro*, 1ª Edição, São Paulo, Editora Acadêmica, 1994.

ROENICK, Hermann Homem de Carvalho. "Algumas Reflexões Sobre a Verdade e a Certeza no Campo Probatório", *in Ajuris*, nº 68, Nov/1996.

ROMITA, Arion Sayão. "A questão da inconstitucionalidade do depósito para recurso no processo do trabalho", *in Revista Forense*, n° 326, Abr/Jun 1994.

ROSA, Marcos Valls Feu. *Exceção de Pré-executividade*, Porto Alegre, Sérgio Antonio Fabris Editor, 1996.

RUIZ, Urbano. "O Judiciário Visto Pelos Juízes", *in Revista do Advogado*, n° 43, Junho/1994.

SALES, Luiz. "A Justiça e a opinião pública", *in O Judiciário e a Constituição* (coord: Min. Sálvio de Figueiredo Teixeira), São Paulo, Ed. Saraiva, 1994.

SANTOS, Antônio Jeová da Silva. *Tutela antecipada e execução específica*, Campinas, Copola Livros, 1995.

SANTOS, Moacyr Amaral. *Primeiras Linhas de Direito Processual Civil*, Edição revista, atualizada e ampliada por Aricê Moacyr Amaral Santos, São Paulo, Saraiva, 1997.

SCARSELLI, Giuliano. *Le spese giudiziali civili*, Milano, Giuffrè Editore, 1998..

SCOTT, I. R. "Caseflow management *in* Trial Court", *in Reform of Civil Procedure - Essays on 'Access to Justice'*, Oxford, Oxford University Press, 1995.

SHIMURA, Sérgio. "A eficácia das medidas liminares", *in Repertório de Jurisprudência e Doutrina sobre Liminares* (coord: Teresa Arruda Alvim Wambier), São Paulo, Ed. Revista dos Tribunais, 1995.

SIDOU, J. M. Othon. *Processo Civil Comparado: (Histórico e Contemporâneo) à luz do Código de Processo Civil Brasileiro modificado até 1996*, Rio de Janeiro, Editora Forense Universitária, 1997.

SILVA, José Afonso da. *Curso de Direito Constitucional Positivo*, 9ª Edição, São Paulo, Malheiros Editores, 1993.

SILVA, Ovídio A Baptista da. "Tutela antecipatória e juízos de verossimilhança", *in O Processo Civil Contemporâneo*, Curitiba, Juruá Ed., 1994.

SILVA, Ovídio A Baptista da. "A 'plenitude de defesa' no processo civil", *in As Garantias do Cidadão na Justiça* (coord: Min. Sálvio de Figueiredo Teixeira), São Paulo, Ed. Saraiva, 1993.

SILVA, Ovídio A Baptista da. "Reforma dos Processos de Execução e Cautelar", *in Ajuris*, nº 68, Nov/1996.

SILVA, Ovídio A. Baptista da. *Curso de Processo Civil*, 3ª edição, São Paulo, Editora Revista dos Tribunais, 1998.

SILVA, Ovídio A. Baptista da. *Jurisdição e Execução na tradição romano-canônica*, São Paulo, Editora Revista dos Tribunais, 1996.

SILVA, Ovídio Baptista da. "A 'antecipação' da tutela na recente reforma processual", *in Reforma do Código de Processo Civil* (coord: Min. Sálvio de Figueiredo Teixeira), São Paulo, Saraiva, 1996.

SILVA, Ovídio Baptista da. "Execução 'em face do executado'", *in O Processo de Execução - estudos em homenagem ao Professor Alcides de Mendonça Lima* (org: Araken de Assis e Carlos Alberto Álvaro de Oliveira). Porto Alegre, Sérgio Antonio Fabris Editor, 1995.

SILVA, Ovídio Baptista. a "Democracia moderna e processo civil", *in Participação e Processo* (coord: Ada Pelegrini Grinover, Cândido Rangel Dinamarco e Kazuo Watanabe), São Paulo, Ed. Revista dos Tribunais, 1988.

SILVA, Ovídio Baptista. "Responsabilidade pela sucumbência no Código de Processo Civil", *in Revista do Advogado*, nº 40, Jul/1993.

TALAMINI, Eduardo. "A Nova Disciplina do Agravo e os Princípios Constitucionais do Processo", *in Revista do Advogado*, nº 48, Julho/1996.

TARZIA, Giuseppe. "O Novo Processo Civil de Cognição na Itália", *in Revista de Processo*, nº 79, Jul/Set 1995.

TARZIA, Giuseppe. *Lineamenti del nuovo processo di cognizione*, Milano, Giuffrè, 1996.

TEIXEIRA, Sálvio de Figueiredo. "A efetividade do processo e a reforma processual", *in Processo Civil: estudo em comemoração aos 20 anos de vigência do Código de Processo Civil* (coord: José Rogério Cruz e Tucci), São Paulo, Ed. Saraiva, 1995.

TEIXEIRA, Sálvio de Figueiredo. "A reforma processual na perspectiva de uma nova justiça", *in Reforma do Código de*

Processo Civil (coord: Min. Sálvio de Figueiredo Teixeira), São Paulo, Saraiva, 1996.

TEIXEIRA, Sálvio de Figueiredo. "O aprimoramento do processo civil como garantia da cidadania", *in As Garantias do Cidadão na Justiça* (coord: Min. Sálvio de Figueiredo Teixeira), São Paulo, Ed. Saraiva, 1993.

TEIXEIRA, Sálvio de Figueiredo. "A Nova Etapa da Reforma Processual", *in Ajuris*, n° 68, Nov/1996.

THEODORO JUNIOR, Humberto. "A ação monitória e a reforma do Código de Processo Civil", *in Reforma do Código de Processo Civil* (coord: Min. Sálvio de Figueiredo Teixeira), São Paulo, Saraiva, 1996.

THEODORO JUNIOR, Humberto. "As inovações no Código de Processo Civil, em matéria de execução forçada e procedimentos especiais", *in Reforma do Código de Processo Civil* (coord: Min. Sálvio de Figueiredo Teixeira), São Paulo, Saraiva, 1996.

THEODORO JUNIOR, Humberto. "O Processo de Execução e as Garantias Constitucionais da Tutela Jurisdicional", *in O Processo de Execução - estudos em homenagem ao Professor Alcides de Mendonça Lima* (org: Araken de Assis e Carlos Alberto Álvaro de Oliveira), Porto Alegre, Sérgio Antonio Fabris Editor, 1995.

THEODORO JÚNIOR, Humberto. *A execução de sentença e a garantia do devido processo legal*, 1ª Edição, Rio de Janeiro, Aide Ed., 1987.

THEODORO JÚNIOR, Humberto. *As inovações no Código de Processo Civil*, 6ª edição, Rio de Janeiro, Ed. Forense, 1996.

THEODORO JÚNIOR, Humberto. *Curso de Direito Processual Civil*, vols. 1 (19ª edição), 2 (20ª edição) e 3 (16ª edição), Rio de Janeiro, Ed. Forense, 1997.

TUBELIS, Vicente Paulo. "Divergência jurisprudencial e participação", *in Participação e Processo* (coord: Ada Pelegrini Grinover, Cândido Rangel Dinamarco e Kazuo Watanabe), São Paulo, Ed. Revista dos Tribunais, 1988.

TUCCI, José Rogério Cruz e. "Atuais reformas do processo civil italiano e brasileiro (contrastes e confrontos)", *in Reforma do Código de Processo Civil* (coord: Min. Sálvio de Figueiredo Teixeira), São Paulo, Saraiva, 1996.

TUCCI, José Rogério Cruz e. "Lineamentos da Ação Monitória", *in Revista do Advogado*, n° 46, Agosto/1995.

TUCCI, José Rogério Cruz e. "Sobre a Atividade Decisória do Relator do Agravo de Instrumento", *in Revista do Advogado*, n° 48, Julho/1996.

TUCCI, José Rogério Cruz e. "Tutela Processual do Direito do Executado", *in Processo Civil - Realidade e Justiça - 20 Anos de Vigência do CPC*, São Paulo, Ed. Saraiva, 1994.

TUCCI, José Rogério Cruz e. "Diretrizes do novo processo civil italiano", *in Revista de Processo*, n° 69, Jan/Mar 1993.

TUCCI, José Rogério Cruz e. "Processo Civil, Realidade e Justiça (sobre a legislação processual projetada)", *in Processo Civil - Realidade e Justiça - 20 Anos de Vigência do CPC*, São Paulo, Ed. Saraiva, 1994.

TUCCI, José Rogério Cruz E. *Ação Monitória*, 1ª edição, São Paulo, Ed. Saraiva, 1995.

TUCCI, José Rogério Cruz e. *Tempo e Processo*, São Paulo, Editora Revista dos Tribunais, 1997.

TUCCI, José Rogério Cruz e; AZEVEDO, Luiz Carlos de. *Lições de História do Processo Civil Romano*, São Paulo, Ed. Revista dos Tribunais, 1996.

TUCCI, Rogério Lauria; CRUZ E TUCCI, José Rogério. *Constituição de 1988 e Processo*, São Paulo, Ed. Saraiva, 1989.

TUCCI, Rogério Lauria; CRUZ E TUCCI, José Rogério. *Devido Processo Legal e Tutela Jurisdicional*, São Paulo, Ed. Revista dos Tribunais, 1993.

VELLOSO, Carlos Mário da Silva. "Problemas e soluções na prestação da Justiça", *in O Judiciário e a Constituição* (coord: Min. Sálvio de Figueiredo Teixeira), São Paulo, Ed. Saraiva, 1994.

VERDE, Giovanni. "Il Processo Cautelare (Osservazioni Sparse sui Codici di Procedura in Italia e in Brasile)", *in Revista de Processo*, n° 79, Jul/Set 1995.

WAMBIER, Luiz Rodrigues. "Liminares: Alguns aspectos polêmicos", *in Repertório de Jurisprudência e Doutrina sobre Liminares* (coord: Teresa Arruda Alvim Wambier), São Paulo, Ed. Revista dos Tribunais, 1995.

WAMBIER, Teresa Arruda Alvim. "Anotações sobre o Novo Regime do Agravo", *in Revista do Advogado*, n° 48, Julho/1996.

WATANABE, Kazuo. "Acesso à justiça e sociedade moderna", *in Participação e Processo* (coord: Ada Pelegrini Grinover, Cândido Rangel Dinamarco e Kazuo Watanabe), São Paulo, Ed. Revista dos Tribunais, 1988.

WATANABE, Kazuo. "Tutela antecipatória e tutela específica das obrigações de fazer e não fazer (arts. 273 e 461 do CPC)", *in Reforma do Código de Processo Civil* (coord: Min. Sálvio de Figueiredo Teixeira), São Paulo, Saraiva, 1996.

WATANABE, Kazuo. *Da Cognição no Processo Civil,* São Paulo, Ed. Revista dos Tribunais, 1987.

YARSHELL, Flávio Luiz. "A Fungibilidade Recursal e a Nova Disciplina do Agravo", *in Revista do Advogado*, n° 48, Julho/1996.

YARSHELL, Flávio Luiz. *Tutela jurisdicional específica nas obrigações de declaração de vontade*, São Paulo, Malheiros Editores, 1993.

ZAVASCKI, Teori Albino. "Antecipação da tutela e colisão de direitos fundamentais", in Reforma do Código de Processo Civil (coord: Min. Sálvio de Figueiredo Teixeira, São Paulo, Saraiva, 1996.